"广州律智"法律服务丛书

多元化争议处理实务
仲裁与调解案例指引

DUOYUANHUA ZHENGYI CHULI SHIWU
ZHONGCAI YU TIAOJIE ANLI ZHIYIN

广州市律师协会　编著

法律出版社
LAW PRESS · CHINA
北京

图书在版编目（CIP）数据

多元化争议处理实务 ：仲裁与调解案例指引 / 广州市律师协会编著. -- 北京 ：法律出版社，2024
（“广州律智”法律服务丛书）
ISBN 978－7－5197－8600－7

Ⅰ. ①多… Ⅱ. ①广… Ⅲ. ①商事仲裁－研究－中国 Ⅳ. ①D925.704

中国国家版本馆 CIP 数据核字（2023）第 228541 号

多元化争议处理实务：仲裁与调解案例指引
DUOYUANHUA ZHENGYI CHULI SHIWU：ZHONGCAI YU TIAOJIE ANLI ZHIYIN

广州市律师协会 编著

责任编辑 薛 晗 王 斓
装帧设计 汪奇峰

出版发行 法律出版社
编辑统筹 法商出版分社
责任校对 王 丰
责任印制 胡晓雅
经　　销 新华书店

开本 710 毫米×1000 毫米 1/16
印张 16.25　　字数 258 千
版本 2024 年 1 月第 1 版
印次 2024 年 1 月第 1 次印刷
印刷 保定市中画美凯印刷有限公司

地址：北京市丰台区莲花池西里 7 号（100073）
网址：www.lawpress.com.cn
投稿邮箱：info@lawpress.com.cn
举报盗版邮箱：jbwq@lawpress.com.cn
销售电话：010－83938349
客服电话：010－83938350
咨询电话：010－63939796

书号：ISBN 978－7－5197－8600－7
定价：68.00 元

凡购买本社图书，如有印装错误，我社负责退换。电话：010－83938349

本书编委会

主　编

张旭锋

副主编

罗晓云　张薛岚

成　员

（排名不分先后）

何荣新　李万秋　石　新

彭赫威　黄蕴仪　高　蔚

编　辑

梁淑娴　陈向荣　张志钰　劳倩仪

序　　言

2022 年 2 月 4 日，世界银行发布新项目评估体系说明，运行了 17 年的营商环境（doing business，简称 DB）项目结束，宜商环境（business enabling environment，简称 BEE）新项目开始，标志着世行对全球商业环境的评估进入了新阶段。BEE 评估体系的十个一级指标是按照企业全生命周期设计的即开业、运营、关闭企业。在每个一级指标项下，统一设计三个二级指标组，即监管框架、公共服务和整体效率。最值得关注的是，在一级指标中新设了“争议解决”，下设三个二级指标，即商业争端解决机制的质量、商业诉讼中公共服务的充分性、解决商业争端的便利性。这充分说明争议解决对于优化宜商环境、激发市场主体活力和动力、推动经济高质量发展具有重要意义。

随着国际与国内商事活动的日益频繁，构建调解、仲裁、诉讼相互衔接的多元化纠纷解决机制，已成为保障经贸活动有序开展、维护商业秩序平稳健康的必要保障和发展趋势。

当前，世界面临百年未有之大变局，危机和机遇并存，对于我国而言，更是如此。如何化危为机至关重要，其中，如何妥善解决争议尤其值得思考与努力。近年来，我国从提出加强诉讼与非诉讼相衔接的纠纷解决机制，到强调统筹推进国内法治与涉外法治，“将非诉讼纠纷解决机制挺在前面”，仲裁、调解等非诉机制的民间、独立、专业、高效等特色和优势日益显现，越来越受到国内外当事人的欢迎与采用，已成为国际与国内治理体系的重要组成部分。

迎着仲裁、调解等非诉机制迅速发展的时代大潮，广州市律师协会多元化争议解决（Alternative Dispute Resolution，简称 ADR）专业委员会的委员们基于多年的境内外实务经验与深入思考，结合独到的理论研究和丰富的案例积累，编著了《多元化争议解决实务——仲裁·调解篇》。作者都是资深律师和仲裁员、调解员，同时也是多元化争议解决（ADR）实践的先行者，在本书中归纳出商事仲裁与调解中的各方面问题，梳理出律师代理相关案件过程中经常遇到的疑难、复杂、容易混淆的法律问题，既包括仲裁协议效力、仲裁地确定、开庭后变更仲裁请求、申请回避、仲裁保全、仲裁庭释明、仲裁裁决的撤销、仲裁裁决的执行等程序问题，也包括股权转让、建设工程、保险等多种商事合同的签订、履行和责任承担等实体问题，还包括如何为调解开好头、把控仲裁或调解的节奏、运用技巧促成调解等法律技巧问题，更包括《新加坡调解公约》下国际商事调解协议的执行力等前沿问题。本书汇集了全体委员在仲裁与调解领域的理论研究和实务经验方面的专业成果，对律师、仲裁员、调解员等相关法律从业者和企业、个体工商户等广大商事主体均具有重要的指导作用，并且为优质高效定分止争和优化国内外宜商环境贡献中国法律人的智慧和力量！

中山大学法学院教授　罗剑雯

2023 年 6 月于广州

目　　录

仲裁类·程序篇

仲裁类·实体篇

调解类·程序篇

调解类·实体篇

仲裁类·程序篇

优化营商环境，打造国际商事仲裁之广州仲裁地

——从广州中院认定“布兰特伍德仲裁案”裁决为中国涉外仲裁裁决说起

陈健斌[*]　胡伊琳[**]

2020年8月6日，广州市中级人民法院（以下简称“广州中院”）就申请人布兰特伍德工业有限公司（以下简称“布兰特伍德公司”）申请承认和执行国际商会国际仲裁院对布兰特伍德公司与被申请人广东阀安龙机械成套设备工程有限公司、广州市正启贸易有限公司和广东省环境工程装备总公司作出的仲裁裁决一案（以下简称“布兰特伍德仲裁案”），作出（2015）穗中法民四初字第62号民事裁定书，认定国际商会国际仲裁院组成的仲裁庭在仲裁地广州作出的仲裁裁决可以视为中国涉外仲裁裁决，应适用《民事诉讼法》第273条（2021年修订后为第280条）的规定，直接向被申请人住所地或财产所在地的中级人民法院申请执行。该裁定意味着中国首度明确外国仲裁机构在中国境内作出的仲裁裁决可视作中国涉外仲裁裁决。

“布兰特伍德仲裁案”中涉案合同第16条仲裁条款约定：“凡因本合同引起的或与本合同有关的任何争议，双方应通过友好协商解决。如果协商不能解决，应提交国际商会仲裁委员会根据国际惯例在项目所在地进行仲裁。该仲裁委员会作出的裁决是终局的，对双方均有约束力。除仲裁委员会另有裁定外，仲裁费用由败诉一方负担。仲裁语言为中、英文双语”；第17条

---

* 陈健斌，广东卓信律师事务所律师。
** 胡伊琳，广东卓信律师事务所律师。

适用法律约定：“本合同适用法律为中华人民共和国法律”。涉案合同《补充协议》约定项目名称为“广州猎德污水处理厂四期工程”，地址为“广州市天河区”。经广州中院于2012年2月22日裁定仲裁条款有效后，布兰特伍德公司于2012年8月31日向国际商会国际仲裁院秘书处对三被申请人提起仲裁申请。2013年6月21日，由国际商会国际仲裁院根据国际商会仲裁规则委任的独任仲裁员Jane Willems女士组成的仲裁庭在广州与仲裁各方进行了庭审。2014年3月17日，Jane Willems作出案件编号18929/CYK《终极裁决》。仲裁裁决生效后，布兰特伍德公司要求三被申请人履行仲裁裁决中的支付义务未果，遂于2015年4月13日向广州中院申请承认和执行该裁决。

广州中院在历经5年之久后，于2020年8月6日作出文首裁定，广州中院认为，涉案合同第16条仲裁条款所约定“项目”为“广州猎德污水处理厂四期工程”，地点在中国广州市。广州中院此前作出的裁定已确认上述仲裁条款有效。国际商会国际仲裁院根据布兰特伍德公司的申请，由独任仲裁员Jane Willems女士组成的仲裁庭在仲裁地中国广州作出涉案仲裁裁决。根据该事实，广州中院认定，案涉仲裁裁决系外国仲裁机构在中国内地作出的仲裁裁决，可以视为中国涉外仲裁裁决。案涉仲裁裁决的被申请人不履行仲裁裁决的，布兰特伍德公司可参照《中华人民共和国民事诉讼法》第273条（2021年修订后为第280条）的规定向被申请人住所地或者财产所在地的中级人民法院申请执行。布兰特伍德公司现主张依据《承认及执行外国仲裁裁决公约》或《关于内地与香港特别行政区相互执行仲裁裁决的安排》的规定申请承认及执行该仲裁裁决，其提起本案申请的法律依据显属错误，经本院多次释明后又拒不纠正，其应自行承担由此导致的相应法律后果。鉴此，本案不应作为承认及执行外国仲裁裁决案件，依法应予终结审查。本案终结审查后，布兰特伍德公司可依法另行提起执行申请。综上所述，依照《民事诉讼法》第154条第1款第11项（2021年修订后为第157条第1款第11项）、第273条（2021年修订后为第280条）的规定，裁定本案终结审查。

近年来，中国在司法实践中对于外国仲裁机构在中国境内仲裁持开放性的态度，但对外国仲裁机构所作出的裁决的性质和执行问题，一直并未有明确的司法和实践指引，而该案自 2015 年 4 月 13 日立案至今历时 5 年才作出此裁定，可见该结果是我国法院结合当下司法大环境趋势经审慎考虑后作出的，故足以预见该案对于此后同类案件的指引性和重要性。事实上，从国家营造法治化营商环境的决心来看，广州中院作出该里程碑式的裁定亦可谓是大势所趋，其为境外仲裁机构在中国境内开展业务活动提供了良好的司法制度和司法实践支撑。

近几年，国务院以优化营商环境为导向，就境外仲裁机构在境内设立业务机构发布了一系列文件。2015 年 4 月 8 日，国务院发布《进一步深化中国（上海）自由贸易试验区改革开放方案》，大胆提出“进一步对接国际商事争议解决规则，优化自贸试验区仲裁规则，支持国际知名商事争议解决机构入驻，提高商事纠纷仲裁国际化程度。探索建立全国性的自贸试验区仲裁法律服务联盟和亚太仲裁机构交流合作机制，加快打造面向全球的亚太仲裁中心”。2019 年 7 月 27 日，国务院在《中国（上海）自由贸易试验区临港新片区总体方案》中进一步提出在上海开展试点工作：“允许境外知名仲裁及争议解决机构经上海市人民政府司法行政部门登记并报国务院司法行政部门备案，在新片区内设立业务机构，就国际商事、海事、投资等领域发生的民商事争议开展仲裁业务，依法支持和保障中外当事人在仲裁前和仲裁中的财产保全、证据保全、行为保全等临时措施的申请和执行。”2020 年 8 月 28 日，国务院就北京开放同类试点建设亦颁布了《关于深化北京市新一轮服务业扩大开放综合试点建设国家服务业扩大开放综合示范区工作方案的批复》，规定“允许境外知名仲裁机构及争议解决机构经北京市司法行政部门登记并报司法部备案后，在北京市特定区域设立业务机构，就国际商事、投资等领域发生的民商事争议提供仲裁服务，依法支持和保障中外当事人在仲裁前和仲裁中的财产保全、证据保全、行为保全等临时措施的申请和执行”。

笔者认为，对标北京和上海，广州作为国内的一线城市，亦是“布兰特伍德仲裁案”的仲裁地，更是依托于粤港澳大湾区，受益于其政策红利的核心城市，设立境外仲裁机构广州业务机构应是势在必行。该趋势在

2020年12月10日发布、2021年1月1日实施的《广州市优化营商环境条例》中可见一斑，其第83条明确规定，支持境外知名国际商事仲裁、调解等争议解决机构按照规定在中国（广东）自由贸易试验区广州南沙新区片区等区域设立业务机构，就国际商事、海事、投资等领域发生的民商事争议开展仲裁调解业务。为该广州特有的营商环境条例的落地实施，广州市南沙区政府已率先提供了强有力的政策及财政支持。南沙区政府在2020年8月中旬发布了《广州南沙新区（自贸片区）法律服务集聚区发展扶持办法》（以下简称“扶持办法”），在广州市首次针对法律服务行业提供专项扶持，包括但不限于以发放扶持资金、办公用房补贴、经营贡献奖奖励、专业人才补贴等形式对进驻南沙区法律服务集聚区内的法律服务企业、机构、组织和专业人才等进行扶持，其力度之大可达到每年近千万。其中，从《扶持办法》的制定意图和政策导向来看，境外仲裁机构作为在行业中具有引领、示范、带动作用的机构，在南沙设立业务机构应属于符合《扶持办法》第4条规定可以申请法律服务业扶持资金的情形。

南沙区作为中共中央、国务院在《粤港澳大湾区发展规划纲要》中指定要打造的“广州南沙粤港澳全面合作示范区”，在此建立涉外和涉港澳台高端法律服务集聚区，吸引知名境外仲裁机构及争议解决机构在当地设立业务机构，可为当事人在国际商事、投资等领域发生的民商事争议提供仲裁服务，依法支持和保障中外当事人的合法权益。同时，业务机构的设立，也有利于吸引更多高端法律服务人才的入驻，形成法律服务集聚区的协同效应。此外，第十三届全国人大常委会第二十一次会议在2020年8月11日通过了《全国人民代表大会常务委员会关于授权国务院在粤港澳大湾区内地九市开展香港法律执业者和澳门执业律师取得内地执业资质和从事律师职业试点工作的决定》，授权国务院在广州、深圳等9个广东城市开展香港法律执业者和澳门执业律师取得内地执业资质并从事一定范围内的内地法律事务的试点工作，而境外知名仲裁机构及争议解决机构在南沙设立业务机构有利于该试点工作的贯彻落实。如果说港澳律师依托于香港作为众多境外知名仲裁机构及争议解决机构选择设立业务机构之地，培养了自身在国际商事仲裁理论知识及实践经验方面坚实的基础，境外知名仲裁机构及争议解决机构在南沙设立业务机构对于港澳律师来说，则提供了更广阔的发展平台及业务机遇。同时，推动港澳律师在广州执业，参与境外仲裁机构的仲裁案件，也可深化广州律师与港澳律师之间的合作，有助于提高广州律师在涉外法律服务特别是国际仲裁方面的整体素质和综合实力，亦有利于带动南沙法律服务集聚区建设，提升广州打造法治化营商环境的影响力。

总的来说，借助广州中院确定“布兰特伍德仲裁案”裁决性质之裁定的东风，推动境外知名仲裁机构及争议解决机构在广州设立业务机构，有助于提高广州在涉外法律服务方面的核心竞争力，也是广州以市场化、法治化、国际化营商环境，打造全球企业投资首选地和最佳发展地的必然之选。

论违反仲裁法定程序

——以逾期变更仲裁请求为视角

尹志强*

一、逾期变更仲裁请求的规范概览

（一）逾期变更仲裁请求的规范要件

1. 法律规定逾期变更仲裁请求的程序安排

《仲裁法》第27条规定："申请人可以放弃或者变更仲裁请求。被申请人可以承认或者反驳仲裁请求，有权提出反请求。"该条款与《民事诉讼法》（2017年修正，以下简称《民事诉讼法》）的规定如出一辙。①

但与《民事诉讼法》及相关司法解释不同的是，②《仲裁法》及相关司法解释并未对变更仲裁请求的程序、期限等作出其他专门规定。逾期变更仲裁请求的程序安排未在《仲裁法》及司法解释中涉及。实践中，关于变更仲裁请求的期限、限制等问题需参照各仲裁委的仲裁规则。

2. 部分仲裁机构《仲裁规则》对逾期变更仲裁请求的程序安排

涉及逾期变更仲裁请求的规范，散见于各仲裁机构制定的《仲裁规则》。笔者整理了国内比较有代表性的《仲裁规则》，详见表1：

---

* 尹志强，广东正平天成律师事务所合伙人。

① 《民事诉讼法》（2021年修正）第54条：原告可以放弃或者变更诉讼请求。被告可以承认或者反驳诉讼请求，有权提起反诉。

② 最高人民法院《关于适用〈中华人民共和国民事诉讼法〉的解释》（2022年修正）第二百三十二条：在案件受理后，法庭辩论结束前，原告增加诉讼请求，被告提出反诉，第三人提出与本案有关的诉讼请求，可以合并审理的，人民法院应当合并审理。

表 1　各仲裁机构逾期变更仲裁请求的程序规范

仲裁规则	逾期变更仲裁请求的程序规范
上海仲裁委员会仲裁规则（2018 年版）	第 16 条　变更请求 （一）当事人可以在首次开庭结束前对其请求事项提出变更申请。首次庭审结束后裁决作出之前，当事人若依据新的证据和事实提出请求事项变更申请的，经仲裁庭准许后可以变更。 （二）仲裁过程中当事人主张的法律关系的性质或者民事行为的效力与仲裁庭根据案件事实作出的认定不一致的，仲裁庭可以告知当事人其有变更仲裁请求的权利
北京仲裁委员会仲裁规则（2019 年版）	第 13 条　变更仲裁请求或者反请求 （一）当事人可以变更仲裁请求或者反请求。变更仲裁请求或者反请求应当采取书面形式，仲裁庭组成前由本会予以受理；仲裁庭组成后由仲裁庭予以受理。 （二）当事人对仲裁请求或者反请求的变更过于迟延从而可能影响仲裁程序正常进行的，本会或者仲裁庭有权拒绝接受其变更。 （三）变更仲裁请求或者反请求的提出、受理、答辩等事项，参照本规则第七条、第九条至第十一条的规定办理
广州仲裁委员会仲裁规则（2021 年版）	第 24 条　变更仲裁请求或者变更反请求 （一）当事人可以自收到受理通知之日起十五日内以书面形式提出变更仲裁请求或者变更反请求。逾期提出的，是否受理由仲裁庭决定。 （二）变更仲裁请求或者变更反请求的提出、受理、答辩等事项，参照本规则第十八条、第十九条、第二十二条的规定办理
武汉仲裁委员会（武汉国际仲裁中心）仲裁规则（2018 年版）	第 16 条　仲裁请求、反请求的放弃、变更 （一）申请人可以放弃或者变更其仲裁请求，被申请人可以放弃或者变更其反请求。放弃或者变更仲裁请求或反请求应当采取书面形式。 （二）仲裁庭认为当事人变更其仲裁请求或者反请求过分迟延影响仲裁程序正常进行的，可以拒绝其变更
深圳国际仲裁院仲裁规则（2020 年版）	第 16 条　变更仲裁请求或反请求 （一）当事人可书面申请变更仲裁请求或反请求。 （二）是否同意变更，仲裁庭组成前由仲裁院决定，仲裁庭组成后由仲裁庭决定。仲裁院或仲裁庭认为变更会造成仲裁程序过于延迟、对另一方不公平或导致任何其他情况而不宜变更的，有权拒绝变更。 （三）变更仲裁请求或反请求不影响仲裁程序的继续进行。 （四）变更仲裁请求或反请求的提出、受理和答辩，参照本规则第十一条至第十四条的规定办理

续表

仲裁规则	逾期变更仲裁请求的程序规范
中国国际经济贸易仲裁委员会仲裁规则（2015 年版）	第 17 条　变更仲裁请求或反请求 申请人可以申请对其仲裁请求进行变更，被申请人也可以申请对其反请求进行变更；但是仲裁庭认为其提出变更的时间过迟而影响仲裁程序正常进行的，可以拒绝其变更请求

综合上述仲裁规则可以发现，各仲裁机构对于一般情况下变更仲裁请求的期限、限制规定各不相同，其中广州仲裁委员会对变更仲裁请求的时效要求最为严格，要求在收到受理通知之日起 15 日内以书面形式提出变更仲裁请求，上海仲裁委员会则要求需要在首次开庭结束前提出，其余仲裁委员会则没有明确要求变更仲裁请求的期限。此外，上海仲裁委员会、武汉仲裁委员会进一步明确，对于当事人主张法律关系的性质或民事行为的效力与仲裁庭根据案件事实作出的认定不一致时，仲裁庭有向当事人释明变更仲裁请求的权利。

（二）逾期变更仲裁请求异议的救济制度

对于仲裁裁决的司法监督主要体现在三种司法审查上：申请确认仲裁协议效力；对撤销裁决的审查；对被执行人提起不予执行申请的审查[①]。就当事人对仲裁裁决存在异议的情况下，一般而言只能选择撤销裁决和不予执行仲裁裁决两种方式。

1. 撤销仲裁裁决的制度

对于撤销仲裁裁决的事由，《仲裁法》第 58 条进行了明确的规定：“当事人提出证据证明裁决有下列情形之一的，可以向仲裁委员会所在地的中级人民法院申请撤销裁决：（一）没有仲裁协议的；（二）裁决的事项不属于仲裁协议的范围或者仲裁委员会无权仲裁的；（三）仲裁庭的组成或者仲裁的程序违反法定程序的；（四）裁决所根据的证据是伪造的；（五）对方当

① 王伟斌、吴超：《国内商事仲裁中撤销、不予执行仲裁裁决与驳回仲裁裁决执行申请的差异研究》，载《职工法律天地》2019 年第 3 期。

事人隐瞒了足以影响公正裁决的证据的；（六）仲裁员在仲裁该案时有索贿受贿，徇私舞弊，枉法裁决行为的。人民法院经组成合议庭审查核实裁决有前款规定情形之一的，应当裁定撤销。人民法院认定该裁决违背社会公共利益的，应当裁定撤销。”

2. 不予执行仲裁裁决的制度

对于不予执行仲裁裁决的事由，《民事诉讼法》第244条同样作出了7条规定：“被申请人提出证据证明仲裁裁决有下列情形之一的，经人民法院组成合议庭审查核实，裁定不予执行：（一）当事人在合同中没有订有仲裁条款或者事后没有达成书面仲裁协议的；（二）裁决的事项不属于仲裁协议的范围或者仲裁机构无权仲裁的；（三）仲裁庭的组成或者仲裁的程序违反法定程序的；（四）裁决所根据的证据是伪造的；（五）对方当事人向仲裁机构隐瞒了足以影响公正裁决的证据的；（六）仲裁员在仲裁该案时有贪污受贿，徇私舞弊，枉法裁决行为的。人民法院认定执行该裁决违背社会公共利益的，裁定不予执行。”

通过对比上述制度可知，在我国现行法律体系下，撤销仲裁裁决和不予执行国内仲裁裁决的事由基本相同。因此，具体到仲裁庭是否应当接受“逾期变更仲裁请求申请”的问题而言，当事人如要获得司法的救济，关键在于能否认定仲裁庭“违反法定程序”。

二、以逾期变更仲裁请求为争议焦点的司法审查

仲裁规则未对变更仲裁请求期限作出限制的情况下，仲裁庭接受当事人的变更申请并不违反法定程序。在深圳市世通展实业有限公司诉深圳市信泽实业发展有限公司申请撤销仲裁裁决一案中，法院认为，根据深圳仲裁委员会《仲裁规则》第16条的规定，当事人可以书面变更仲裁请求，是否同意变更，仲裁庭组成后由仲裁庭决定。因此，仲裁庭有权准许信泽公司变更仲裁请求，其未违反法定程序。①

如果相关的仲裁规则有明确变更仲裁请求的期限（如广州仲裁委员

① 广东省深圳市中级人民法院民事裁定书，（2019）粤03民特1585号。

会），申请人逾期变更的，仲裁庭接受变更申请是否构成程序违法呢？笔者对类似的案例进行检索后认为，答案是否定的。见表2：

表2 关于仲裁庭接受逾期变更申请是否构成程序违法的裁判观点

案号	裁判观点
（2015）牡民他字第4号	根据《牡丹江仲裁委员会仲裁规则》第24条第2款“当事人变更仲裁请求或者提出反请求、变更反请求的，应当在首次开庭前以书面形式提出。特殊情况，由本委员会决定”的规定，本案作出裁决的仲裁庭首次开庭时间为2014年9月17日，吴某于2014年9月26日提出变更仲裁请求申请，牡仲裁委认为吴某变更请求属于特殊情况，同意吴某变更，并未违反仲裁规则。本院对世豪公司此项撤裁理由不予支持
（2017）粤01民特571号	关于仲裁庭是否违反法定程序的问题。《广州仲裁委员会仲裁规则》第20条第1项规定：“当事人可以变更仲裁请求或者反请求，但应当自受理之日起十五日内以书面形式提出。逾期提出的，是否受理，仲裁庭组成前由本会决定，仲裁庭组成后由仲裁庭决定。”据此，对于当事人逾期变更仲裁请求及逾期提交证据，仲裁庭有权决定是否受理或接受。本案中，仲裁庭受理被申请人增加的仲裁请求及接受被申请人提交的证据，并不属于上述规定的“违反法定程序”的情形。申请人以仲裁庭采纳被申请人在仲裁阶段逾期增加的仲裁请求及提交的证据，违反法定程序为由，要求撤销涉案仲裁裁决，依据不足，本院不予采纳
（2015）穗中法仲审字第218号	《广州仲裁委员会仲裁规则》第17条第1项规定：“当事人可以变更仲裁请求或者反请求，但应当自受理之日起十五日内以书面形式提出。逾期提出的，是否受理，仲裁庭组成前由本会决定；仲裁庭组成后由仲裁庭决定。”铜材公司提交《变更申请书》是否属于增加仲裁请求是仲裁庭依据仲裁规则有权决定的事项，不属于撤销仲裁裁决的事由
（2020）粤03民特1440号	《广州仲裁委员会仲裁规则》第20条第1款、第2款规定：“申请人有变更、放弃仲裁请求的权利。变更仲裁请求，应当在仲裁庭首次开庭结束前提出。但仲裁委员会或仲裁庭认为有正当理由的，期限可以适当延长。”本案仲裁裁决书第5、10、15、17页反映了成都华瑞达投资发展有限公司变更仲裁请求的情况。虽然可能存在仲裁庭首次开庭结束前提出变更仲裁请求，但依据上述《仲裁规则》的规定，仲裁庭认为有正当理由的，期限可以适当延长。因此，对成都华瑞达投资发展有限公司未在首次开庭结束前提出变更仲裁请求的，仲裁庭予以同意并不违反仲裁规则

续表

案号	裁判观点
(2018)京04民特172号	关于贸仲接受商业机器公司于第一次开庭后提交的变更仲裁请求是否违反法定程序的问题。根据贸仲仲裁规则第17条规定：申请人可以申请对其仲裁请求进行变更……但是仲裁庭认为其提出变更的时间过迟而影响仲裁程序继续进行的，可以拒绝其变更请求。故仲裁庭有权决定是否接受商业机器公司变更仲裁请求的申请。中通公司该项撤裁理由无法律依据，本院不予支持

通过上述各地的裁判文书可以发现，一般认为在当事人逾期变更仲裁请求的情况下，基于仲裁规则赋予仲裁庭的自由裁量权，仲裁庭接受当事人逾期的变更申请不属于违反法定程序的情形。

进一步而言，《仲裁法》中关于申请财产保全、执行、仲裁时效等的条款中均有出现"依照民事诉讼法的有关规定"，此外《仲裁法》第75条规定，仲裁委员会可以依照《仲裁法》和民事诉讼法的有关规定制定仲裁暂行规则。申言之，如果在仲裁规则没有特别规定的情况下，仲裁庭在庭审辩论终结后仍接受当事人的变更仲裁请求申请的，能否以仲裁庭违反《民事诉讼法》的相关规定①为由认定裁决违反法定程序？答案同样是否定的。见表3：

表3　关于仲裁庭庭辩后仍接受变更请求能否以《民事诉讼法》认定裁决违法的裁判观点

案号	裁判观点
(2015)二中民特字第00013号	《中华人民共和国仲裁法》及《仲裁规则》均未对变更仲裁请求进行时间上的限制，根据《仲裁规则》的规定，仲裁庭有权对是否受理利恒志远公司的变更仲裁请求作出决定，故仲裁庭接受了利恒志远公司变更仲裁请求并不违反《中华人民共和国仲裁法》及《仲裁规则》的规定，故本院对陈某、生之源公司的此项申请理由不予采信

① 最高人民法院《关于适用〈中华人民共和国民事诉讼法〉的解释》(2022年修正)第二百三十二条：在案件受理后，法庭辩论结束前，原告增加诉讼请求，被告提出反诉，第三人提出与本案有关的诉讼请求，可以合并审理的，人民法院应当合并审理。

续表

案号	裁判观点
（2018）粤18民特134号	本案中，被申请人谭某等人变更仲裁请求后，仲裁庭予以接受，并向欧阳某送达了变更后的仲裁请求，欧阳某亦就此进行了答辩。本案仲裁程序不存在违反仲裁规则和《中华人民共和国仲裁法》等相关法律规定的情形，亦未损害欧阳某的程序权利。仲裁程序与民事诉讼程序属于不同的程序，二者并不互相拘束或准用
（2016）京03民特169号	仲裁庭在庭审辩论结束后受理恒天资产公司的变更仲裁请求申请、超过其指定的举证期限接受证据，均未违反《仲裁法》关于程序的规定以及北京仲裁委的仲裁规则

目前的裁判观点普遍认为，在《仲裁法》及其司法解释中关于申请变更仲裁请求的条款并未援引民事诉讼法的情况下，民事诉讼法的相关规定并不必然适用于仲裁活动中，仲裁请求的变更与民事诉讼法关于诉讼请求的变更规定不符并不属于“违反法定程序”，不构成撤销仲裁裁决的法定情形。

最后，变更仲裁请求的程序违反了仲裁机构的仲裁规则，是否一定会被认定为“违反法定程序”，继而被人民法院裁定撤销仲裁裁决呢？答案同样是否定的。

在潍坊正洋商贸有限公司与烟台黔鑫酒业有限公司代理合同纠纷执行复议一案中①，被执行人黔鑫酒业曾以仲裁委在宣布闭庭后受理申请复议人正洋商贸的变更仲裁请求，违反了仲裁规则为由请求烟台市中级人民法院申请不予执行该裁决。烟台中院查明，案涉《烟台仲裁委员会仲裁规则》第20条第2款规定：“当事人变更仲裁请求应当自收到受理通知书、仲裁通知书之日起15日内以书面形式提出；逾期提出，由本会或仲裁庭决定是否受理，但最迟不得迟于庭审辩论终结前。”而该案中，正洋商贸变更仲裁请求是在庭审辩论终结后，烟台仲裁委员会受理其变更仲裁请求，并且依其变更后的请求作出裁决，违反法定程序，烟台中院对该裁决书裁定不予执行。后潍坊正洋商贸有限公司向山东省高级人民法院申请复议。山东高院在该裁定书中指出，申请人潍坊正洋商贸有限公司在庭审辩论终结后变更仲裁请求，烟台

① 山东省高级人民法院执行裁定书，（2013）鲁执复议字第76号。

仲裁委员会受理其变更仲裁请求，并且依其变更后的请求作出裁决，虽然违反了仲裁规则的规定，程序存在瑕疵，但仲裁规则属于仲裁委内部规定，烟台中院据此认定仲裁程序违法，理由不充分。虽然本案还因为存在烟台仲裁委仲裁的事项不属于仲裁协议的范围，最终山东高院裁定烟台中院不予执行该仲裁裁决并无不当，驳回了复议申请，但山东高院在本案中明确了申请变更仲裁请求的程序瑕疵并不当然导致仲裁程序违法。

通过分析上列案例的裁判规则可以发现，如果仅仅从程序上，以逾期变更仲裁请求或仲裁庭违反仲裁规则的规定，主张逾期变更仲裁请求属于"违反法定程序"，请求人民法院进行司法监督，撤销仲裁裁决的，司法机关一般不会予以支持。

而在铁岭亿泽房地产开发有限公司与铁岭鑫海建筑工程有限责任公司申请撤销仲裁裁决一案中[①]，铁岭中院认为根据《铁岭仲裁委员会仲裁规则》第10条的规定，申请人变更仲裁请求，须在最后一次开庭辩论终结前书面提出。铁岭鑫海建筑工程有限公司在第一次仲裁庭庭审辩论阶段以口头方式提出增加仲裁请求，仲裁庭在二次庭审期间均没有对口头增加的仲裁请求是否有效进行确认，也没有对增加仲裁请求的争议焦点即付款期限的问题进行审理，在此情况下进行裁决程序存在不当之处，可能影响案件正确裁决。最终裁定撤销了原仲裁裁决。司法机关一般认为要构成"违反法定程序"除了违反仲裁法规定的仲裁程序或仲裁规则外，更重要的是"可能影响案件正确裁决的情形"[②]，也就是说，人民法院在审理时会判断案件当事人的权利是否因另一方变更仲裁请求违反仲裁程序受到了实质性侵害。

三、逾期变更仲裁请求程序存在的问题

（一）仲裁规则不统一，程序适用混乱

当事人自治是仲裁的基石，这一点不仅体现于仲裁的实体审理上，还体

---

① 辽宁省铁岭市中级人民法院民事裁定书，(2017) 辽12民特3号。

② 最高人民法院《关于适用〈中华人民共和国仲裁法〉若干问题的解释》(2008年修正) 第20条：仲裁法第五十八条规定的"违反法定程序"，是指违反仲裁法规定的仲裁程序和当事人选择的仲裁规则可能影响案件正确裁决的情形。

现在仲裁程序的各个步骤。仲裁本身的特性决定了国家层面制定的《仲裁法》规范较为笼统。《仲裁法》第 27 条规定，申请人可以放弃或者变更仲裁请求。被申请人可以承认或者反驳仲裁请求，有权提出反请求。仔细分析后可知，我国对申请人变更仲裁请求的规定仅是概括性的权利赋予，并没有对变更仲裁请求期限等内容进行详细规定。由此引发的争议问题是，逾期变更仲裁请求的内容无立法依据支撑。各仲裁委针对此问题，只能以概括性条款为范本，并根据法理或实践需求制定仲裁规则。虽然该种方式弥补了立法的空白，但是恰恰又因仲裁意思自治的特性，导致了各个仲裁委制定的仲裁规则不统一。申言之，申请人逾期变更仲裁请求，不仅会涉及申请人的实体公正，还会影响被申请人的程序公正需求。各地仲裁机构规定逾期变更仲裁请求的规则不一致，程序适用混乱，双方当事人的权利无法得到切实保障。

（二）逾期变更仲裁请求规范不明，权利失衡显现

对于是否接受逾期变更仲裁请求的申请，仲裁委制定的规则比较一致，各仲裁委员会基本上都赋予了仲裁庭自由裁量权，但何种程度的逾期申请会遭到拒绝，各仲裁规则均未予明确。仲裁程序相较于司法程序的严谨性更弱，其公正性容易为人诟病，而该程序赋予仲裁庭更大的自由裁量权无疑会雪上加霜。仲裁毕竟不是纯粹的私利救济，当事人意思自治在仲裁程序中必然存在其恰当的边界。《仲裁法》第 9 条明确规定，仲裁实行一裁终局的制度。申请人变更仲裁请求将很大可能影响被申请人的权益，如在申请人逾期变更仲裁请求的情况下，被申请人未能及时抗辩，仲裁庭接受了申请人的变更申请并作出裁决。在一裁终局的背景下，被申请人只能通过司法监督的途径寻求救济。申请人逾期变更仲裁请求情形下，申请人通过程序规范影响实体裁决的可操作空间较大，而被申请人的救济渠道狭窄，双方权利失衡。

（三）司法文件与仲裁活动衔接不畅，实质成效阻滞

我国的法律规范众多，立法虽然存在部分缺陷，但是总体而言已经成为一个完整的体系。关键的问题在于，法律规范能否落到实处、能否准确贯彻执行。最高人民法院《关于适用〈中华人民共和国仲裁法〉若干问题的解

释》第20条规定："仲裁法第五十八条规定的'违反法定程序'，是指违反仲裁法规定的仲裁程序和当事人选择的仲裁规则可能影响案件正确裁决的情形。""可能影响案件正确裁决"的标准无较强的实践操作性，"可能影响"的程度是多少无法明确。申请人逾期变更仲裁请求既然属于违反法定程序的事项，那么实践中就应当有其发挥空间。然而，笔者分析的相关案例中仅有极少数案件能够适用，实质效果不佳，仲裁规则的相关设定合理性存疑。

四、逾期变更仲裁请求程序的完善

（一）应大力推进中国仲裁协会的建立，统一仲裁规则的制定

2020年最高人民法院首次发布《商事仲裁司法审查年度报告（2019年）》，报告显示2019年，全国法院审结撤裁类案件11,029件，其中637件被撤销或部分撤销，撤裁率为5.8%，较2018年撤销裁决的案件数量714件，同比降低10.8%，充分体现司法支持仲裁的立场，而与此同时，对于仲裁司法审查案件数量亦持增长趋势。笔者认为，造成当事人对仲裁程序中另一方当事人变更仲裁请求异议频发的主要原因在于各地仲裁机构的仲裁规则对于仲裁请求变更的程序规定不一，甚至没有明确规定。《仲裁法》第15条明确规定要成立中国仲裁协会，中共中央《关于完善仲裁制度提高仲裁公信力的若干意见》也要求全面推进仲裁制度的改革创新，组织实施"中国仲裁2022方案"，推动实现中国仲裁发展新格局。故尽快成立中国仲裁协会，制定全国仲裁规则，统一明确变更仲裁请求的相关程序安排具有现实的需求及紧迫性。

（二）平衡申请人与被申请人的权利，明确逾期变更仲裁请求的要点

根据目前具有代表性的仲裁规则，变更仲裁请求的期限规定为首次开庭前、收到受理通知之日起15日内或者直接没有规定期限。一般而言，逾期变更仲裁请求可能影响实体公正、可能导致程序过分迟延时不允许变更仲裁请求。仲裁程序在追求效率的同时，应当保证裁决的公正性。涉及变更仲裁请求期限的要点，需要明确其期限，且期限的设定应当采用封闭式表述。涉及实体公正、程序过分迟延的判断要点，需要进一步细化标准，采用列举与

抽象相结合的方式制定规范。涉及逾期变更仲裁请求后果的要点上，需要在规范中明确法律责任，这样有利于督促申请人积极行权，也有利于保障被申请人的程序公正。明确逾期变更仲裁请求的要点不仅关乎公平正义的法价值追求，还关乎申请人、被申请人实实在在的权利保障。因此，尽快明确逾期变更仲裁请求的要点具有现实必要性。

（三）落实《仲裁法》及相关司法解释与仲裁活动的衔接

《最高人民法院关于人民法院办理仲裁裁决执行案件若干问题的规定》第 14 条规定："适用的仲裁程序或仲裁规则经特别提示，当事人知道或者应当知道法定仲裁程序或选择的仲裁规则未被遵守，但仍然参加或者继续参加仲裁程序且未提出异议，在仲裁裁决作出之后以违反法定程序为由申请不予执行仲裁裁决的，人民法院不予支持。"仲裁庭可在开庭前特别提示变更仲裁请求的相关程序安排，在释明后，对于当事人逾期变更仲裁请求的，原则上应不予支持。

五、结语

在国内商事仲裁中，当事人申请变更仲裁请求符合《仲裁法》及仲裁规则的规定，即为"不违反法定程序"。而当变更申请的程序出现违反仲裁规则等情形时，司法监督中还需进一步查明所违反的仲裁规则或存在的瑕疵是否足以影响案件的正确裁决。如果答案是肯定的，则存在撤销仲裁裁决或不予执行仲裁裁决的可能。有观点认为，现行《仲裁法》应明确何谓"可能影响案件正确裁决"，即"可通过列举重要仲裁程序以实现法律适用的统一，避免法院在认定何为'可能影响案件正确裁决的仲裁程序'时自由裁量权过大"。[①] 该观点具有积极意义。

---

① 李杨：《我国商事仲裁司法监督中"违反法定程序"的理解与适用》，载《北京仲裁》2014 年第 1 期。

对仲裁第三人制度的实践探索

——以《广州仲裁委员会仲裁规则（2021年版）》为基础

马　彪*

仲裁制度以其私密和快捷见长，成为商事争议解决的有效方式之一。基于仲裁前述特性，非仲裁协议当事人原则上无权参与仲裁程序。但实际交易活动均或多或少涉及第三方权益，例如主从合同关系、工程挂靠关系等纠纷案中，不可避免涉及第三方权益保护问题，甚至在缺少第三方参与的情况下难以作出有效裁决，或者还需要二次诉讼才能对纠纷予以完整解决。更有甚者，当事人以仲裁私密为由，借用仲裁名义损害第三方利益的情形也屡有发生。

为解决上述问题，仲裁第三人制度成为法律理论和司法实践探索的热点问题。广州仲裁委最新颁行的《广州仲裁委员会仲裁规则（2021年版）》在现有法律基础上作出了创新性规定，从实操层面对仲裁第三人制度作出贡献。2021年7月，司法部发布的《仲裁法修订征求意见稿》则作了更为大胆的尝试。

一、仲裁第三人制度的理论基础

仲裁第三人一直以来是国际商事仲裁最复杂和最关键的议题之一，也是仲裁制度在商事领域的改革焦点，尤其在建设工程领域和再保险领域更是如

* 马彪，国信信扬律师事务所高级合伙人，毕业于北京大学法学院，现为广州仲裁委员会仲裁员，广东省律师协会会员处分复查工作委员会委员，广州市律师协会会员违规行为惩戒工作委员会委员。

此。通过多年的实践，目前已经归纳出一系列实体法理论予以支撑，总结起来大概有援引并入理论、义务承担理论（也称为行为推定意愿）、代理、刺破公司面纱或公司集团理论①、禁反言、转让、承继、代位清偿、第三方受益人等十种理论模型。

我国理论界主流形成的仲裁第三人实体法理论主要包括三类，即代理、法人人格否认、权利义务转让。上述理论问题本身均存在较大争议空间，本文不作过多探讨，而是集中探讨司法实践的具体操作性问题。

二、仲裁第三人的分类与范围

民事诉讼第三人的定义和范围均有明确法律规定，显得较为清晰，但《仲裁法》完全没有规定仲裁第三人制度，故仲裁第三人的范围、定义仅为理论层面总结，显得较为杂乱。

仲裁第三人从最广义的角度看应当是一个程序概念，即正式进入仲裁程序的当事人之外的任何主体，均属于该第三人范畴。这一广义概念按照不同的区分标准可以进行细化分类，例如按照是否签署了同一仲裁协议可分为同一仲裁协议项下的第三人和无仲裁协议的第三人，按照处理结果和程序标准可区分为执行中的仲裁第三人和仲裁审查中的第三人，按照利害相关的基础原因可区分为直接利害相关的第三人和权利义务承继性第三人，按照是否需要经过仲裁当事人一致确认参加仲裁程序可区分为需要一致确认的第三人和不需要仲裁当事人一致确认的第三人等。

当然，上述区分标准较为粗疏，仅仅为便于讨论所作区分。本文则重点针对不存在仲裁协议的第三人如何参加正在进行的仲裁程序问题进行分析和探讨。

三、仲裁第三人制度的现有法律基础

我国1994年颁行了《仲裁法》，其中关于仲裁协议对第三方的效力方面完全没有规定，甚至连各方在对参与仲裁无异议的情况下，视为各方当事

① See United States v. Milwaukee Refrigerator Transit Co. 142F. 247，255（E. D. Wis. 1905）.

人之间存在仲裁条款的推定性规定也没有。因此，在当时的法律框架下，仲裁完全不存在非协议主体的第三方参与的可能。《仲裁法》于 2009 年第一次修订，2017 年第二次修订，均未对相关规定予以调整，仲裁裁决的撤销和不予执行这一救济程序中，也没有涉及第三人利益保护问题的规定[①]，因此，第三人制度最终没能在法律层面获得突破。

为应对司法实践遇到的障碍，最高人民法院在 2006 年颁行《关于适用〈中华人民共和国仲裁法〉若干问题的解释》（2008 年已修订），首次对仲裁协议以外的第三人问题进行了拓展性规定，主要针对公司分立与合并、债权债务转移、当事人主体资格灭失后的继承等特定情形，相关规定主要体现为第 8、9 条两条。

事实上，与其说该等规定是引入仲裁协议外的第三人参与仲裁，毋宁说是仲裁协议当事人的主体在法律状态发生变更后的法律关系和仲裁程序的继续问题，而不是严格意义上的仲裁协议外的第三人问题。

以上为法律层面对仲裁第三人的规定，也是司法实践进一步拓展和探索的基础。

四、广州仲裁委的探索与制度设计

广州仲裁委《仲裁规则》历经 2003 年、2007 年、2015 年、2017 年四次修改，最新版本为 2021 年 7 月开始实施的《广州仲裁委员会仲裁规则（2021 年版）》。

不考虑《仲裁法》中已经规定的关于仲裁协议当事人在主体法律状态发生变化后的程序处理和主体增加问题，2015 年之前的《仲裁规则》中并没有明确提出第三人的概念。但 2003 年《仲裁规则》作了推定性条款的规定，即一方可以在没有仲裁协议的情况下向仲裁委申请仲裁，仲裁委有权审核是否符合仲裁的其他条件，符合即可告知被申请人，但正式进入仲裁程序还需要各方一致同意且补签仲裁协议。2007 年《仲裁规则》没有作出改变。

---

① 王红艳：《对我国仲裁第三人制度理论与实践的评析》，载《黑龙江政法管理干部学院学报》2010 年第 4 期。

2015 年《仲裁规则》意见稿中首次出现了“第三人”的概念。在 2015 年《仲裁规则》正式稿中，将同一仲裁协议的案外人和无仲裁协议的案外人分开描述，逻辑上更为清晰。在整体规定上，同一仲裁协议中的案外人申请成为共同申请人的，需要经过申请人同意，申请人申请追加同一仲裁协议案外人为被申请人的，或者同一仲裁协议案外人申请成为独立第三人参加仲裁的，均仅需要仲裁庭同意即可，不必各方仲裁参与人一致同意。

相应地，不在同一仲裁协议下的案外人加入仲裁程序的限制条件就严格很多，其根本标准是需要所有仲裁参与人一致同意且经过仲裁庭认可。当事人的纠纷大部分都是严重到难以调和才进入仲裁程序，因此不论是从情感上还是从现实利益上，各方一致同意该第三人参加仲裁程序的概率均较低。

2021 年最新《仲裁规则》维持了原规定条款，但第 27 条第 5 项增加了“仲裁庭在审理过程中发现案件处理结果可能涉及案外人权益的，可以通知案外人”的程序性规定。虽然最终第三人能否顺利进入仲裁程序仍然受全部仲裁参与人一致同意的条件限制，第三人实际进入仲裁程序的难度并未减少，但这一规定仍然具有重要现实意义。

第一，这种规定是在现有法律允许的条件下所能作出的最大限度的探索，因为现有法律层面并没有无协议的第三方可以在未经仲裁参与人一致同意的情况下参加仲裁的规定和程序依据。

第二，仲裁当事人作为利益对抗的双方，第三方的进入不论是程序利益上还是实体权利上，必然对一方有利对另一方不利。因此，正常情况下，仲裁参与人一方均难以隐瞒第三方合法利益的存在，有了这一条《仲裁规则》的程序依据，仲裁庭则因此有了进一步调查的权力，毕竟撤销仲裁裁决很重要的标准之一是程序是否违法。

第三，虽然本条对第三人仅仅为程序性告知，但法律从来不是独立发挥作用的，在履行了程序性告知后，该第三方如确有利害相关，其不仅可以通过申请加入仲裁的方式实现利益保护，更可以提起独立的民事诉讼主张权利，仲裁庭则可以根据第三人提起的相应请求和主张的事实，决定是否中止审理，在最大限度上保护第三方利益。

仲裁作为纠纷解决机制之一，私密性和便捷性始终是仲裁制度的根本制度。因此，虽然该条规定在现有法律框架下解决了第三人利益保护的程序依据问题，但在实操过程中，仍然有部分问题需要逐步完善。

第一，通知第三人的必要性标准如何认定问题。如前所述，任何交易均可能涉及第三方的利益，如这一程序被滥用，则很大程度上损害仲裁便捷性优势，因此在通知第三方的范围和认定标准方面如何把握，需要在实践中逐步摸索和总结。

第二，仲裁私密性为仲裁制度的核心价值之一，《仲裁规则》第 10 条甚至明确规定“仲裁案件当事人及其代理人、证人、鉴定人、有关专业技术人士以及仲裁员、仲裁秘书、仲裁庭咨询的专家、本会有关人员等，均不得向外界透露案件具体信息”，而向第三人通知本案争议本身就是对这一条的直接突破。因此，通知第三人的内容如何选择，是仅仅告知程序性争议的存在，还是需要披露部分争议事实，通知的文件中是否需要经过仲裁参与人的认可，通知文件中是否需要告知其承担保密义务及违反保密义务的责任，通知的文件中是否需要释明申请加入仲裁或者通过法院诉讼解决等事项，均需要进一步探索。

第三，通知的法律后果如何处理。第三人并非仲裁当事人，因此该通知难以赋予第三人任何义务或者权利。同时，该第三人向法院主张权利的时间应当按照法律规定执行，只要其在法定期限内主张权利均为有效，仲裁庭向第三人发出通知说明已经注意到第三人合法利益的存在，那么，后续仲裁庭的程序是否需要等待第三人主张权利？等待的时间如何确定？能否限定第三人回复的时间及超期回复的不利后果？如何保障仲裁本身的效率问题？……后续的一系列程序问题均需要在实践中逐步摸索和完善。

五、2021 年 7 月《仲裁法修订征求意见稿》也对第三人权益保护问题作出了值得思考的探索

《仲裁法修订征求意见稿》对仲裁协议的主体范围作了扩张，其中第 24 条就主从合同的仲裁协议约束范围、约定内容冲突解决等方面作了规定，第 25 条对公司派生诉讼中的仲裁条款约束范围作了规定，即股东提起派生诉讼的，根据公司、合伙企业与对方当事人签订的仲裁协议确定管辖。

相比上述第 24、25 条主体向内的限制性扩张外，第 85 条作了向外的扩张性规定，即“案外人有证据证明裁决的部分或者全部内容错误，损害其民事权益的，可以依法对当事人提起诉讼。案外人起诉且提供有效担保的，该裁决中止执行。裁决执行的恢复或者终结，由人民法院根据诉讼结果裁定”。

建议稿的该条规定对第三人的保护不仅是开放的，并且有过大之嫌：

第一，案外人起诉的时间并没有明确限制，因此应当适用 3 年诉讼时效的规定，这一点可能导致生效仲裁裁决长期处于不稳定状态。

第二，案外人提起诉讼的审查范围并未作任何限制性规定，说明该案为普通民商事诉讼，并且鉴于其起诉前提是针对仲裁裁决的错误认定和错误裁决，因此已经生效的仲裁裁决认定的事实在该案中也不再属于生效法律文书认定事实而面临二次审查。但是任何一份法律文书均可能存在依据法律规定、诉讼程序推定的事实认定，因此对生效裁决认定事实的二次审查不仅导致裁决本身不稳定，也将损害仲裁中的程序价值，极大影响仲裁中法定推定程序作用的发挥。

第三，更为重要的是，“裁决执行的恢复或者终结，由人民法院根据诉讼结果裁定”，这样一条法律效力的规定显然将仲裁裁决的效力大打折扣，其在结果上相当于仲裁裁决被撤销或不予执行，但该条规定在审查范围、法律依据等方面毫无限制，必将导致仲裁裁决本身效力先天不足且长期不稳定，不利于仲裁制度的健康发展和国际化。

综上，本文认为，从防止冲突裁决、防范恶意仲裁、节约争议解决成本的角度出发，设置仲裁第三人制度具有其合理性和必要性。但是，在现有法律框架下任意突破仲裁协议相对性，扩大第三人范围也显然不妥。因此，《广州仲裁委员会仲裁规则（2021 年版）》通过适当程序手段，包括仲裁庭通知、第三人作证、配合民事诉讼一并审查等系列制度配合，起到查清事实、公平裁决、防范虚假仲裁的目的是较为合理的选择，并且对仲裁制度本身冲击较小，具有比较好的制度效果。但《仲裁法修订征求意见稿》的规定显得过于粗疏和激进，名为保护第三人合法利益，实质可能沦为仲裁当事人败诉一方滥用诉权、拖延执行的制度漏洞，这种最终的法律效果更可能是对仲裁制度基础的根本性冲击。因此，在制度创新的同时，我们应当时刻谨记仲裁制度本身的制度价值，私密性、便捷性和司法既定秩序价值始终是需要最先考虑的制度价值。

仲裁回避制度

——以《广州仲裁委员会仲裁规则》第38条第2款为切入点

杨晓宇*

一、广州仲裁委员会对于“其他关系”的展开规定

经作者查询，中国国际经济贸易仲裁委员会、北京仲裁委员会、上海仲裁委员会、武汉仲裁委员会等的《仲裁规则》中，并未就《仲裁法》第34条第3项进行进一步细化解释，而是在规则中要求仲裁员签署声明书，主动披露可能引起公正性、合理性怀疑的情形，而《广州仲裁委员会仲裁规则(2021年版)》在第38条第2款中，详细列举了属于“其他关系”的七类情形，作者认为非常具有实践参考价值，分别为：（1）与本案当事人、代理人有咨询与被咨询、管理与被管理关系，或者担任本案当事人、代理人的代理人、顾问的，但至组庭之日有关关系已经结束超过二年的除外；（2）与本案当事人、代理人现在同一单位工作的；（3）对本案所涉争议向当事人推荐、介绍过代理人的；（4）对本案所涉争议提供过咨询，或者担任过与本案所涉争议有关案件的证人、鉴定人、勘验人、翻译人员、辩护人、代理人的；（5）在本会正在审理的其他案件中，与本案当事人、代理人同为仲裁员的；（6）在本案当事人、代理人担任仲裁员的案件中，本案仲裁员恰好是该案当事人、代理人的，但至组庭之日案件已经审结超过二年的除外；（7）其他可能影响公正仲裁的情形。

---

* 杨晓宇，国信信扬律师事务所律师。

二、与规定相关的实务案例分析

作者针对以上规定，结合自身办理以及通过公开渠道查询的司法判例进行分析如下：

（一）仲裁员与一方代理人原属同一律所，是否需要回避

案例简介：2020 年，在 A 诉 B 股权回购仲裁案中，仲裁庭由三名仲裁员组成，其中首席仲裁员由仲裁委主任指定。开庭前，仲裁申请人 A 的代理人未收到任何仲裁员的主动回避申请。开庭时，仲裁被申请人 B 缺席，首席仲裁员在与仲裁申请人 A 的代理人闲聊时提及，其曾在代理人所在律所工作。庭审结束后，仲裁申请人 A 的代理人向仲裁委提出回避申请，认为虽然首席仲裁员已经离开代理人所在律所两年，但仍可能影响本案公正裁决。

处理结果：仲裁委作出《决定书》，驳回申请人的回避申请，理由为查明首席仲裁员已于 2011 年底离开申请人代理人所在律所，结束关系已经超过两年，故不属于应当回避的情形。

作者评析：根据《仲裁规则》第 38 条第 2 款第 2 项的规定，需回避的情形为“与本案当事人、代理人现在同一单位工作的”，从字面含义而言，只要仲裁员与一方代理人现在不在同一单位工作，即不属于需要回避的情形，但从《决定书》的表述上看，仲裁委在作出驳回决定时仍会考虑离职是否已经超过两年的合理期限。

（二）仲裁员曾就案件发表咨询意见，是否应当回避

案例 1 简介：某仲裁员 A 是工程领域工程造价方向的专家，也是 B 造价咨询公司的合伙人。C 公司就其承揽施工的 D 工程单方聘请 B 公司出具工程结算造价咨询报告，A 作为合伙人在造价报告终稿落款处签名。后 C 公司与业主就结算款产生纠纷争议至仲裁委，业主对 C 公司单方聘请出具的工程造价结算报告结果不予确认，仲裁委指定 A 作为首席仲裁员。业主聘请的代理人收到仲裁委发出的《组庭及开庭通知书》后向仲裁委提出要

求A回避的申请。

处理结果：仲裁员A得知业主提出回避申请后，主动申请退出本案仲裁庭，仲裁委主任准许后重新指定首席仲裁员。

案例2简介：某仲裁员A是仲裁委专家咨询意见组的成员，仲裁委专家咨询意见组曾于2014年就B公司诉C公司建设工程施工合同纠纷案件进行专家咨询讨论，纠纷的争议焦点为工程中人工调差的标准问题，A列席并出具专家咨询意见。后B公司就案涉建设工程出现的新事实、新理由于2020年另外向C公司提起仲裁，纠纷争议焦点为结算工程款、工程质量问题。在仲裁员的选择书上，B公司选定A为仲裁员，C公司在收到仲裁委发出的《组庭及开庭通知书》后向仲裁委提出要求A回避的申请。

处理结果：仲裁员A得知C公司提出回避申请后，主动申请退出本案仲裁庭，仲裁委主任准许后由B公司重新选定仲裁员。

案例3简介：A公司曾就与B公司之间的建设工程施工合同纠纷，提供资料向律师C咨询诉讼思路，律师C组织团队进行案件讨论并提出诉讼方案，后A公司对诉讼方案不满、双方未就委托的费用达成一致。A公司另行聘请律师D代理仲裁，在组庭的过程中，律师C被仲裁委主任指定为首席仲裁员。

处理结果：律师C主动向仲裁委披露事实并申请退出，仲裁委同意后由仲裁委主任重新指定首席仲裁员。

作者评析：由三个案例可知，实践中《广州市仲裁委员会仲裁规则》第38条第2款第4项“对本案所涉争议提供过咨询”的理解是广义的，咨询的内容不仅包括案涉纠纷所涉及的过程性/结论性文件，还包含案涉纠纷的前端纠纷或者相关联纠纷，而无论是出于中立还是一方，只要出具了咨询意见即均是需要回避的范畴。

（三）一方当事人的代理人是该仲裁委的在任仲裁员，是否应当回避

案例简介：A公司就与B公司房屋买卖合同纠纷诉至仲裁委，仲裁委受理后适用普通程序审理。在开庭的过程中，B公司得知A公司的代理人C为仲裁委在任的仲裁员，认为其与仲裁委员会存在利害关系，仲裁委员会应

当自行回避，不得审理本案。仲裁委员会对该回避申请作出驳回决定书并继续审理案件直至作出裁决书，B公司拿到裁决后以程序违法向仲裁委所在地中级人民法院申请撤销仲裁裁决。

处理结果：中级人民法院审查后认为，代理人C作为仲裁委的仲裁员，在本案审理的过程中仅为当事人A公司的代理人，其并未以仲裁员的身份对仲裁裁决的作出参与合议或定案。另外，《仲裁法》项下回避的规定是调整仲裁员应当回避的情形，并未规定审理该案的仲裁委整体应当回避，因此其撤销理由不成立，裁定予以驳回。

作者评析：《仲裁法》及《仲裁规则》项下回避的约束范围并不包含代理人，因此仅就代理人本身存在回避事由提出回避申请的，存在被驳回的风险。

（四）首席仲裁员和一方当事人指定的仲裁员曾有师生或同事关系，是否应当回避

案例简介：A与B房屋买卖纠纷一案诉至仲裁委，A要求解除《存量房买卖合同》、B支付违约金。仲裁委受理后适用普通程序审理，双方各选择一名仲裁员，首席仲裁员由主任指定。后B收到《组庭及开庭通知书》后向仲裁委提出回避申请，要求首席仲裁员及A选定的仲裁员回避，理由为首席仲裁员与A选定的仲裁员在硕士期间存在师生关系，并且首席仲裁员曾在A选定仲裁员创办的律所兼职。仲裁委审查后作出决定书驳回B的回避申请。驳回后案件开庭时，双方并未对案件已进行的仲裁程序提出异议。后仲裁委作出裁决书，B对裁决结果不满，并以存在法定应当回避情形未回避的程序违法为由向仲裁委所在地中级人民法院提出撤销仲裁裁决之诉。

处理结果：中级人民法院审查后认为，B并未举证证明首席仲裁员和A选定的仲裁员与任何一方当事人或其代理律师之间存在可能影响案件公正处理的利害关系，因此仲裁委驳回其回避申请并无不当，不存在程序违法的情形，裁定驳回其撤销仲裁裁决的请求。

作者评析：无论从《仲裁法》还是《广州仲裁委员会仲裁规则》项下

“回避”的规定可知，仲裁员的回避基本基于两类关系，一类是仲裁员与案件争议本身的关系，另一类是仲裁员与案件当事人/代理人的关系，但这其中并不包含仲裁员之间的关系，因此曾经是师生/同事关系，并不属于应当回避的范畴，但作者认为，如首席仲裁员与一方选定的仲裁员现为同一律所的律师，首席仲裁员本身应当主动披露，另一方当事人申请回避还是有一定的合理之处。

三、结语及建议

仲裁与诉讼不同，实行一裁终局制度，因此对于仲裁裁决结果不服的救济方式仅有向仲裁委员会所在地的中级人民法院申请撤销和不予执行两种。根据《仲裁法》第58条的规定，可申请撤销仲裁裁决包含六项情形，其中第三项为“仲裁庭的组成或者仲裁的程序违反法定程序的”，而该项内容与仲裁回避有密切联系。因此，如仲裁审理的过程中，对仲裁员是否回避判断错误或者存在应当回避而未回避情形，那么法院以此撤销仲裁裁决的可能性很大。

就“其他关系”的外延，是随着各仲裁委《仲裁规则》的修订和完善以及司法实践的推进而不断扩大更新的，但回避的内核不变，即仲裁员的回避基本基于两类关系，一类是仲裁员与案件争议本身的关系，另一类是仲裁员与案件当事人/代理人的关系，作为仲裁员本身，应当从这两类关系的角度从严、高标准地自我审查是否存在回避情形，及时取得案件相关材料并向办案秘书了解双方代理人的情况，并且慎重对待当事人提出的回避申请，如实向仲裁委汇报事实。

从英美仲裁保全制度剖析我国仲裁保全制度的优劣

黄蕴仪*

法治社会的建设中少不了对仲裁制度的完善，仲裁制度作为一种准司法行为在解决我国民商事纠纷中起着重要的作用，在仲裁制度中，诉讼保全是仲裁的重要组成部分。自改革开放以来，中国的市场逐渐开放，我们的市场越趋向于多元化方向发展。在多元的交流当中，面对市场和个人之间的关系，人和人之间的关系都逐渐变得更为复杂。为了让这种情况得以改善，仲裁制度的出现就显得非常重要。仲裁中的诉讼保全是指在诉讼的过程中，一方当事人因另一方当事人的行为或者其他，可能使裁决不能执行，那么就可以申请对争议的标的采取一定的强制措施。实行保全有利于解决执行难的问题，从而促使当事人依法履行义务，有效地保护当事人的合法权益。但是在仲裁中如何进行保全，相关立法并不完善。

一、国外商事仲裁诉讼保全的情况

要想中国法制建设有更进一步的发展，除提高和完善自身之外，还要放眼国外，借鉴国外的优秀经验。现代各国商事仲裁的实践表明，为了加强仲裁的有效性，必须赋予仲裁庭在特定情况下采取保全措施的权力。大多数发达国家的《仲裁法》也均包含授权仲裁庭采取保全措施或预防措施的规定。英国在此就是一个代表。

---

* 黄蕴仪，广东经国律师事务所专职律师，广州市律师协会多元化争议解决（ADR）法律专业委员会委员。

（一）英国《仲裁法》中保全制度的发展

在1996年英国新《仲裁法》生效以前，英国法院对仲裁活动进行严格的审查监督，这严重挫伤了英国仲裁制度健康、有序地发展，从而影响了法律体系先进的英国在国际商事仲裁法律服务市场中应有的份额和地位。目前英国1996年新《仲裁法》体现了国际商事仲裁发展的趋势和特征，即以充分尊重当事人的意思自治和减少法院对仲裁活动的干预为基本原则，扩大了仲裁庭的职权范围，其中包括仲裁庭有权采取临时性保全措施。

新《仲裁法》在一定程度上加强了仲裁庭作出保全命令的权力主要体现在以下几方面：

一是仲裁庭的权力。新《仲裁法》第38条第4款规定仲裁庭（若无相反的书面协议存在）在一定范围内有权命令查封、扣押或保管仲裁中的争议财产。不过仲裁庭没有强制执行这些命令的权力。因此仲裁庭依该法第38条取得的权力显然有限。此外新《仲裁法》第39条允许双方当事人以书面协议授予仲裁庭作出财产保全命令的权力。这些保全命令包括：关于当事人之间的金钱支付或财产处分的命令；对仲裁费用一部分进行中间支付的命令。在实践中仲裁庭可以行使这些权力以保全仲裁一方当事人的利益。

二是法院支持仲裁程序的命令。新《仲裁法》第44条中列举了法院在支持仲裁程序方面的权力：除非“当事人之间另有约定”否则法院有权对下列与仲裁程序有关的问题作出命令。如同它对于诉讼程序有关的事项作出裁定一样，这些事项包括：（1）对有关的财产作出命令，而该财产正是仲裁程序中引起争议的财产，对该财产进行检验、拍照、保全、保管或扣押或对财产进行抽样或对实验过程进行观察以及为此目的授权任何人占有或控制仲裁一方当事人所有或支配的财产；（2）出售程序当中所涉及的货物；（3）发出临时禁止令或指定一名接管人。第1款中所谓的“当事人之间另有约定”反映了英国《仲裁法》中强调的当事人意思自治原则。法院为支持仲裁而作出的财产保全命令需满足两个条件：（1）是否属于紧急情况；（2）仲裁庭是否有权命令采取当事人申请的保全措施。新《仲裁法》第44条第3款对紧急情况的处理作了如下规定：“如果案件紧急，法院可以在一方当事人的申请下或建议当事人提出申请并认为确有必要时可以采取证据保全或财产保全。”而如果案情并不紧急，法院只有经得一方当事人的申请并得到仲裁庭的准许或其他当事人同意的书面证据。第 44 条第 5 款和第 6 款对法院的干预设置了第二道限制性规定：“在任何情况下，法院只在当事人已授权的仲裁庭或其他仲裁机构或其他机构或个人无权，或在当时不能有效行使权力时才能行使权力。”显然这两款旨在授予仲裁庭一种优先的权力。通过对英国立法的分析我们不难看出其法律允许仲裁庭发布仲裁协议项下的与争议有关的临时性保全措施。既然法律已经允许当事人将特定的争议提交仲裁庭解决，那么仲裁庭就有权对仲裁协议项下的争议发布它所认为适当的保全措施并令当事人提供担保。

（二）美国仲裁裁决审查期间财产保全的制度现状

财产保全作为解决民商事争议中的临时救济措施，其功能在于保障民事判决的有效执行，弥补诉讼救济滞后的不足。综观主要国家的法律制度，一般仍将申请承认及执行外国仲裁裁决审查期间的财产保全涵摄进整个财产保全的制度框架内加以规制。大陆法系国家在该问题上的处理一般是仲裁程序结束后，胜诉方以仲裁裁决书为依据，在申请强制执行裁决前向法院提起财产保全。与之相比，美国不仅允许外国当事人在仲裁胜诉后提起保全，也允许在仲裁程序进行中提出诉前保全。财产保全在美国仲裁法中的地位极为重要，足以看出美国对个人财产的保护是非常重视的。

无论是英国还是美国，都有值得我们在仲裁保全制度中学习之处，优秀的法律制度能促使仲裁保全更加完善。

二、国内商事仲裁保全的法律规定

（一）仲裁财产保全的申请

依据《仲裁法》，一方当事人因另一方当事人的行为或者其他，可能使裁决不能执行或者难以执行的，可以申请财产保全；在证据可能灭失或者以后难以取得的情况下，当事人可以申请证据保全。依据《民事诉讼法》，人民法院对于可能因当事人一方的行为或者其他，使判决难以执行或者造成当事人其他损害的案件，根据对方当事人的申请，可以责令其作出一定行为或者禁止其作出一定行为。

根据该法条的规定，仲裁中的保全包括财产保全、证据保全、行为保全，且必须由仲裁当事人提出申请。根据《最高人民法院关于人民法院办理财产保全案件若干问题的规定》第 3 条的规定，仲裁当事人不能直接向人民法院递交财产保全申请书，而必须通过仲裁机构向人民法院提交申请，仲裁委员会应将当事人的财产保全申请按照民事诉讼法的有关规定提交人民法院；根据《民事诉讼法》第 104 条的规定，符合条件的还可以在申请仲裁前提出保全申请。由此可见，仲裁委员会在当事人和人民法院之间充当了“申请资料传递者”的角色，对申请材料没有实质审查权，更无权作出是否准许的裁定。①

（二）仲裁财产保全的管辖

一般由被申请人住所地和被申请保全的财产所在地基层人民法院作出裁定并执行。属涉外仲裁案件的，由被申请人住所地或者财产所在地的中级人民法院作出裁定。在仲裁实践中，为进一步推动仲裁保全的便利性，提高保全工作效率，各地高级法院也对仲裁保全的管辖法院进行了探索和尝试。各地方法院关于仲裁保全的实践探索，有效地提升了仲裁保全的成功率及保全效率。根据最高人民法院出台的 2018 年 12 月 5 日起施行的《最高人民法院国际商事法庭程序规则（试行）》和最高人民法院办公厅《关于确定首批纳入“一站式”国际商事纠纷多元化解决机制的国际商事仲裁及调解机构的通知》，中国国际经济贸易仲裁委员会、上海国际经济贸易仲裁委员会、深圳国际仲裁院、北京仲裁委员会、中国海事仲裁委员会共五家仲裁机构成为首批纳入最高人民法院“一站式”国际商事纠纷多元化解决机制的机构，该机制是对仲裁保全的一次制度创新。对纳入机制的仲裁机构所受理的国际商事纠纷案件，当事人可以依据《最高人民法院关于设立国际商事法庭若干问题的规定》以及《最高人民法院国际商事法庭程序规则（试行）》的规

---

① 刘加良：《论仲裁保全程序中的诉讼谦抑》，载《政治与法律》2009 年第 1 期。

定，在申请仲裁前或者仲裁程序开始后，向国际商事法庭申请证据、财产或者行为保全。

（三）仲裁保全裁定的作出和实施

人民法院对财产保全申请进行审查，并决定是否采取财产保全措施以及采取何种措施。《最高人民法院关于人民法院执行工作若干问题的规定（试行）》（以下简称《执行规定》）第3条规定，“人民法院在审理民事、行政案件中作出的财产保全和先予执行裁定，一般应当移送执行机构实施”。

（四）香港、澳门与内地仲裁程序相互协助保全

2019年4月2日，最高人民法院与香港特别行政区政府律政司签署《关于内地与香港特别行政区法院就仲裁程序相互协助保全的安排》（以下简称《内地与香港仲裁保全安排》）。2021年3月17日，香港特区立法会决议修订香港特区《仲裁条例》以实施《最高人民法院关于内地与香港特别行政区相互执行仲裁裁决的补充安排》（以下简称《补充安排》）第2条、第3条，有关修订于2021年5月19日生效。根据《补充安排》的规定，最高人民法院与香港特区政府律政司分别发布公告，第2条、第3条于5月19日在两地同步施行。《补充安排》规定申请认可和执行仲裁裁决的范围依据请求方法律确定、规定仲裁裁决作出后、裁定执行前的保全措施，与2019年生效的《内地与香港仲裁保全安排》一起，实现了涉仲裁保全措施的全流程覆盖，这在内地与其他法域之间尚属首次。《补充安排》施行后，两地在仲裁领域的协助机制进一步优化升级，达成了全方位多维度的相互协作。安排施行以来，内地人民法院已受理57起就香港仲裁程序提供协助保全的申请，保全财产价值达127亿元。

2022年2月25日，时任最高人民法院常务副院长贺荣和澳门特别行政区政府行政法务司司长张永春分别代表两地签署《关于内地与澳门特别行政区就仲裁程序相互协助保全的安排》（以下简称《内地与澳门仲裁保全安排》）。根据两地法律规定和以往做法，《内地与澳门仲裁保全安排》在内地将转化为司法解释，在澳门将刊登在政府公报。经双方协商一致，《内地与

澳门仲裁保全安排》于2022年3月25日在两地同时生效。

根据澳门仲裁法，内地有关仲裁程序开始前或者进行中，当事人可向澳门法院申请保全措施；但根据《民事诉讼法》《仲裁法》《海事诉讼特别程序法》等相关法律规定，除海事案件外，内地人民法院不能对包括澳门在内的域外仲裁提供保全协助。《内地与澳门仲裁保全安排》旨在建立允许有关澳门仲裁程序当事人向内地人民法院申请保全的机制，同时，进一步明确内地仲裁程序当事人向澳门法院申请保全的程序。值得注意的是，《内地与澳门仲裁保全安排》未要求仲裁程序中的保全申请由澳门仲裁机构转递，澳门仲裁程序的当事人可以直接向内地人民法院申请保全，以减少转递环节、提高保全效率。

三、国内诉讼保全存在的问题

不可否认，我国仲裁制度的设计，对加强非诉争端解决机制建设，完善我国法律体系，起到了重要作用。努力与国际通行做法接近，与国际惯例接轨的大背景下出台的一部法律，其民间性和先进性不容置疑。但囿于当时配套法律的局限性，特别是民事诉讼法制定在先，因此司法对仲裁的支持、协助和司法监督存在不足在所难免，尤其在避免仲裁行政化和诉讼化与公权力介入干涉的对立，表现在仲裁财产保全上主要有以下几个方面：

（一）现行的申请仲裁财产保全的程序复杂，降低了效率

目前《仲裁法》还不完全承认仲裁机构有决定财产保全的权力，当事人申请财产保全一般要经过以下程序：一是先向仲裁委员会提出申请，仲裁委员会将当事人的申请提交给人民法院；二是法院对申请人的申请进行审查，申请人必须提供相当于请求保全数额的担保；三是法院裁定采取财产保全措施并交付执行员执行。而现行法律对程序的规定缺失和不明确性，减损了仲裁程序的公正原则和仲裁的效率原则。

第一，违背了商事仲裁的意思自治原则。当事人之间的纠纷是否提交商事仲裁、交与谁进行商事仲裁、如何组成仲裁庭、商事仲裁的审理方式以及开庭形式等，都是或者都可以在双方当事人自愿的基础上协商确定。当事人

之所以选择仲裁，就是希望排除法院对纠纷的干预，让纠纷能够在所信任的仲裁员、所信赖或所约定的仲裁规则以及所认同的仲裁形式下解决。而赋予法院决定仲裁财产保全的决定权，等于让法院“强行”地介入仲裁程序中，这违背了仲裁协议的约定，超出了当事人意思自治的范围。

第二，违背了商事仲裁的保密性原则。仲裁的保密性一般是指当事人提起仲裁申请、程序进展情况、仲裁庭开庭审理案件，均不得在新闻媒介予以披露，裁决结果也不公布。除仲裁员、当事人和证人外，其他任何人均不得参与旁听仲裁，也无权获取有关仲裁的任何信息。其介入本身就是对商事仲裁保密性原则的一大突破，使得仲裁的知情人超越了仲裁员、当事人和证人的范围。仲裁的保密性难以实现。

第三，不利于财产保全迅速有效进行。当事人首先要向仲裁委员会提出财产保全申请，再由仲裁委员会将当事人的申请提交人民法院；人民法院接到仲裁委移交的申请材料后进行审查，最后才裁定是否进行财产保全，而其中各环节并没有期限的要求。仲裁财产保全必须经过两个部门的转交和传递才能完成，且法院对当事人的财产保全申请也需要时间审查和作出裁定，由此导致不必要的延误，从而失去控制或保存争议财产的最佳时机，降低了财产保全的效率。

（二）法院独占仲裁财产保全的审查权、决定权和实施权，背离了国际做法①

仲裁保全措施的决定权归属是仲裁保全程序运作的基础，目前国际上还没有形成统一的规则来规定实施仲裁保全措施的决定由谁作出，各国立法和实践不尽相同，总体上可以分为三种模式，体现了法院和仲裁机构或仲裁庭（此节中统称仲裁机构）在决定仲裁保全措施时的不同地位，这里重点介绍法院和仲裁机构共同行使仲裁保全措施的决定权。

首先立法规范缺乏实际可操作性。《仲裁法》仅仅规定“仲裁委员会将当事人的申请提交有关人民法院”，但对于提交的期限、方式、法院的受理

---

① 钱程：《论仲裁临时保全措施的决定权归属问题》，载《仲裁与法律》2006年第2期。

部门、执行部门等方面却均未作出明确的规定。立法上不配套、不衔接，这将会导致法规在实践中无法操作。

其次立法不全面。我国《仲裁法》仅仅涉及了国内仲裁财产保全的规定，涉外仲裁中的财产保全却规定在了《民事诉讼法》中。在实际操作中虽然可以参照《民事诉讼法》的相关规定，但如果仲裁立法太过分散，就会严重影响仲裁程序的顺利进行，更不利于保障当事人的合法权益。

四、解决建议

（一）给予仲裁机构裁决保全的权力

从一定意义上来说，仲裁协议的签署排除有管辖权的法院的管辖效力，仲裁机构则必然有权决定是否采取保全。仲裁机构（委员会）作为仲裁庭组成之前转交保全申请的机构完全可以胜任决定是否采取保全措施的机构。无论从双方当事人对争议解决方式的合意，还是委员会机构组成的争议解决权威性，抑或从时间的紧迫性、对保障诉争双方合法权益，减少守约方的损失方面来看，仲裁委员会都合适作为仲裁前保全的决定主体。而当仲裁庭组成之后，作为对诉争案件的了解程度较高的机构，仲裁庭当然更优于法院的立案部门作出决定。既然《仲裁法》和《民事诉讼法》同样作为国家的基本法，也没有理由不赋予前者决定保全的权力。当然，由于合同具有相对性，其仅仅约束签署合同的双方当事人，如果保全的效力涉及第三方权益之时，就需要由法院来决定是否采取保全。这样的做法也符合当代国际仲裁的潮流。

（二）完善《仲裁法》关于保全的规定

完善《仲裁法》关于保全的规定，需要明确申请的时间，决定的组织，执行保全的法院的级别与机构，更需要进一步规范仲裁委员会与仲裁庭的权力设置，以保障当事人的合法权益。

（三）修订《民事诉讼法》关于保全错误的救济

无救济则无权利。如果给予仲裁机构决定是否保全的权力，给予法院在涉及第三人利益时的审查决定权，那么当保全被否定的时候，谁来监督这些机构也值得进一步的思考。仲裁机构“一裁终局”的机制在面对保全申请的情况下，如果不能提起复议，将很可能导致权力的滥用；而现有的《民事诉讼法》关于不保全的裁定规定是不可以上诉的，只能提起复议。在民商事案件激增，保全作为能促使双方进行诉前调解的有效机制的情况下，如果对不保全裁定或决定解释不清，也容易挫伤司法的进步。故而，修订关于保全错误的救济方式，显得尤为迫切。

（四）统一仲裁保全与裁决执行的法院级别

保全法院与执行法院的分离容易导致执行久拖不决，仲裁裁决沦为一纸空文。故而应当考虑将仲裁中的财产保全和裁决执行都改为由中级人民法院执行。这样易于简化程序，利于保全目的的实现。首先，可以考虑将执行统一交由中级人民法院，这样可以集中执行机构，执行的标准也更加协同；其次，保全作出的机关和执行裁决的机关也可以互相链接，统一实施保全措施，尽力防止重复保全的情况出现；再次，提高执行法院级别，有助于增强当事人案件的执行力度；最后，在当前基层法院执行压力过大，“案多人少”矛盾突出的情况下，中级人民法院更好调动各方资源。

关于内地与香港地区仲裁裁决相互认可与执行的探讨分析

卢雨森*

一、前言

由于国家政策及人文文化等因素，我国内地与香港地区自20世纪70年代以来，各个领域之间已逐渐开启紧密的合作，尤其在香港回归后的20余年期间，珠三角地区城市与香港、澳门的经济、文化及法律服务等方面的融合更是达到了前所未有的高度。2019年2月，中共中央、国务院印发的《粤港澳大湾区发展规划纲要》明确提出将香港建设成为“亚太区国际法律及争议解决服务中心”的目标定位，深化落实内地与香港、澳门关于建立更紧密经贸关系的安排（CEPA）对港澳服务业开放措施，鼓励粤港澳共同促进包含法律及争议解决服务在内的专业服务发展。可见，基于“一国两制”的框架下，未来内地与香港之间司法协助机制不断优化完善将成为发展的必然趋势。

认可与执行由其他司法管辖区仲裁机构作出的仲裁裁决是世界各国与地区一直以来努力探讨及完善的问题。在国际仲裁史上，具有里程碑意义的《联合国承认和执行外国仲裁裁决的国际公约》（以下简称《纽约公约》）于1959年6月7日正式生效，该国际公约被称为国际私法领域最为重要的公约之一，极大地促进了仲裁裁决在世界范围内的承认与执行，为贸易全球化时代下的当事人提供了坚实的权益保障。然而，我国历史原因造就了如今

---

* 卢雨森，广州金鹏律师事务所专职律师（香港居民律师）。

“一国两制三法域四地区”的独特结构，早于香港地区回归前，因其仍属英国管辖，故两地之间关于仲裁裁决的相互认可与执行适用《纽约公约》进行处理，但香港地区正式回归后，基于两地归属一国具有共同主权的前提下，《纽约公约》已不能直接适用于两地之间仲裁裁决的认可与执行事宜。经过两地学者的不断探索与尝试，最高人民法院与香港特区政府的代表于1999年6月共同签署《关于内地与香港特别行政区相互执行仲裁裁决的安排》（以下简称《仲裁裁决安排》），并经香港完成《仲裁条例》的修法程序后，内地与香港于2000年2月1日真正实现“一国两制”框架下两地仲裁裁决相互认可与执行的突破。随后经过多年的实践，最高人民法院与香港特区政府于2020年11月27日签署《关于内地与香港特别行政区相互执行仲裁裁决的补充安排》（以下简称《仲裁裁决补充安排》），于2021年5月19日正式完全生效。

有鉴于上，本文将从我国内地与香港地区基于“一国两制”框架下的商事仲裁司法互助现状出发，重点探讨《仲裁裁决安排》、《仲裁裁决补充安排》及香港《仲裁条例》中关于“内地裁决强制执行”部分实施20多年以来的实务状况，力求为内地涉外律师参与同类型案件提供借鉴与参考。

二、内地与香港关于商事仲裁的司法协助现状

司法协助是指国家之间根据某一国当局的请求而履行的司法方面的国家协助行为，是基于不同国家之间相互独立的司法主权而产生的。但历史原因，我国内地与香港地区形成了两个不同的司法管辖区域，导致我国在处理内地与香港之间的司法协助方面，适用具有中国特色的区际司法协助模式，具体包含了法律文书送达和取证、仲裁裁决及民商事判决的相互认可与执行等。

自香港回归以来，因《纽约公约》已不适用于内地与香港之间的区际司法协助，故两地之间关于商事仲裁的司法协助出现了因缺乏法律义务而无法认可与执行对方法域仲裁裁决的“真空期”，正如香港高等法院法官J. K. FINDLAY于Ng Fung Hong Ltd. v. ABC一案中所述：“非常遗憾的是，这类型仲裁裁决不能直接获得执行……希望在不久的将来我们会看到两地之间

相互认可与执行仲裁裁决的模式。”①

经过两地法学学者及司法人员的不断探索及努力，两地于 1999 年 6 月 21 日签署《仲裁裁决安排》，随后香港完成对《仲裁条例》的修订工作后，内地与香港之间自 2000 年 2 月 1 日起，有关商事仲裁裁决的相互认可与执行已具备法理基础及法律依据，真正意义上弥补了 JK FINDLAY 法官所述的“遗憾”。

直至 2019 年 4 月 2 日，最高人民法院副院长杨万明和香港特区政府律政司司长郑若骅分别代表两地在香港签署《关于内地与香港特别行政区法院就仲裁程序相互协助保全的安排》，并随后于 2019 年 10 月 1 日在两地同时生效，使香港成为内地第一个予以仲裁保全协助的法域，标志着两地在“一国两制”下实现了更加紧密的仲裁司法协助机制。

2020 年 11 月 27 日，两地总结《仲裁裁决安排》实施 20 余年的经验，共同签署《仲裁裁决补充安排》，强调了商事仲裁裁决的“认可”程序，并进一步完善两地在“一国两制”制度下商事仲裁裁决相互认可与执行的具体规定。

三、关于内地与香港仲裁裁决相互认可与执行的探讨分析

内地与香港两地自 2000 年实施仲裁裁决相互认可与执行，至今已超过 20 年，除 2020 年共同签署《仲裁裁决补充安排》对相关规定进行补充更新外，其他相关的法律法规及司法解释并没有存在原则性的改变，故实务当中应用的情况基本符合两地最初谈判及立法的预期。因此，笔者将于本章节以现行有效的《仲裁裁决安排》、《仲裁裁决补充安排》、香港《仲裁条例》(Cap 609)、香港《高等法院规则》及两地法院相关案例为依据，深入探讨分析当前两地仲裁裁决相互认可与执行的司法实务现状。

（一）内地认可与执行香港仲裁裁决

当前我国内地认可与执行香港仲裁裁决的主要法律依据为《民事诉讼

---

① See *NG FUNG HONG LTD v. ABC*, Reported in：[1998] 1 HKLRD 155, paragraph 8：“... it is a pity that such an award cannot be enforced directly... and I hope we will see such a system before too long.”

法》、《仲裁裁决安排》、《仲裁裁决补充安排》及 2018 年 1 月 1 日施行的《最高人民法院关于审理仲裁司法审查案件若干问题的规定》。根据上述法律及司法解释的相关规定，在我国内地实际处理认可与执行香港仲裁裁决的实务过程中，应当重点注意以下问题：

1. 适用香港仲裁裁决的条件

根据《仲裁裁决补充安排》对原《仲裁裁决安排》序言及第 1 条的修改："内地人民法院执行按香港特区《仲裁条例》作出的仲裁裁决，……适用本安排。"可以判断出向我国内地人民法院提出认可与执行的仲裁裁决，若适用《仲裁裁决安排》的相关规定，则该仲裁裁决应当同时满足两个基本条件：第一，该仲裁裁决的仲裁地应当约定为中华人民共和国香港特别行政区；第二，该仲裁裁决应当在香港《仲裁条例》的规范下作出。

然而，在国际商事仲裁案件中，经常出现仲裁地点与仲裁地不一致的情形，那么关于仲裁地点（venue of arbitration）约定在香港以外国家或地区的情况下，是否会因此影响《仲裁裁决安排》的适用呢？笔者所持的态度是否定的。原因在于仲裁地与仲裁地点属于两个不同的概念，前者是一个法律概念，后者则是一个地理概念。仲裁地的确认是决定仲裁裁决"国籍"归属的关键，其直接影响到仲裁裁决"国籍"所在地的法院能否撤销仲裁等重大事项。一旦商事合同的仲裁条款约定仲裁地在中国香港，则该仲裁裁决的"国籍"便应当归属于中国香港，而不管仲裁地点是否约定在中国香港境内。此外，根据香港《仲裁条例》（Cap 609）第 5 条第 2 款的规定①，仲裁地点在香港以外地方的情况下，相关的仲裁适用条例中的特定条款。也就是说，仲裁地点约定中国香港以外国家或地区的情况下，也不影响香港《仲裁条例》对相关仲裁裁决的规范。因此，笔者认为，只要相关仲裁条款约定中国香港作为仲裁地，无论仲裁地点或适用仲裁规则的约定为何，在我国内地申请认可与执行相关仲裁裁决的，均可以适用《仲裁裁决安排》的相关规定进行处理。

---

① 香港《仲裁条例》（Cap 609）第 5 条第 2 款："如仲裁地点是在香港以外地方，则只有本部、第 20 及 21 条、第 3A 部、第 45、60 及 61 条、第 10 部及第 103A、103B、103C、103D、103G 及 103H 条，适用于有关仲裁。"

2. 不予认可与执行的情形

我国内地不予认可与执行香港仲裁裁决的主要依据为《仲裁裁决安排》的第7条规定，其参照《纽约公约》第5条关于“拒绝承认及执行仲裁裁决”的相关规定，结合我国内地与香港的仲裁实务情况，最终制定出同时适用于内地与香港两地的安排性条款。具体可归纳为以下七种情形：

（1）香港仲裁裁决的当事人无行为能力；

（2）仲裁协议无效；

（3）香港仲裁裁决在程序上出现违法或损害被申请人的权利；

（4）香港仲裁裁决超出交付仲裁事项的范围；

（5）香港仲裁裁决无效或被撤销或被停止执行的；

（6）香港仲裁裁决的争议事项依照内地法律是不可仲裁的；

（7）执行香港仲裁裁决会违反内地社会公共利益的。

笔者通过法律数据库①，以“内地与香港特别行政区相互执行仲裁裁决的安排”“认可和执行香港特别行政区仲裁裁决”等关键词进行检索，截至2021年6月30日，笔者共计检索及筛选出46件关于我国内地法院审理认可与执行香港仲裁裁决的案件，当中不予认可和执行香港仲裁裁决的共4件，其中：涉及内地法院管辖权问题的1件，涉及香港仲裁裁决存在超裁情况且无法将超裁部分进行划分的1件，涉及违反公共利益为由不予认可和执行的2件。

综上分析，我国内地法院对于香港仲裁裁决采较为温和、开放的态度，一般情况下不轻易拒绝认可与执行，且对于违反社会公共利益或者公共政策的认定标准也较为严格，以违反公共利益为由不予认定和执行仲裁裁决的比例较低。

（二）香港认可与执行内地仲裁裁决

当前香港认可与执行内地仲裁裁决的主要法律依据为香港《仲裁条例》（Cap 609）、香港《高等法院规则》以及香港高等法院针对同类案件所作出

① 笔者所采用的法律数据库为Alpha法律智能操作系统。

判例、决定等。根据上述法律及司法解释的相关规定，在香港法院实际审理认可与执行内地仲裁裁决的实务操作中，应当重点注意以下问题：

1. 适用内地仲裁裁决的条件

作为《仲裁裁决补充安排》的修订亮点之一，关于香港认可与执行内地仲裁裁决的适用条件问题上，具体规定为："……香港特区法院执行按《中华人民共和国仲裁法》作出的仲裁裁决，适用本安排。"其取消了"认可内地仲裁当局"清单的相关规定，将两地之间的商事仲裁裁决相互认可与执行的法律制度进一步与《纽约公约》的相关规定保持一致，有利于两地仲裁事业的发展。

结合新修订的香港《仲裁条例》（Cap 609）释义中关于"内地裁决（Mainland Award）"的定义："指按照《中华人民共和国仲裁法》作出的仲裁裁决"，可得知若向香港高等法院提出认可与执行仲裁裁决，应当同时满足两个基本条件：第一，该仲裁裁决的仲裁地应为中华人民共和国内地（关于仲裁地的概念以及在相互认可与执行仲裁裁决过程中的重要性，笔者已在前文进行阐述，此处不再赘述）；第二，该仲裁裁决应当在《中华人民共和国仲裁法》的规范下作出。

综上分析，根据《仲裁裁决安排》、《仲裁裁决补充安排》及香港《仲裁条例》（Cap 609）的相关规定，经合法程序设立的内地仲裁机构依照《中华人民共和国仲裁法》的规定所作出的商事仲裁裁决均可向香港法院申请认可与执行。

2. 不予认可与执行的情形

香港《仲裁条例》（Cap 609）第 95 条关于"拒绝强制执行内地仲裁裁决"的规定是以《仲裁裁决安排》第 7 条之相关规定作为基础进一步修订的，其内容与内地不予认可与执行香港仲裁裁决相当，针对该部分内容笔者已于前文进行阐述，此处不再赘述。

四、结语

鉴于内地与香港地区分属两个不同的司法管辖区，导致两地之间的仲裁司法协助进程仍处于不断优化完善的阶段，笔者于本文通过对当前内地与香港仲裁裁决相互认可与执行的法律分析，充分探讨当前两地之间关于仲裁裁决融会贯通的实务状况，由此判断《仲裁裁决安排》实施20年以来的进展情况。

区别于我国内地与其他国家之间基于《纽约公约》框架下的仲裁裁决相互认可（承认）与执行程序，内地与香港两地在“一国两制”框架下已探索出一种符合我国国情且平衡两地法系的创新模式，最终成功实现仲裁司法协助互联互通之目的。同时2021年5月19日全面施行生效的《仲裁裁决补充安排》也将进一步完善两地商事仲裁裁决相互认可与执行的制度，并逐步与《纽约公约》的相关规定一致。

此外，2019年10月1日在两地同时生效的《关于内地与香港特别行政区法院就仲裁程序相互协助保全的安排》也使香港成为内地第一个予以仲裁保全协助的法域，标志着两地在“一国两制”下实现了更加紧密的仲裁司法协助机制。

随着我国“一带一路”倡议及粤港澳大湾区的发展，不断完善内地与香港之间的民商事仲裁司法协助机制，将为我国全力支持香港打造区域法律服务和纠纷解决中心的目标提供支撑，也将进一步促进我国企业“走出去”的发展，为我国企业在国际经贸往来提供坚实的纠纷解决保障机制。

与此同时，鉴于近年来司法部不断推动内地律师及律师事务所“走出去”的鼓励政策，内地律师与香港律师目前在各自专业领域上的合作已越趋紧密，笔者相信内地律师未来在两地间仲裁司法协助案件中将会发挥越来越重要的作用，该类案件也必将为我国律师行业带来较为可观的经济收益。

第三人合同无效之诉与仲裁约定的冲突问题

卞连兵[*]

这是笔者作为仲裁员审理的一单合同纠纷案：合同双方当事人约定有仲裁条款，一方当事人申请仲裁请求确认合同无效。在仲裁庭作出裁决前，合同当事人以外的第三人向法院起诉要求确认该合同无效，法院在仲裁庭裁决前作出确认该合同无效的判决。仲裁案件的申请人以法院已对合同效力作出判决本案已无继续仲裁的必要为由撤回仲裁申请。由此引起笔者对第三人合同无效之诉与仲裁约定的冲突问题的一点思考。

一、合同约定仲裁对法院受理第三人合同无效之诉的限制

（一）法院审理第三人合同无效之诉的裁判思路

我国现行法律法规中未明确规定第三人合同无效之诉，但司法实务中第三人为维护自身合法权益提起合同无效之诉的案例越来越多见。法院判决通常认为合同约定的仲裁条款约束的是合同当事人，或其权利义务的继受人，具有相对性。而第三人合同无效之诉案件的诉讼标的为侵权法律关系，不涉及合同相对性原则，合同当事人以外的第三人只要符合《民事诉讼法》关于原告的条件即有权起诉请求确认合同无效。法院的裁判思路是认为第三人合同无效之诉不涉及合同相对性原则，则合同当事人是否约定仲裁对法院受理第三人合同无效之诉没有限制。

---

* 卞连兵，广东东方昆仑律师事务所律师。

（二）仲裁机构对第三人申请仲裁的意见

根据《仲裁法》第 4 条的规定，“当事人采用仲裁方式解决纠纷，应当双方自愿，达成仲裁协议。没有仲裁协议，一方申请仲裁的，仲裁委员会不予受理”。即，仲裁机构受理仲裁案件的前提是当事人之间订有仲裁协议。合同以外的第三人以其自身作为申请人，向仲裁机构申请仲裁确认合同无效时，仲裁委员会通常会以第三人与合同当事人之间没有仲裁协议为由不予受理。国内很多仲裁机构对第三人参与仲裁制定了一些变通的规则，如《广州仲裁委员会仲裁规则（2021 年版）》（以下简称《广仲规则》）第 27 条规定，“案外人加入仲裁程序：（一）同一仲裁协议的案外人申请成为共同申请人的，须经申请人同意。是否接受，仲裁庭组成前由本会决定，仲裁庭组成后由仲裁庭决定。……（四）无仲裁协议的案外人加入仲裁程序成为当事人的，应当经案外人及各方当事人一致同意。是否接受，仲裁庭组成前由本会决定，仲裁庭组成后由仲裁庭决定。……”该规定为案外第三人加入仲裁程序提供了可能，但因无法根本突破《仲裁法》第 4 条的规定，实践中，案外第三人参加仲裁程序难度很大，作为申请人向仲裁机构申请仲裁确认合同无效几乎不可能。

综上，一方面，法院受理第三人合同无效之诉符合《民事诉讼法》的规定，另一方面，仲裁委员会根据《仲裁法》的规定，对第三人向仲裁机构申请仲裁确认合同无效不予受理。为维护合同当事人以外第三人合法权益，在现行《民事诉讼法》和《仲裁法》的规定下，合同当事人是否约定仲裁对法院受理第三人合同无效之诉应当没有限制。

二、合同当事人先就合同无效申请仲裁对第三人合同无效之诉的限制

合同当事人是否约定仲裁对法院受理第三人合同无效之诉没有限制，但如果合同当事人已经就合同无效问题向仲裁委员会申请仲裁，第三人提起合同无效之诉的权利则应当受到限制，理由如下：

（一）从尊重当事人意思自治角度考虑

《仲裁法》第 5 条规定，“当事人达成仲裁协议，一方向人民法院起诉

的，人民法院不予受理，但仲裁协议无效的除外”。既然当事人在合同中约定了仲裁，表明了当事人有意将合同争议（合同效力争议）提交仲裁机构裁决，对当事人的这种意思自治应予以尊重。因此，在当事人就合同效力争议已经启动仲裁程序的情况下，第三人的诉权应当受到合理限制，法院不宜再对合同效力问题作出实体判断。

浙江省高级人民法院在（2016）浙民终248号案中认为，审判实践中，并不完全排除对他人之间签订合同效力提起的效力之诉，如他人之间签订合同已经依法由其他法院管辖或依法属于特定仲裁协议约定的仲裁机构主管范围，相关法院不宜对他人之间签订的合同进行实体审理。本案中，对账单是杭州仲裁委员会正在仲裁的建设工程施工合同纠纷案件的主要证据，对对账单的内容、对账单所涉合同当事人的拘束力，应属于仲裁案件需要审查的范围；如先于仲裁程序在本案程序中对对账单效力作出判断，将导致依法启动的仲裁程序的虚置化，亦不符合多元化解决纠纷的理念。浙江省高级人民法院所表达的观点即为，在仲裁机构已经受理相关合同效力纠纷的情况下，法院不宜再对合同效力问题作出实体判断，以体现人民法院对仲裁程序的尊重，对当事人意思自治的尊重。

（二）从实现诉讼目的角度考虑

合同当事人以外的第三人之所以要提起合同无效之诉，系因该合同的存在或有效会侵害其合法权益。在合同当事人已就合同无效问题申请仲裁的情况下，仲裁庭将依法对合同是否无效作出裁决，解决各方对合同是否无效问题的争议。合同当事人以外的第三人只要等待仲裁机构依法作出裁决即可达到其诉讼目的。

（三）从节约司法资源角度考虑

第三人提起合同无效之诉与合同当事人就合同无效问题申请仲裁，当事人诉讼/仲裁的目的基本一致，即通过诉讼/仲裁之途径达到确认合同无效的目的。如果在合同当事人已经就合同无效问题根据仲裁协议申请仲裁的情况下，仍允许第三人提起合同无效之诉，浪费司法资源。

（四）从维护司法权威角度考虑

第三人提起合同无效之诉与合同当事人就合同无效问题申请仲裁，其争议的系同一基础事实或法律关系，如果同一基础事实或法律关系在法院和仲裁机构出现相互矛盾的判决/裁决，可能会导致当事人对案件结果的质疑，不利于维护司法权威。

（五）从有利于查明案件事实角度考虑

第三人提起合同无效之诉，一般引用的法律依据是《民法典》第 154 条之规定，“行为人与相对人恶意串通，损害他人合法权益的民事法律行为无效”。（源于原《合同法》第 52 条第 2 项之规定）合同当事人就合同无效问题申请仲裁所主张的事实依据和法律依据比前述规定可能要更宽泛，且合同当事人掌握的合同订立履行等相关事实比第三人更完整更具体，有助于仲裁庭查明案件事实，进而作出公正裁决。

（六）从保密性角度考虑

仲裁的保密性是指仲裁程序的内容、仲裁过程中展示的证据、仲裁裁决等仲裁中的信息不对当事人以外的人披露。合同当事人之所以达成仲裁协议，将争议提交仲裁机构仲裁，很大一部分考虑是基于不愿意公开合同内容或当事人之间的争议。如果在合同当事人已经就合同无效问题向仲裁机构申请仲裁的情形下，第三人提起合同无效之诉不受限制的话，合同当事人之间关于合同签订、合同内容、合同履行情况等均需在法庭上陈述，且写入裁判文书中，并且法院的裁判文书通常需要在互联网上公开，这显然与合同当事人选择仲裁的初心相悖。

（七）从第三人救济途径角度考虑

最高人民法院《关于人民法院办理仲裁裁决执行案件若干问题的规定》第 9 条规定：“案外人向人民法院申请不予执行仲裁裁决或者仲裁调解书的，应当提交申请书以及证明其请求成立的证据材料，并符合下列条件：

（一）有证据证明仲裁案件当事人恶意申请仲裁或者虚假仲裁，损害其合法权益；……”根据该规定，如果合同当事人以外的第三人认为合同当事人存在恶意申请仲裁或虚假仲裁等情形，损害其合法权益，可向法院申请不予执行仲裁裁决或者仲裁调解书。即法院为第三人维护其合法权益提供了相关的救济途径。

综上，笔者认为，如果合同当事人已经就合同无效问题向仲裁机构申请仲裁，第三人提起合同无效之诉的权利则应当受到限制，并且在第三人提起合同无效之诉的权利受到限制的情况下，第三人的诉讼目的仍有可能达到，其权益依然能够有途径维护。

三、与仲裁协议效力异议程序的比较

根据《仲裁法》第 20 条规定：“当事人对仲裁协议的效力有异议的，可以请求仲裁委员会作出决定或者请求人民法院作出裁定。一方请求仲裁委员会作出决定，另一方请求人民法院作出裁定的，由人民法院裁定。”根据最高人民法院《关于确认仲裁协议效力几个问题的批复》（《法释〔1998〕27 号）第 3 条规定：“当事人对仲裁协议的效力有异议，一方当事人申请仲裁机构确认仲裁协议效力，另一方当事人请求人民法院确认仲裁协议无效，如果仲裁机构先于人民法院接受申请并已作出决定，人民法院不予受理；如果仲裁机构接受申请后尚未作出决定，人民法院应予受理，同时通知仲裁机构终止仲裁。”从上述两个规定的内容可以看出，在仲裁协议效力异议程序中，一方当事人向仲裁机构提出异议，另一方当事人向人民法院提出异议，司法审查优先。

笔者在第三人合同无效之诉与仲裁约定的冲突问题处理中主张仲裁优先，主要考虑的是，在仲裁协议效力异议程序中要解决的是仲裁协议是否有效，而有效的仲裁协议是仲裁存在的基石，是仲裁的前提。在仲裁协议效力未定的情况下，规定司法审查优先合法合理。而本文题述的问题，是在一个有效仲裁协议存在的前提下，解决第三人合同无效之诉与仲裁约定的冲突问题，显然逻辑分析的基础和重心是不一样的。仲裁协议效力异议程序的规定对本文题述的问题没有借鉴意义。

四、解决第三人合同无效之诉与仲裁约定的冲突问题的思考

（一）引入仲裁第三人制度的思考

《仲裁法》及其司法解释均没有仲裁第三人的规定，这是仲裁程序的合意性、确定性和封闭性决定的。关于仲裁第三人在理论层面已有较多的讨论，在实务中也有很多案例，国内多家仲裁机构也在其仲裁规则中作了规定，如前述《广仲规则》第27条规定。但仲裁机构的规则大致都以当事人均同意案外第三人加入仲裁程序为前提，在此情形下案外第三人加入仲裁程序，其实质是案外第三人及当事人达成仲裁协议，以解决各方之间的争议。在《仲裁法》未修改的情况下，仲裁规则已无更多突破的可能。笔者有以下三点建议：

1. 仲裁机构在案外第三人申请加入仲裁程序时，可以设置一定的程序，引导当事人接纳第三人加入仲裁程序，这将有利于充分查明案情，全面解决纷争，避免虚假仲裁。

2. 在一方当事人申请追加案外第三人加入仲裁程序，而另一方当事人不同意案外第三人加入仲裁程序时，建议当事人将案外第三人以证人身份参加部分仲裁活动。

3. 为虚假仲裁的防范之目的，根据《广仲规则》第80条："……（二）仲裁庭在审理过程中发现案件存在虚假仲裁嫌疑的，可以采取以下措施：……4. 向利害关系人询问有关情况；……"仲裁庭在审理过程中发现可能存在利害关系人的，向利害关系人询问有关情况。

上述三点建议有助于仲裁庭充分查明案情，避免虚假仲裁，亦有利于全面解决当事人与案外第三人的纷争，使可能存在合同无效情形的争议在仲裁程序中予以解决，而无须再启动第三人合同无效之诉。

（二）增设第三人申请撤销仲裁裁决的制度

《仲裁法》第70条规定，"当事人提出证据证明涉外仲裁裁决有民事诉讼法第260条第1款规定的情形之一的，经人民法院组成合议庭审查核实，裁定撤销"。对此条规定中"当事人"所指，最高人民法院在《关于对（香

港）崇正国际联盟集团有限公司申请撤销仲裁裁决人民法院应否受理的问题复函》（〔2001〕民立他字第36号）中明确："《仲裁法》第七十条规定的'当事人'是指仲裁案件的申请人或被申请人，崇正国际联盟集团有限公司并非V19990351号仲裁案件的申请人或被申请人，该公司不具备申请撤销该仲裁裁决的主体资格，故对该申请人民法院不予受理。"即，申请撤销仲裁裁决的只能是仲裁当事人、申请人与被申请人。笔者认为，最高人民法院之所以对《仲裁法》第70条中"当事人"的范围严格限定为仲裁的申请人与被申请人，是考虑到仲裁裁决是否损害案外第三人权益在未经审理查明前无法判断，而根据《仲裁法》第64条的规定，撤销裁决的申请受理后法院应当裁定中止执行，如果《仲裁法》第70条中"当事人"的范围包括案外第三人，将严重影响当事人通过执行程序获得利益的效率。

在现有法律框架下，如果合同当事人已经就合同无效问题向仲裁委员会申请仲裁，第三人提起合同无效之诉的权利受到限制的情况下，案外第三人对仲裁裁决有异议，只能向人民法院申请不予执行仲裁裁决或者仲裁调解书。而如果当事人不向法院申请执行，则案外第三人则难以维权。为了给予案外第三人充分的救济途径，可以考虑增设第三人申请撤销仲裁裁决的制度，除法院受理撤销裁决的申请后不中止执行外，其他规定与当事人申请撤销仲裁决一致，以兼顾公平与效率。

五、结语

笔者认为，为维护合同当事人以外第三人合法权益，在现行《民事诉讼法》和《仲裁法》的规定下，合同当事人约定仲裁对法院受理第三人合同无效之诉应当没有限制。但如果合同当事人已经就合同无效问题向仲裁机构申请仲裁，第三人提起合同无效之诉的权利则应当受到限制。第三人合同无效之诉与仲裁约定的冲突问题客观存在，在现有法律框架体系内又难以解决。本文仅为笔者的分析和设想，最终如何处理该冲突问题，取决于立法者的价值取向和制度设计。

从案例角度管窥《仲裁法》第58条的适用

朱瑞军*

一、前言

依据《仲裁法》第58条的规定，当事人提出证据证明裁决有下列情形之一的，可以向仲裁委员会所在地的中级人民法院申请撤销裁决：(1) 没有仲裁协议的；(2) 裁决的事项不属于仲裁协议的范围或者仲裁委员会无权仲裁的；(3) 仲裁庭的组成或者仲裁的程序违反法定程序的；(4) 裁决所根据的证据是伪造的；(5) 对方当事人隐瞒了足以影响公正裁决的证据的；(6) 仲裁员在仲裁该案时有索贿受贿，徇私舞弊，枉法裁决行为的。人民法院经组成合议庭审查核实裁决有前款规定情形之一的，应当裁定撤销。人民法院认定该裁决违背社会公共利益的，应当裁定撤销。

关于《仲裁法》第58条第1款第6项的情形，《最高人民法院关于审理仲裁司法审查案件若干问题的规定》第18条作出明确规定：《仲裁法》第58条第1款第6项和《民事诉讼法》第237条第2款第6项规定的仲裁员在仲裁该案时有索贿受贿，徇私舞弊，枉法裁决行为，是指已经由生效刑事法律文书或者纪律处分决定所确认的行为。

二、从案例管窥《仲裁法》第58条规定的具体适用

《仲裁法》第58条规定的其余六种应当裁定撤销的情形，在司法实践中经常产生争议，本文从案例的角度，对这些容易发生争议的情形作出

---

* 朱瑞军，广东海际明律师事务所律师。

浅析。

（一）没有仲裁协议的

1. 案情简介

申请人物业公司与被申请人业委会签订的物业服务合同中约定有仲裁条款。合同到期后，双方未续签合同，申请人经被申请人认可，继续对小区实行事实管理。被申请人向北京仲裁委员会申请仲裁，请求裁决物业公司履行物业交接义务并撤离小区、确认双方之间的事实服务关系已解除、物业公司无权再实施服务并收费。

北京仲裁委员会裁决如下：（1）物业公司向业委会履行物业交接义务并撤离业委会所属小区；（2）业委会与物业公司之间的服务关系已解除，物业公司无权再实施服务并收费；（3）仲裁费用由物业公司承担。

申请人物业公司诉至北京市第四中级人民法院，请求撤销案涉仲裁裁决，主要理由是认为双方没有仲裁协议，北京仲裁委员会无管辖权，仲裁属于无效仲裁。

法院经审理，依据最高人民法院《关于仲裁司法审查案件报核问题的有关规定》第2条第2款之规定，经报请审核，驳回申请人撤销仲裁裁决的申请。

2. 案例点评

本案争议焦点在于业委会与物业公司之间就争议事项是否存在仲裁协议。

业委会与物业公司签订的物业服务合同到期后，双方虽未签订新的物业服务合同，但物业公司经业委会认可，继续对小区实行事实管理，物业公司亦未提出任何异议，双方之间继续履行原物业合同的约定，原物业服务合同中的仲裁条款继续有效。

仲裁协议是仲裁制度的基石，体现了当事人意思自治原则。仲裁条款、仲裁协议是决定仲裁机构取得仲裁权而排除法院管辖的依据，也是仲裁合法性与正当性的基础。

当事人之间没有订立仲裁条款或者事后没有达成书面仲裁协议的，当事人有权申请撤销仲裁裁决。仲裁协议被认定无效或者被撤销的，同样视为没有仲裁协议。

本案中，尽管物业公司和业委会未续签合同，但物业公司经业委会认可，继续对小区实行管理，双方仍继续履行原物业合同，故原合同中的仲裁条款仍然有效。

这一判例的意义是，如双方事实上仍在履行已到期合同，原仲裁条款也应继续约束各方。

当事人在合同中没有直接约定仲裁条款，但在合同条款中援引其他文件中的仲裁条款，同样视为双方存在仲裁协议。援引仲裁条款亦表明当事人有请求仲裁的意思表示，仲裁协议有效。

（二）裁决的事项不属于仲裁协议的范围或者仲裁委员会无权仲裁的

1. 案情简介

邓某代理张某与刘某签订存量房买卖合同，将张某的房屋出售给刘某，并办理了过户登记手续。邓某代理张某签订合同、办理房产过户手续，使用的公证书内容为张某及其丈夫委托邓某代为出售本案涉案房屋。但张某对房屋被卖不知情。刘某第一次查看涉案房屋时，张某获悉后即报警，经派出所民警查询，才知刘某已购得该房屋并已办理过户手续。

张某以涉案房屋为某公司借款提供抵押担保，张某及其丈夫和邓某在公证处办理了公证，邓某因此取得公证书和涉案房屋的房产、土地证原件。

仲裁庭裁决撤销邓某代理张某与刘某签订的存量房买卖合同，刘某配合张某将房屋过户至张某名下，并将房屋更换后的钥匙退还给张某等。

刘某以本案是房屋买卖纠纷、仲裁庭将不属于本案审理的担保纠纷予以审理为主要理由，申请撤销仲裁裁决。

经审理，法院认定，由于案涉仲裁裁决系建立在对超范围裁决部分的基础上，故超裁部分与裁决事项不可分，裁定撤销仲裁裁决书。

2. 案例点评

依照司法解释的规定，当事人以仲裁裁决事项超出仲裁协议范围为由申请撤销仲裁裁决，经审查属实的，人民法院应当撤销仲裁裁决中的超裁部分。但超裁部分与其他裁决事项不可分的，人民法院应当撤销仲裁裁决。

案涉仲裁条款系存量房买卖合同中所作约定，邓某代理张某签订前述合同，其非房屋买卖合同的当事人。邓某是否在张某不知情的情况下私自出售案涉房屋并将房款非法占有，是基于房屋买卖代理关系还是基于房屋抵押担保代理关系行使案涉代理权，属于张某和邓某之间的委托代理纠纷，不属于案涉仲裁协议范围。

根据最高人民法院《关于人民法院办理仲裁裁决执行案件若干问题的规定》的相关规定，“超裁”包括裁决的事项超出仲裁协议约定的范围、裁决内容超出当事人仲裁请求的范围。

本案涉及的问题是，在裁决事项未超出仲裁协议范围的情况下，据以作出裁项的依据不属于仲裁协议的范围的情形是否属于超裁。

最高人民法院《关于人民法院办理仲裁裁决执行案件若干问题的规定》第 13 条规定：“下列情形经人民法院审查属实的，应当认定为民事诉讼法第二百三十七条第二款第二项规定的‘裁决的事项不属于仲裁协议的范围或者仲裁机构无权仲裁的’情形：（一）裁决的事项超出仲裁协议约定的范围；（二）裁决的事项属于依照法律规定或者当事人选择的仲裁规则规定的不可仲裁事项；（三）裁决内容超出当事人仲裁请求的范围；（四）作出裁决的仲裁机构非仲裁协议所约定。”

在司法实践中，不少法院认为上述规定可适用于申请撤销仲裁裁决程序，认为《民事诉讼法》第 237 条第 2 款（2021 年修订后为第 244 条第 2 款）关于不予执行国内仲裁裁决的规定与《仲裁法》第 58 条关于撤销国内仲裁裁决的规定基本一致，可以在撤销国内仲裁裁决案件中予以适用或参照适用。

在“超裁”项下，仲裁庭依职权调整违约金是否构成超裁，是个争讼不已的有趣话题。

经检索可见，司法实践中的主流观点认为，仲裁庭基于案件事实主动调整违约金属于其行使自由裁量权的范畴，不属于仲裁司法审查范围，不构成可以撤销裁决的理由。

（三）仲裁庭的组成或者仲裁的程序违反法定程序的

1. 案情简介

张某某、曾某某与对外经贸信托公司签订《贷款合同－房屋抵押》，约定：争议解决方式为提交广州仲裁委员会进行网络仲裁。该委《网络仲裁规则》规定，受理仲裁申请后，应于15日内将《网络仲裁规则》等发送当事人。在信托公司向广州仲裁委员会提起仲裁申请后，该委向张某某、曾某某二人电子送达了除《网络仲裁规则》之外的其他仲裁文书。

仲裁裁决作出后，张某某、曾某某以广州仲裁委员会的送达违反法定程序为由申请撤销裁决。

经审理，法院裁定撤销案涉裁决。

2. 案例点评

仲裁规则是当事人从事仲裁活动的程序性规则，广州仲裁委员会未向张、曾二人送达《网络仲裁规则》，使其无法及时了解在仲裁程序中应享有的权利，可能影响案件正确裁决，属于仲裁程序严重违反法定程序。

当事人在仲裁中享有正当程序权利，仲裁程序违法多体现在仲裁庭的选定和组成、当事人陈述权未能得到保障、未依照约定的仲裁规则进行、举证质证环节存在程序问题、未开庭审理、未得到审理、合并审理不符合双方约定或不符合仲裁规则、调解程序上。

网络仲裁是利用网络技术为当事人提供仲裁服务的网上争议解决方式，仲裁庭对案件进行书面审理，案件的受理、送达、答辩、证据交换、裁决等均在网上完成。仲裁机构探索信息化手段提高仲裁效率是值得鼓励的，但当事人的程序权利必须得到充分保障，否则可能面对司法审查的否定性评价。

（四）裁决所根据的证据是伪造的

1. 案情简介

保理公司因与设备公司、郑某某、倪某某发生纠纷提起仲裁。

深圳国际仲裁院裁决，设备公司、郑某某、倪某某连带向保理公司支付融资款、支付利息和罚息、律师服务费等。

倪某某以仲裁裁决违反法定程序、本案仲裁庭裁决所依据的《保理业务连带责任保证合同》中倪某某的签字并非本人所签，系他人伪造为由，申请撤销仲裁裁决。

经鉴定，《保理业务连带责任保证合同》并非倪某某本人所签，倪某某与保理公司之间不存在仲裁协议，仲裁院对倪某某的相关裁决所依据的《保理业务连带责任保证合同》系伪造，故仲裁裁决中与倪某某有关的裁决部分应予撤销。

法院裁定撤销仲裁裁决中有关倪某某承担责任的内容。

2. 案例点评

倪某某是否案涉《保理业务连带责任保证合同》的当事人，其与保理公司之间是否存在仲裁协议，是本案争议焦点所在。

最高人民法院《关于人民法院办理仲裁裁决执行案件若干问题的规定》第15条对“伪造证据”作出明确规定：（1）该证据已被仲裁裁决采信；（2）该证据属于认定案件基本事实的主要证据；（3）该证据经查明确属通过捏造、变造、提供虚假证明等非法方式形成或者获取，违反证据的客观性、关联性、合法性要求。

在司法实践中，法院通常认定该解释可以在撤销仲裁裁决程序中参照适用。

（五）对方当事人隐瞒了足以影响公正裁决的证据的

1. 案情简介

易某向广州仲裁委员会东莞分会申请仲裁，要求确认其与陈某某之间300万元款项往来系民间借贷纠纷并作出处理，仲裁裁决陈某某需向易某返还相应借款本息等。在仲裁过程中，易某明知陈某某的联系电话，但未向仲裁委员会提交，仲裁委员会向陈某某公告送达并缺席裁决。易某还隐瞒了《委托投资协议书》及补充协议等证据，案涉300万元款项实际上系易某自行购买的基金产品，并非借款。

陈某某以易某隐瞒了足以影响公正裁决的证据为由申请撤裁。

经查，综合《委托投资协议书》和补充协议、易某个人银行账户流水等证据，能够印证陈某某关于案涉300万元款项系易某自行购买基金产品的陈述高度可信，且易某不向仲裁庭提交陈某某的电话，导致陈某某未能到庭参加仲裁，亦未能举证和答辩。易某故意隐瞒上述证据导致仲裁庭可能错误认定案件关键事实，影响公正裁决，故法院裁定撤销裁决。

2. 案例点评

当事人隐瞒足以影响公正裁决的证据，往往导致仲裁庭在关键事实上作出错误认定，从而直接影响仲裁裁决的公正性。

在仲裁中，一些当事人为了谋取对己有利的裁决，可能采取隐瞒对己不利、对对方当事人有利且不为对方掌握的证据，从而影响仲裁庭作出公正裁决。当事人隐瞒证据的行为，如果达到足以影响公正裁决的程度，构成撤销仲裁裁决的法定事由，仲裁裁决将会被撤销。

（六）违背社会公共利益

1. 案情简介

云丝路企业、高某某、李某签订《股权转让协议》，约定云丝路企业将其持有的某公司5%股权以55万元转让给高某某，李某委托高某某进行个人数字货币资产理财，因高某某未偿还李某相关资产及收益，基于该数字货币资产产生的收益，李某同意代替高某某向云丝路企业支付30万元股权转让款，高某某直接向云丝路企业支付25万元股权转让款。高某某分三期将李某委托其进行理财的货币资产（20.13个比特币、50个比特币现金、12.66个比特币钻石）全部归还至李某的电子钱包。该协议签订后，高某某未履行合同义务。

云丝路企业、李某向深圳仲裁委员会（2017年12月25日正式并入深圳国际仲裁院）申请仲裁。仲裁庭裁决，变更云丝路企业持有的某公司5%股份至高某某名下；高某某向云丝路企业支付股权转让款人民币25万元；高某某向李某支付401,780美元（按裁决作出之日的美元兑人民币汇率结算为人民币）；高某某向李某支付违约金人民币10万元等。

高某某向深圳市中级人民法院申请撤销仲裁裁决，撤裁理由包括四点，最核心的理由为“仲裁裁决违背社会公共利益”。

深圳市中级人民法院认为，涉案仲裁裁决高某某赔偿李某与比特币等值的美元，再将美元折算成人民币，实质上是变相支持了比特币与法定货币之间的兑付、交易，与七部委联合发布的文件精神不符，违背了社会公共利益，该仲裁裁决应予撤销。申请人高某某提出的其他申请理由不再予以审查。

2. 案例点评

《中国人民银行、工业和信息化部、中国银行业监督管理委员会、中国证券监督管理委员会、中国保险监督管理委员会关于防范比特币风险的通知》（银发〔2013〕289 号）明确规定，比特币不具有与货币等同的法律地位，不能且不应作为货币在市场上流通使用。2017 年，中国人民银行等七部委联合发布的《关于防范代币发行融资风险的公告》重申上述规定，同时从防范金融风险的角度，进一步提出任何所谓的代币融资交易平台均不得从事法定货币与代币、“虚拟货币”相互之间的兑换业务，不得买卖或作为中央对手方买卖代币或“虚拟货币”，不得为代币或“虚拟货币”提供定价、信息中介等服务。

上述文件实质上禁止了比特币的兑付、交易及流通。炒作比特币等行为涉嫌从事非法金融活动，扰乱金融秩序，影响金融稳定。

本案案号为（2018）粤 03 民特 719 号，被理论界、实务界公认为“比特币仲裁撤销第一案”。

“公共利益”这一概念在我国各项立法中频繁出现，但一直未形成清晰、明确的定义。学界普遍认为，社会公共利益是指社会公众所享有的、非独占的、社会存在所必需的利益，具有公共性和社会性，大陆法系称之为“公共秩序”，普通法系称之为“公共政策”。

从司法实践的具体情况来看，对于“社会公共利益”的理解主要存在以下两方面考量：其一，社会公共利益应是关系到全体社会成员利益，为社会公众所享有，为整个社会发展存在所需要，具有公共性和社会性，不同于当事人的利益；其二，违背社会公共利益是指违背以社会公众为利益主体的，涉及整个社会最根本的法律、道德的共同利益。

2017 年，最高人民法院《关于仲裁司法审查案件报核问题的有关规定》

出台，改变了以往内请制度只适用于涉外涉港澳台仲裁司法审查的现状，规定以违背社会公共利益为由不予执行或撤销我国内地仲裁机构的仲裁裁决需层报最高人民法院审核。这也表明最高院加大了对适用“违背社会公共利益”原则而撤销或者不予执行仲裁裁决司法审查案件的监管力度，同时也给法官行使自由裁量权设置了界限。

从案例检索情况来看，因违背社会公共利益被撤销的案例，主要包括以下三类：

（1）违反法律强制性规定。最高人民法院曾在相关复函中表示，违反我国法律法规强制性规定不必然构成对公共利益的违反。但经检索，在我国司法实践中，不乏以违反强制性法律法规规定为由而撤销仲裁裁决的案例。

（2）侵害不特定社会公众利益。虽然仲裁纠纷发生于平等的民事法律主体之间，但某些纠纷解决的结果也可能触及公共利益。

（3）危及公共价值。在未获法院支持的（2016）粤03民特493号案中，申请人的申请撤销裁决理由即属于这一类别。

在（2016）粤03民特493号案中，申请人提出的撤销理由中包括：仲裁裁决有违诚实信用原则，损害了国家、社会公共利益，违反国家法律强制性规定。

就此申请理由，法院认为：所谓社会公共利益，属于社会全体成员的利益，违背社会公共利益的表现形式通常是指违背我国法律的基本制度和准则，违背社会和经济生活基本原则，违背社会基本道德和伦理等。申请人与被申请人间的股权转让纠纷，属于当事人间特定的民商事纠纷，申请人主张仲裁裁决违背社会公共利益缺乏事实和法律依据，本院不予支持。

综上所述，仲裁司法审查下的“公共利益”无统一定义，难以界定。司法实践中，“违背社会公共利益”的尺度也难以把控，虽然我国法院有权凭职权主动适用这一事由，但各地法院通常都是较为审慎的，最高人民法院也就该方面加大了监管力度。尽管如此，实践中仍然有不少当事人倾向于援引“违背社会公共利益”事由主张撤销，其原因可能在于任何一项平等民事主体之间纠纷的解决，其背后都必然指向特定的法律价值，而是否触及“社会公共利益”可能只是程度问题。这一现实情况不仅给法官同样给仲裁员也提出了更高的要求。

三、结语

在“申请撤销仲裁裁决”案由项下，检索可得众多案例，本文所举案例只是案例池中一粟。

由司法案例可见，人民法院在对仲裁裁决进行司法审查时，基本遵循了对仲裁活动高度尊重的原则，采取的是适度审查原则。

审理撤销仲裁裁决案件时，如何行使自由裁量权，如何准确适用《仲裁法》第58条，因为社会生活、经济活动的复杂性，这一问题很难找到放之四海皆准的标准答案，最高人民法院如能以发布指导案例、典型案例等方式予以指引，是比较合适的路径。

关于“先予仲裁”合法性问题的研究

柯伟龙*

当事人在签订、履行网络借贷合同且未发生纠纷时，即请求仲裁机构依其现有协议先行作出具有约束力和执行力的法律文书，包括仲裁调解书和根据调解协议制作的仲裁裁决。“先予仲裁”的实务问题在近来数年甚热，此种滋味，颇堪咀嚼。

一、“先予仲裁”产生背景

（一）网络借贷业务的增信需要

在消费主义深刻影响我国民众生活的大环境下，互联网金融得到了极好的发展。在互联网金融中存在增信措施，或称增信服务。增信是指信用增进措施。贷款前，银行会对企业进行评级，根据不同的评级水平，决定不同的贷款利息。借款方若需降低融资成本，可选择增信服务：如引入优质企业或担保公司，为自己提供担保，提高企业信用等级，以达到降低利息之目的。P2P 作为一种债务借贷关系，同样也会涉及增信的问题。P2P 网贷平台自身因金融监管政策原因①被禁止提供增信措施。在此背景下，网贷平台无法通过向借款人提供诸如担保等增信措施降低交易成本，分散交易风险，必然会考虑通过其他手段将自己经手的借款合同赋予强制执行力。

仲裁作为一种民商事纠纷解决的司法途径，可以为当事人提供向法院申

---

* 柯伟龙，北京大成（广州）律师事务所律师。

① 《关于促进互联网金融健康发展的指导意见（银发〔2015〕221 号）》中明确指出 P2P 平台不能提供增信服务。

请强制执行的法律文书，在心思灵巧的商人眼中，或许能够为合同目的的实现保驾护航。

换言之，网贷平台有通过引入“先予仲裁”为借贷交易的信用背书旺盛需要。

（二）仲裁业务拓展探索

在我国许多仲裁机构为了更好地发挥本单位对社会发展的作用，履行仲裁机关为商事活动提供法律保障的重要使命，积极通过扩展仲裁业务满足商事活动的法律服务需求。

“先予仲裁”在我国属于创新产物，设计理念是可敬的，仲裁机构通过“先予仲裁”为拓展仲裁业务，向社会提供这一方案，其探索意义不可磨灭。

部分仲裁机构近年受理此类案件数量达到百万件，就业务量而言，创收成绩卓著。

（三）借款人偿债能力问题

网贷平台中，小额借贷最为频仍。借款主体多为财力单薄者，偿债能力十分不稳定，但却是小额借贷服务的最主要消费者。

借款人偿债能力的不确定与不稳定，是借贷市场常见的客观问题，通过法律手段将此问题引发的风险进行限制是刚性需求。为了满足这种刚性需求，缓解网贷平台对借款人偿债能力问题的担忧，确保合同目的达成，通过“先予仲裁”形成可以申请法院强制执行的仲裁文书，变相地针对借款人偿债能力问题提供了纠纷解决预案，也对借款人形成推动其履行还款义务的较强法律约束。

（四）对《仲裁法》前两条的别样情愫

《仲裁法》第 2 条规定：平等主体的公民、法人和其他组织之间发生的合同纠纷和其他财产权益纠纷，可以仲裁。

直观此法条中“发生的”似乎应该对应过去时态，“先予仲裁”是在合同尚未发生纠纷时就对“纠纷”进行仲裁，明显有着文义和逻辑的双重不合理。

但是，此法条中的“发生的”“纠纷”，似乎在中文语境中并非没有尚未发生、可能发生的意思；而“纠纷”似乎也可以扩张解释为意义更加宽泛一些的“争议”。

若以较为活络的解读思维，去理解《仲裁法》立法目的、调节范围的相关规定，以上思路未必不通。若将此思维的驱动动力用《仲裁法》第1条[①]来解释，“先予仲裁”实在难能可贵，毕竟为了保证公正、及时地仲裁经济纠纷，保护当事人的合法权益，保障社会主义市场经济健康发展，“先予仲裁”也有其积极意义。

这一丝朦胧的情愫，似乎暗示着“先予仲裁”在为互联网金融发展提供法律服务的重要作用，理应精心培养。

二、“先予仲裁”案例共性概览与最高院《批复》

（一）法院裁判倾向

通过裁判文书网，检索“先予仲裁”字段，可得检索结果16,105条，其中执行案由的裁判文书8574篇。其中两广最多，广东省1141篇，广西壮族自治区874篇，接近全国的25%。

浏览“先予仲裁”的执行案由裁判文书，就裁判结果来看，以2018年6月12日为界限，除了（2017）鄂10执88号裁定书[②]之外，几乎无法寻到人民法院支持强制执行“先予仲裁”。标注裁判时间同在2017年的（2018）宁0104执2321号裁定书[③]中显示银川兴庆区人民法院以合同当事人在纠纷发生前签订的调解协议作出仲裁调解书，未保障被执行人申请仲裁员回避、提供证据、答辩等仲裁法规定的基本程序权利为由，依法裁定驳回了申请执行人深圳市小牛在线互联网信息咨询有限公司的强制执行申请。

---

① 《仲裁法》第1条：“为保证公正、及时地仲裁经济纠纷，保护当事人的合法权益，保障社会主义市场经济健康发展，制定本法。”

② 湖北省荆州市中级人民法院执行裁定书，（2017）鄂10执88号。

③ 宁夏回族自治区银川市兴庆区人民法院执行裁定书，（2018）宁0104执2321号。

笔者通过对近几年的相关裁判文书进行查阅，除了 2017 年湖北荆州的案例之外，几乎没有法院支持“先予仲裁”的合法性，由此观之，“先予仲裁”不受司法机关认可。

（二）当事人特征

首先，在裁判文书网上寻得的执行案由裁判文书中，申请强制执行人几乎都是网贷平台，被申请人强制执行人几乎都是自然人。

其次，“先予仲裁”的对象几乎都是借款合同尚未发生的纠纷。

（三）《批复》[①] 否定“先予仲裁”

广东省高级人民法院曾经在 2018 年向最高院对“先予仲裁”的相关问题进行请示，《最高人民法院关于仲裁机构“先予仲裁”裁决或者调解书立案、执行等法律适用问题的批复》中明确重申《仲裁法》第 2 条规定，指出网络借贷合同当事人申请执行仲裁机构在纠纷发生前作出的仲裁裁决或者调解书的，人民法院应当裁定不予受理；已经受理的，裁定驳回执行申请。网络借贷合同的“先予仲裁”既有伤实体正义，又违反法定程序，一方面，仲裁机构未依照仲裁法规定的程序审理纠纷或者主持调解，径行根据网络借贷合同当事人在纠纷发生前签订的和解或者调解协议作出仲裁裁决、仲裁调解书，在实体上将对尚不存在的纠纷进行仲裁，实在没有道理；另一方面，仲裁机构在仲裁过程中未保障当事人申请仲裁员回避、提供证据、答辩等仲裁法规定的基本程序权利，使得仲裁从民商事纠纷处理机构变成了对借款合同赋予强制执行力的流水线。

《批复》还强调，网络借贷合同当事人以约定弃权条款为由，主张仲裁程序未违反法定程序的，人民法院不予支持。由此更加强调了我国司法系统对“先予仲裁”的不予认可。

---

① 《最高人民法院关于仲裁机构“先予仲裁”裁决或者调解书立案、执行等法律适用问题的批复》（法释〔2018〕10 号）（2018 年 5 月 28 日最高人民法院审判委员会第 1740 次会议通过，自 2018 年 6 月 12 日起施行）。

三、“先予仲裁”——假作真时真亦假

仲裁系统应守好“诉”之本分，商界有“求”，当以法对待。

（一）“先予仲裁”之流程

通常，“先予仲裁”的双方当事人一方为网贷平台，另一方则是借款人，流程如图 1 所示：

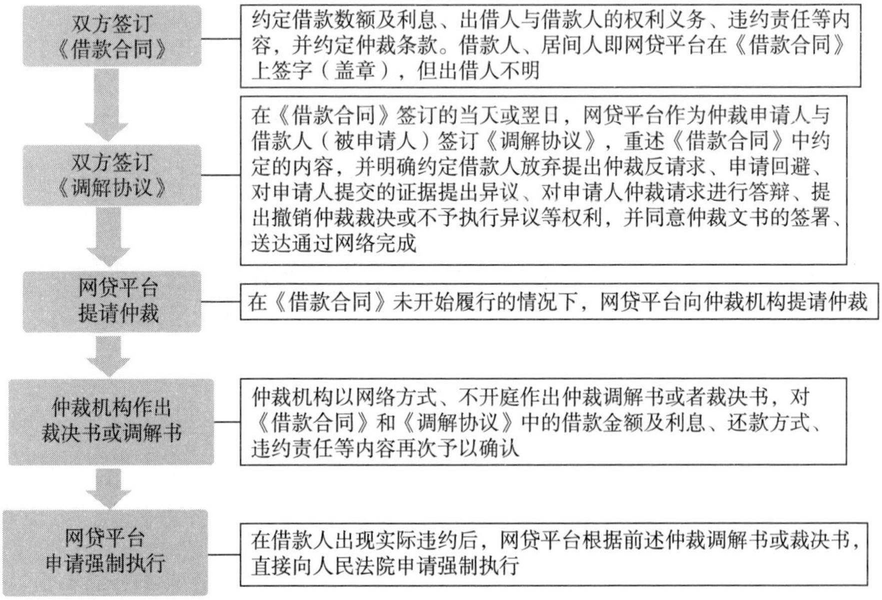

图 1　网贷平台与借款人“先予仲裁”流程

（二）“先予仲裁”之怪

“先予仲裁”在实务中的特征：

1. 在实体上，背离“言之有物”底线

“先予仲裁”是在当事人实际违约、产生纠纷之前就对此“纠纷”作出在先的仲裁调解或裁决，仲裁之时，当事人间并无纠纷，仲裁机构处理尚未发生、尚未存在之纠纷。

2. 在程序上，高举“有约从约”旗帜

“先予仲裁”以有约在先为由，确认当事人放弃答辩、申请回避、提出撤销仲裁等基本程序权利，达到无视被申请人合法权利的效果，并以此为仲裁工作的前提。

3. 强行拟制不存在的强制执行力，并赋予先天扭曲的合同中

在“先予仲裁”下，《民事诉讼法》中“合同履行——纠纷产生——仲裁裁决——强制执行”的程序链条被打乱，重新组合后的程序链条即“仲裁裁决——合同履行——纠纷产生——强制执行”使得纠纷一旦产生，便可直接进入强制执行程序。[①] 在错误的逻辑中，强制执行力在法理上并未产生依据，根本没有申请强制执行的道理，但是就在“仲裁”名目之下，似乎变成了一种合法的合同赋强措施，更为怪异的是，“先予仲裁”产下的“强制执行力”无视我国司法秩序，践踏当事人合法权利的“怪胎”合同，在这诡异的仪式中，铺满了网贷平台与仲裁机构的合作共赢。

4. “先予仲裁”甚至无视纠纷是否发生

即使仲裁时，网络借款合同纠纷已经发生，由于当事人双方明确通过《调解协议》将被申请人之程序权利踢出各方主体视线，仲裁机构照本宣科的流水线依然按照预设程序运转，依然按部就班地给出网贷平台所需要的，可向法院申请执行的裁决书或者调解书。

四、“先予仲裁”背后

（一）合同赋强需求的呐喊

网络金融平台，为了保证交易安全性，控制坏账风险，需要对借款合同形成可以强制执行的法律文书，可以理解。

但是，未选择公证赋强，而选择通过仲裁途径形成具有执行力的法律文书，将裁决书、调解书作为向法院申请强制执行的依据，其中原因，颇堪玩味。

① 张春良、旷菊：《论先予仲裁裁决的司法审查》，载《中国海商法研究》2019年第4期，第75－85页。

就业务量而冷眼观之，合同赋强业务需求甚大，颇堪挖掘。

（二）网贷平台的定位问题

1. 网贷难脱资本底色

但凡讲到商品化的借贷服务，很难剥离网贷平台的资本底色。金融本就是资金密集型行业，甚至可以讲，金融本就是资本运作的重要领域。

规避风险，降低坏账比例，是任何一家金融机构的追求，资本为了寻求增量，使用各种手段都是可以理解的。

然而，我国金融行业不是没有规矩。

2. "平台"的越位

网贷平台与银行不同，没有吸收存款的权限。本身是帮助借款人达成借款目的，帮助出借人将手上闲置资金借出并保证资金合理利息的中介方。但是，任何行业都会竭尽全力要将自身发展成为吃租息的银行，力求通过"平台"来泛化融资服务主体的性质与概念，吸引社会较小额度的闲置资金，形成受"平台"支配的资金池，并向外借贷，明显构成了对国内银行系统的越位。

由于这种越位没有足够实力保障，网贷平台必须寻求一些保障措施，哪怕寻得的保障措施并无实质法律效力。

（三）"先予仲裁"与公正赋强

本来，一些网贷平台试图设置"风险准备金"① 或者通过引入担保公司对借款人进行增信或者变相增信。但因为政策，网贷平台只能通过合同赋强来对冲可能发生的坏账风险。这就使得"先予仲裁"成为某些"平台"将自身所经营的吸存放贷之银行业务异化成频率较高的商品化民间借贷的必要稳定剂。

画虎画皮难画骨，而公证机构在办理公证业务时，必须向当事人当面说

---

① 在一定程度上类似于存款准备金，主要是为了应对借款无法收回时，应急保障出借人的本金与利息。

明与合同相关的各种法律风险，尤其在工作笔录中，公证员应当向当事人说明放弃法定诉讼权利的约定无效，当事人完全可以按照自身需要拒绝放弃诉讼权利，且须在知晓前述内容之后对工作记录签字确认，否则公证书无效。

但是“先予仲裁”中几乎没有借款人对合法诉讼权利内容接触的机会，网贷平台仅通过《借款合同》与《调解协议》就可申请仲裁机构作出“先予仲裁”，产生的仲裁文书可向法院申请强制执行。简言之，“先予仲裁”可以帮助网贷平台利用信息不对称达成公证赋强的效果，并且可以较大限度维持这种对借款人不利的信息不对称。

五、“先予仲裁”生于“诉”与“求”之纠缠

（一）仲裁难脱“诉”之本色

仲裁在我国的法律语境中，属于诉讼概念范畴。因为申请仲裁的前提是双方以上当事人发生纠纷，需要第三方介入进行裁决。法律界对“先予仲裁”的争议，第一问题是鉴定“先予仲裁”是否属于仲裁。

若通过相对朴素的诉与非诉标准观之，“先予仲裁”不在诉讼领域之中。因为诉讼的前提是存在现实发生的纠纷，“先予仲裁”在此层面上不满足诉讼的前提条件。

再者，诉讼的开展必然是在双方当事人对发生的纠纷知情并且充分保障各方当事人诉讼权利的情况下，通过双方充分辩论得出裁判结果。而“先予仲裁”仅由一方当事人向仲裁机构申请仲裁，仲裁机构又对双方当事人诉讼权利未能充分审查和保障的情况下，作出“调解”“裁决”，这本身就不是严格意义上的仲裁。

在我国除了法院、相关行政监管部门之外，民商事领域中能够提供效率较高的“定制服务”的机构似乎仅有仲裁机构。仲裁机构独立于行政机关，在我国一种观点认为，仲裁是准司法性质的，仲裁机构绝大多数属于受司法行政机关监管的民间纠纷处理社会团体法人。

仲裁是我国法院系统司法资源的重要补充，因为仅在民商事领域进行相对柔性和个性化的司法服务而具有有别于司法机关的公权色彩。但本色依然是诉讼处理机构属于诉讼范畴。

（二）“求”对“诉”的冒犯

“先予仲裁”是“求”的呼唤，也是“求”对“诉”的亵渎。

网贷平台因为对增信的需求，规避坏账的要求，收回钱款的请求等一系列“求”，需要通过能接触甚至创造的途径满足。

“诉”是其中一种途径，但是“诉”的主持者在“诉”的进程推进中尤为重要，不仅无形中代表了“诉”的规则，更是有着不同样态的裁量权。

甚至若将“求”泛化为利益需求概念，再将“诉”泛化为利益的高级争夺方式，我们会十分自然地套用一个基本法则：斗争得来的利益最实在。我国和世界上绝大多数完整主权国家几乎都是通过彻底的暴力革命方式赢得独立自主的。将话题引回“诉”与“求”的微妙关系中，不难确定，“诉”是当今法治社会实现“求”的高级方式、高效能方式，在一定程度上还是高效率方式。

“先予仲裁”类似于尚未交火就已经结束的战争，交战双方中的一方连上战场的机会都被剥夺，“战争”的评判者还要给出“战胜方”一份“战后协议”，“胜方”持此“协议”向法院申请强制执行。在此过程中，不仅网贷平台违反了争讼规则，向仲裁机构提供借款人放弃诉讼权利的文件，仲裁机构更以消极方式帮助网贷平台赶制一份未经战争的“战后协议”，此过程，堪称仲裁机构与网贷平台合作欺诈法院的闹剧。

甚至，是本身代表“诉”之规则的仲裁机构，为了迎合网贷平台的“求”，不顾自身名节，将仲裁机构作为立身之本的原则[①]出卖，配合网贷平台虚构不存在的“诉”，并给于网贷平台一个似乎有存在意义的调解书或者裁决书，本身就是仲裁机构盲目屈从于创收之求，伙同网贷平台对争讼规则的亵渎。

（三）“求”客观存在多元实现方式

求不得苦，佛门八苦之一，是人类永远根除的梦魇。但我国法治发展至

---

① 以事实为根据，以法律为准绳。

今，广开善巧方便之门，“求”的实现方式除了“诉”之外，并不匮乏。

就拿网贷平台的合同赋强需求而言，完全可以将其借款业务产生的频次较高的借款合同请公证机构来办理公证赋强，通过非诉途径降低风险，不仅可以请求公证费用的优惠，甚至可以在一定程度上就实际情况适当简化公证流程，提高业务办理效率，促成完善的网贷产业链条形成。

六、结语：“先予仲裁”随 P2P 一同退潮

“先予仲裁”在裁判文书网上的执行案由文书时间分布于 2017 年到 2021 年 3 月 15 日，其中 2019 年最多（见图 2），2020 年开始大幅较少。

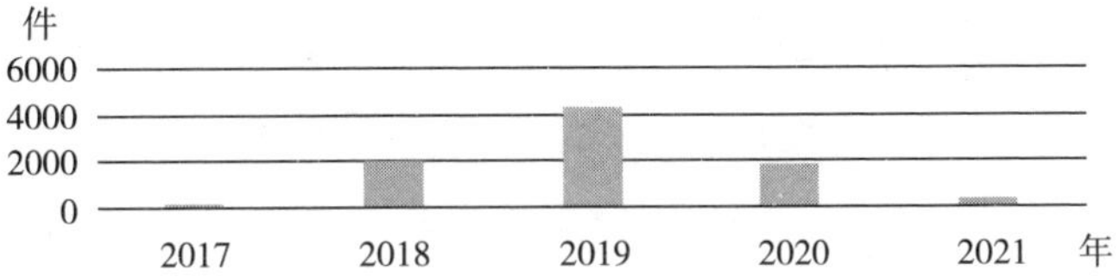

图 2 “先予仲裁”执行案由裁判文书数量

随着国家对 P2P 乱象的整顿乃至肃清，“先予仲裁”相关的执行纠纷也渐渐放空存量，相信这场发端于金融市场的法律闹剧在随时间推移渐渐淡出实务领域之后，依然会在历史中不断给我们新的启示。即便是最早试行“先予仲裁”的湛江仲裁委员会，“先予仲裁”的案件受理量相比 2016 年开始时差去较远。加之各地法院对“先予仲裁”的裁决书是否予以强制执行问题，逐渐形成统一，最高人民法院《关于仲裁机构“先予仲裁”裁决或者调解书立案、执行等法律适用问题的批复》（法释〔2018〕10 号）也为“先予仲裁”的持续争论画上了句号。

对于“先予仲裁”机制的研究和讨论价值，在于梳理该机制在我国的产生、实施过程及其法理逻辑、实务基础，为商事仲裁在创新和探索纷争解决路径上提供更多思考和借鉴，同时也对“先予仲裁”在涉外法域的商事调解模式提供参考，特别是对纠纷当事人在达成和解协议时避免无法被承认和执行的风险具有一定意义。

探析刑事证据在仲裁司法审查中的应用

林育展*

国内一起建设工程合同纠纷的仲裁裁决作出之后，该案的发包方随即向公安机关控告实际施工人以虚构工程量的方式诈骗其钱财。公安机关对该控告立案侦查后，发包方在案件侦查终结之前，持公安机关经侦查取得的言词证据，向法院主张该起仲裁裁决所依据的主要证据是伪造的，据此申请法院撤销该仲裁裁决。

在此情形下，法院以“相关人员因涉嫌构成诈骗罪正被追究刑事责任”为由，通知仲裁委员会重新仲裁，由此启动了该案的重新仲裁程序。

这起案件引人深思的，是公安机关将记录“正在侦查的一般刑事案件的案情”的刑事笔录，提供给了作为被害人的发包方，由被害人将尚处于保密状态的笔录，作为撤裁申请人的本方证据提交给法庭的行为，违反了我国《人民警察法》第22条的规定，不排除有违规插手经济纠纷的可能！

如果这些刑事笔录存在非法取得或者证据内容不实等问题。那么，基于这些证据启动重新仲裁程序，自然就是错误的；由此势必引起仲裁进程被拖延、仲裁结果受到不当干扰等米诺骨牌效应，最终损害“仲裁依法独立进行，不受行政机关、社会团体和个人的干涉”的独立性。

而且，即使抛开侦查机关可能插手经济纠纷的主观偏见，换个角度来看待刑事证据在仲裁司法审查中的介入，我们也不难发现，启动重新仲裁程序，本应是平等主体之间相互举证、对抗之后的结果。但在刑事证据介入之后，则变成了其中一方当事人在仲裁司法审查中的举证上，有了执法机关的

---

* 林育展，广东南方福瑞德律师事务所合伙人、律师。

加持，双方在相互举证的平等性上，出现了倾斜。

那么，刑事证据在国内仲裁的司法审查中应当如何应用？如何才能做到公平公正，又同时兼顾仲裁独立有序运行的制度利益不受侵害呢？我认为这是值得探讨的。

一、国内仲裁的司法审查

（一）我国仲裁司法审查的概貌

仲裁亦称“公断”，是指在一个国家的法律许可或规定的范围内，由当事人在纠纷发生前后达成协议，自愿将纠纷交由第三者——仲裁机构，按照一定的程序对纠纷作出裁决的一种活动①。具有充分体现当事人的意思自治、灵活便捷、一裁终局等诸多特性，是一种兼具契约性、自治性、民间性和准司法性的纠纷化解方式。仲裁的这些特征，决定了仲裁的健康有序发展，在一定程度上有赖于司法的监督与支持。

仲裁接受司法审查是世界各国的通例②，我国也不例外。《民事诉讼法》、《仲裁法》以及相关的司法解释和通知等文件规定了我国法院对仲裁进行司法审查的制度③，体现了我国司法对仲裁的监督。

按照这些规定，我国法院除了按国家缔结或参加的国际条约，以及互惠原则对外国仲裁进行司法审查之外，还按区分国内仲裁裁决与涉外仲裁裁决的双轨制监督模式④，对国内仲裁机构的仲裁裁决进行司法审查。即：法院主要依据《仲裁法》第 70 条和第 71 条、《民事诉讼法》第 281 条第 1 款的规定，对涉外仲裁只实行程序性审查，并实行“逐级报告制度”；而对于国内仲裁，则主要依据《仲裁法》第 58 条和第 63 条、《民事诉讼法》第 244 条第 2 款的规定，不仅实行程序性审查，还实行有限的实体性审查。

司法审查的内容，也即审查监督的范围，包括：（1）对仲裁管辖权的

---

① 李政、徐秋菊、韩红俊编著：《仲裁法实训教程》，法律出版社 2017 年版，第 2 页。

② 章杰超：《仲裁司法审查实践中的共识？——2012 年申请撤销北京仲裁委员会裁决之民事裁定的实证分析》，载《北京仲裁》2013 年第 3 期。

③ 王兴：《仲裁之司法监督》，载文秘帮网 2022 年 4 月 1 日，https：//www. wenmi. com/article/pp9i7j02spd5. html。

④ 唐楚枫：《浅论完善我国仲裁司法监督制度的对策》，载《法制与经济》2018 年第 12 期。

审查；（2）对仲裁程序的审查；（3）对证据等仲裁中的实体问题的审查；（4）对仲裁员索贿受贿、徇私舞弊、枉法裁决行为的审查；（5）对裁决违背我国社会公共利益的审查①。

司法审查的外在形式，则主要表现为：（1）对仲裁协议效力的司法审查；（2）对申请撤销我国内地仲裁机构仲裁裁决的司法审查；（3）对申请执行我国内地仲裁机构仲裁裁决的司法审查；（4）对申请认可和执行港、澳、台地区仲裁裁决的司法审查；（5）对申请承认和执行外国仲裁裁决的司法审查；（6）其他仲裁案件的司法审查。

可见，仲裁司法审查的涵盖面是相对广泛的。为避免论述上的杂乱，本文结合上述案例被要求"重新仲裁"的司法审查结果，谈谈刑事证据在仲裁司法审查中的应用。

（二）我国的重新仲裁制度附属于撤销仲裁程序，属于我国仲裁司法审查的范畴，其意义在于弥补裁决撤销程序的不足②

我国的重新仲裁制度规定在《仲裁法》第61条，指法院在受理了当事人撤销仲裁裁决的申请后，认为仲裁裁决虽存在错误，但是可以由仲裁庭重新仲裁加以纠正的，裁定中止撤销程序，并通知仲裁庭在一定期限内重新仲裁的一种制度。

按照该条款的规定，重新仲裁只能是在"人民法院受理撤销裁决的申请后"才有可能发生，其地位是当事人启动撤销程序后、法院决定撤销裁决前的过滤装置，起到特殊安全阀的作用。但是，并非所有符合撤销法定情形的裁决在被撤销前都必经这一程序，至于何种情形应重新仲裁，该条文并未列明，而是交由法官自由裁量③。因此，在申请撤销国内仲裁裁决的司法审查中，其结果将会是驳回申请、通知重新仲裁、撤销仲裁裁决这三种情形之中的任一种。

---

① 唐楚枫：《浅论完善我国仲裁司法监督制度的对策》，载《法制与经济》2018年第12期。

② 环中仲裁团队：《重新仲裁的若干问题》，载微信公众号"环中商事仲裁（ID：HZ－Arb）"2016年1月25日，https：//mp. weixin. qq. com/s/ScB08FSHW_ IP8sBk7BB40g。

③ 汤冲：《我国以证据事由撤销国内仲裁裁决的问题研究》，中山大学2011年硕士学位论文。

而在执行仲裁裁决的司法审查中，虽然我国2012年8月修订的民事诉讼法将执行仲裁裁决的条件基本等同于撤销仲裁裁决的审查条件①，但法院对执行仲裁裁决的司法审查结果，则只能是在支持被执行人的申请或裁定驳回被执行人的申请之间选其一，不能发回重新仲裁。

重新仲裁作为中国仲裁法规定对仲裁进行监督的一种方式，属于为弥补裁决撤销程序不足而进行的程序，这与国际上许多国家或地区的做法是一致的②。1985年出台的联合国《国际商事仲裁示范法》第34条，就规定重新仲裁系“法院被请求撤销裁决时，如果适当而且当事人一方也要求暂时停止进行撤销程序，则可以在法院确定的一段时间内暂时停止进行，以便给予仲裁庭一个机会重新进行仲裁程序或采取仲裁庭认为能够消除请求撤销裁决的理由的其他行为”，反映了国际上关于重新仲裁的潮流所在③。

因此，有学者认为重新仲裁的意义，在于给仲裁庭提供一个更正仲裁裁决可能存在的瑕疵的机会，减少仲裁裁决被法院撤销的可能性，以保证仲裁权独立、公正的地位不受到影响。

尽管有学者认为重新仲裁是对仲裁程序缺陷的补救，不应是对实体问题的重新审理。但由于我国现行法律制度仍存在实体监督的规定，且原仲裁裁决历经争议双方举证、质证后，证据已经有了充分的展示，甚少出现书证、物证等新证据；即使后来出现的书证、物证是经侦查手段获得的，其客观性、可采性也仍然相对较高；因而对于刑事书证、物证在启动重新仲裁程序中的应用进行探讨的必要性，则相对较小。

唯有争议的，或者说让人产生疑惑、顾虑的，是刑事言词证据这种“容易受各种主客观因素的影响而出现虚假或失真”，主观性较大，稳定性较差。因而在应用上有必要审慎对待，否则，作为裁判基础依据的言词证据一旦出错，出现的将极有可能是颠覆性的后果。

因此，尽管刑事案件中，既有言词证据，也有书证、物证等其他证据类

---

① 姜建新、陈立伟等：《关于对仲裁裁决司法审查的调查与思考》，载金华法院执行网2013年10月24日，http://zxw.jhcourt.cn/art/2013/10/24/art_1222684_4576025.html。

② 林一飞：《仲裁裁决抗辩的法律与实务》，武汉大学出版社2008年版，第314页。

③ 赵庆：《关于重新仲裁及其中新证据问题的思考》，载《仲裁研究》2005年第1期。

型，但本文出于上述原因，仅仅就犯罪嫌疑人的讯问笔录、证人的询问笔录等刑事言词证据，在重新仲裁司法审查机制中的应用问题进行探讨。

也正缘于此，本文才在概括性介绍重新仲裁制度的相关规定之后，接着对刑事证据在重新仲裁司法审查中的证明对象、证据资格、证明力等相关问题作进一步探究。

二、启动重新仲裁程序的法定事由

证明对象，即待证事实，是指诉讼中需要用证据加以证明的事实，包括实体法事实和程序法事实。申请人在撤销仲裁的司法审查中，向法院提交其持有的刑事证据，无非是为了向法庭证明其请求符合法定的撤裁事由。因而，启动重新仲裁程序的法定事由，理应是刑事证据在重新仲裁司法审查所要证明的对象，法院只有在该证明对象被依法查证属实之后，方能启动重新仲裁程序。

（一）按照我国现行司法解释的规定，“裁决所根据的证据是伪造的”，或“对方当事人隐瞒了足以影响公正裁决的证据”，是启动重新仲裁程序的法定事由

由于重新仲裁是撤销仲裁裁决程序的一部分，只要当事人提出了申请，就满足了启动申请撤销仲裁裁决程序的前提。而且我国《仲裁法》第 61 条规定，只要法院认为可以由仲裁庭重新仲裁的，就可以通知仲裁庭在一定期限内重新仲裁，而没有规定应当重新仲裁的具体范围和条件。

因而似乎只要是《仲裁法》第 58 条规定的数种情形［（1）没有仲裁协议的；（2）裁决的事项不属于仲裁协议的范围或者仲裁委员会无权仲裁的；（3）仲裁庭的组成或者仲裁的程序违反法定程序的；（4）裁决所根据的证据是伪造的；（5）对方当事人隐瞒了足以影响公正裁决的证据的；（6）仲裁员在仲裁该案时有索贿受贿，徇私舞弊，枉法裁决行为的；（7）该裁决违背社会公共利益的］，法院都可以通知仲裁庭重新仲裁。但这在理论上争议很大，实践中做法也不一致。

理论上认为，“没有仲裁协议的”“裁决的事项不属于仲裁协议的范围

或者仲裁委员会无权仲裁的”，均因其失去了仲裁管辖权的基础，自然就没有重新仲裁的必要。因此，即使有证据证实仲裁协议存在《仲裁法》第17条第2项规定的“一方采取胁迫手段，迫使对方订立仲裁协议的”情形而导致仲裁协议无效，法院也不应通知重新仲裁。

而对于仲裁员违反职业道德的行为，可以认为仲裁员辜负了当事人对于仲裁公正性的期待与信赖，不应该再由仲裁庭重新仲裁；至于“该裁决违背社会公共利益的”，则是法律本身已经作了“应当裁定撤销”的强制性规定，不是可重新仲裁的事项；其余事项，除非当事人明确表示不愿意再重新仲裁，则属可以重新仲裁之事项①。

2006年，最高人民法院《关于适用〈中华人民共和国仲裁法〉若干问题的解释》（以下简称《仲裁法司法解释》）中的第21条，对于重新仲裁的适用范围给予了明确：“当事人申请撤销国内仲裁裁决的案件属于下列情形之一的，人民法院可以依照仲裁法第六十一条的规定通知仲裁庭在一定期限内重新仲裁：（一）仲裁裁决所根据的证据是伪造的：（二）对方当事人隐瞒了足以影响公正裁决的证据的。人民法院应当在通知中说明要求重新仲裁的具体理由。”

最高院有关发言人在解释上条时曾称：“司法解释规定了重新仲裁适用范围，限于违反《仲裁法》第五十八条规定中的两种情形：仲裁裁决所根据的证据是伪造的或者对方当事人隐瞒了足以影响公正裁决的证据的，人民法院才可以通知仲裁庭重新仲裁。”自此，重新仲裁的适用范围便限定在两种实体监督的法定撤销事由内②。

（二）最新司法解释对执行仲裁裁决司法审查中所涉及的“裁决所根据的证据是伪造的”和“对方当事人向仲裁机构隐瞒了足以影响公正裁决的证据”，作了进一步的完善

党的十八届四中全会决定中明确指出，要健全和完善多元化纠纷解决机

① 冯珂：《浅析撤销仲裁裁决程序中的重新仲裁》，载《河南省政法管理干部学院学报》2003年第3期。

② 汤冲：《我国以证据事由撤销国内仲裁裁决的问题研究》，中山大学2011年硕士学位论文。

制，完善仲裁制度，提高仲裁公信力。之后，最高人民法院于2016年6月发布了《关于人民法院进一步深化多元化纠纷解决机制改革的意见》①，并频密颁布了《关于审理仲裁司法审查案件若干问题的规定》、《关于仲裁司法审查案件报核问题的有关规定》、《关于人民法院办理仲裁裁决执行案件若干问题的规定》（以下简称《仲裁裁决执行规定》）三个司法解释，进一步完善了我国的仲裁司法审查制度。

其中，对于仲裁司法审查中涉及的证据事由，《仲裁裁决执行规定》第15条规定，人民法院认定《民事诉讼法》第237条（2021年修订后为第244条）第2款第4项规定的“裁决所根据的证据是伪造的”情形，必须同时具备“（1）该证据已被仲裁裁决采信；（2）该证据属于认定案件基本事实的主要证据；（3）该证据经查明确属通过捏造、变造、提供虚假证明等非法方式形成或者获取，违反证据的客观性、关联性、合法性要求”这三个条件。

而对于人民法院认定《民事诉讼法》第237条第2款第5项规定的“对方当事人隐瞒了足以影响公正裁决的证据的”情形，《仲裁裁决执行规定》第16条则规定，必须同时具备“（1）该证据属于认定案件基本事实的主要证据；（2）该证据仅为对方当事人掌握，但未向仲裁庭提交；（3）仲裁过程中知悉存在该证据，且要求对方当事人出示或者请求仲裁庭责令其提交，但对方当事人无正当理由未予出示或者提交”这三个条件。

这较之以前相关法院对于仲裁司法审查中涉及的证据事由只作原则性规定而言，已经稍具有实践上的可操作性。

三、借鉴民事诉讼中处理民刑交叉案件的审判经验，辩证地分析刑事证据是否具备启动重新仲裁程序的证据能力及证明力大小的问题

（一）之所以借鉴民事诉讼中处理民刑交叉案件的审判经验，是因为：

1. 我国现有法律没有明确规定仲裁司法审查案件的具体程序规则。对

---

① 《正确审理仲裁司法审查案件 促进仲裁健康发展——最高人民法院民四庭负责人就〈最高人民法院关于仲裁司法审查案件报核问题的有关规定〉〈最高人民法院关于审理仲裁司法审查案件若干问题的规定〉答记者》，载最高人民法院官网2017年12月29日，https：//www. court. gov. cn/zixun－xiangqing－75882. html。

于撤销仲裁的司法审查，《仲裁法司法解释》第24条只规定“人民法院应当组成合议庭审理，并询问当事人”，没有规定具体的审查程序，缺乏规则指引，实践上有经验参照的需要。

2. 最高人民法院作出的《民事案件案由规定》，已将申请撤销仲裁裁决案件都归入“适用特别程序案件案由”之中，虽然法律或司法解释并无明确规定特别程序的具体内容，但实践中该类案件的审查多参照民事一审开庭的程序进行审理，其行为表现类同于民事诉讼。

3. 我国《民事诉讼法》及《仲裁法》中分别规定了“伪造证据”“隐瞒足以影响公正裁决的证据”等影响撤销仲裁裁决审查处理结果的情形，均涉及对证据的审查、认定问题；虽然实践中做法不统一，不规范，但已有仲裁司法审查对证据严格进行举证、质证的司法实践①。

4. 虽然有理论认为仲裁司法审查程序是一种程序性裁判程序，但程序性裁判程序同样强调当事人参与程序的权利。即仲裁程序的双方当事人为其程序当事人，准许双方全程参与仲裁司法审查程序，并允许其提出各自的证据来论证其主张的合法性，从而在此基础上作出最终的裁判②。

5. 刑法规范与民法规范同样是调整社会行为的规范，但它们的调整角度和调整方法是完全不同的，并不存在孰优孰劣、孰先孰后的问题。

6. 刑事言词证据在民事诉讼领域中的适用，已经有了相对充分的讨论，甚至有了部分审判经验的总结，在实践中进行参照，有客观的依据。

（二）民事审判实践表明，刑事证据并不因为是经侦查取得，就当然地具备民事诉讼证据能力

证据能力，是指一定的事实材料作为诉讼证据的法律上的资格，故又称作证据资格。是否具有证据能力，要由法律作出规定或者由最高人民法院通过司法解释、判例来确定。

对于刑案证据能否具备民事诉讼证据资格的问题，最高院民二庭法官王

① 姜建新、陈立伟等：《关于对仲裁裁决司法审查的调查与思考》，载金华法院执行网2013年10月24日，http://zxw.jhcourt.cn/art/2013/10/24/art_1222684_4576025.html。

② 姜霞：《仲裁司法审查程序的性质探析》，载《西南政法大学学报》2007年第3期。

闯在撰写《刑事卷中的笔录供述等证据能否作为民事诉讼证据使用》这篇庭推纪要①中，就最高人民法院（2005）民二终字第233号“西部证券股份有限公司西安市西五路营业部、中国农业银行现昆明路支行存单纠纷案”，介绍了审判长联席会议上的倾向意见，即“在刑事公正的前提下，除非有相反证据反证，当事人在刑事案件中的供述笔录可作为民事案件证据使用”。换言之，这是有条件地认可刑案证据在民事诉讼中的证据资格。即：（1）刑案证据的取得，必须具备刑事公正这一前提；（2）必须是没有相反证据能够推翻准备投用于民事诉讼使用的刑案证据。

而且，在上述审判长联席会议之后，最高人民法院在其（2008）民二终字第3号“某银行与某实业公司侵权纠纷案”中，不但直白“民事案件的当事人或其工作人员被公安机关依法传唤，其在公安机关形成的询问笔录在民事诉讼中，就其证据属性而言，仍为证人证言，不能认为‘询问笔录是由公安机关依法根据一种比民事诉讼更为严肃的刑事诉讼程序获取的证人证言，只要取证程序合法，即具有证据能力’”，并明确“询问笔录在民事诉讼中的采信同样应适用证据规则的有关规定，与一方当事人有利害关系的证人证言不能单独作为认定案件事实的依据”。②

以上审判案例都证实在刑事民事司法实践中，不因为刑案证据是由有权机关采取了一种比民事诉讼更为严肃的刑事诉讼程序获取的，就在其介入民事诉讼时，当然地赋予其民事诉讼证据资格；相反，法院在依职权核实刑案证据的取得具备“刑事公正”这一前提，并在争议双方相互充分举证、质证之后，才综合判断、识别其是否具备民事证据能力。

虽然目前暂未检索到最高院对未经审判认定的刑事证据是否采信为民事证据的案例；依法必“先刑后民”的案件，在民事诉讼中只是被中止审理；本文中的案例，法院也没有公开其审核证据资格的过程或理由。

但是，从最高院对于经过了刑事诉讼流程的言词证据，在转用到民事诉

---

① 最高人民法院民事审判第二庭编：《民商事审判指导》（2008年第1辑），人民法院出版社2010年版，第29-34页。

② 最高人民法院民事审判第二庭编：《民商事审判指导》（2009年第2辑），人民法院出版社2009年版，第259页·民商裁判文书选登。

讼时，也要附条件地审核其证据资格来看，审判态度是严格、审慎的。可以肯定，对于未经审判认定的刑事证据，法院将采取更为严厉于（至少不低于）前述严格水平的查证方式去审核是否具备民事诉讼证据能力，而不会忌惮于“刑事”二字，就想当然地给笔录赋予民事证据能力。而其他尚未侦查终结，或者仍处于审查起诉阶段的刑事证据，就更不待言了。

从这一点上讲，本文中的案例，法院对于申请人在侦查终结前能够拿到刑事口供的行为，未延伸审核申请人获取口供的正当性，不能不说是遗憾。

（三）即使识别到刑事证据具备民事证据能力，法院在民事司法实践中，仍根据证据规则，综合判断该刑事证据是否具备民事证据的能力

证明力是证据对于案件事实的证明作用的大小（强弱）。不是所有的证据材料都具有证明力，只有具备证据条件的证据，才具有证明力。从“证据材料”到“证据”，需经过对证据材料的识别过程和对其证明力的把握过程。

对于刑事证据在具体个案中的证明力，民事司法实践都是坚持运用证据规则，综合案件中的其他证据进行综合判断。如：

最高人民法院在上述（2008）民二终字第 3 号案中，以刑事询问笔录系与一方当事人有利害关系的证人证言，不能单独作为认定案件事实的依据，而否定其证明力。

还在（2005）民二终字第 77 号“某银行与某金属公司等借款担保合同纠纷案”中，明确公安机关询问笔录属于证人证言亦需接受出庭质证，因询问笔录缺乏其他有效的民事证据相佐证，且证人无正当理由未出庭作证，故该证人证言不能单独作为定案依据①。

在裁定“某铝业公司与某投资公司担保追偿权纠纷申请再审案”中，认为公安机关或检察机关在侦办刑事案件过程中形成的询问笔录的证据效力，应结合其真实性和合法性及其他证据、案件背景、证明结果的公平合理

---

① 最高人民法院民事审判第二庭编：《最高人民法院商事审判指导案例·借款担保卷》（下），中国法制出版社 2011 年版，第 918 页。

等因素进行综合判断①。

在（2002）民二监字第147号“某银行与某证券公司资金拆借合同纠纷申请再审案”中，认为刑事侦查过程中询问笔录如无其他有力证据相互佐证不能推翻生效判决认定的事实②。

另外，四川省高级人民法院在“某银行与某工程公司借款合同纠纷再审案”中，也认定“关键证人在公安机关和检察机关的陈述完全矛盾，故再审对其证言均不予采信”，确定证人在公安机关和检察机关陈述相矛盾的证言不能采信③。

上述这些审判案例都表明，法院在刑事证据介入民事诉讼之后，仍是依照证据规则，对其证明力进行综合评判，而不是直接将其等同为“国家机关依职权制作的公文书证”。

四、在应用刑事证据启动重新仲裁程序上的一点思考

法院应当在查证“刑事证据具备刑事公正的前提，且无反证可以将其推翻”之后，才可将其用于启动重新仲裁程序。而且，只有在启动重新仲裁的法定事由被充分证实之后，才可以通知仲裁庭重新仲裁。

民事诉讼审判案例及经验总结，启示着仲裁司法审查当中，也应采取类似严格、审慎的态度去运用刑事证据，毕竟仲裁司法审查与民事诉讼之间，有着异曲同工的内在联系。

而且，因公权力运作而形成的刑事证据，在介入仲裁司法审查时，已经在一定程度上打破了平等主体之间相互举证、质证的平衡关系；如果不像民事诉讼一样，采取严格、审慎的态度去审核刑事证据的取得，是否具备刑事公正、是否有反证可以将其推翻等前置问题，就将其作为仲裁司法审查的定案依据，则明显是对仲裁司法审查的裁判标准作了低于民事诉讼的降格处理，这不符合司法监督是出自支持仲裁的初衷。

---

① 苏泽林、景汉朝主编：《立案工作指导》，人民法院出版社2012年版，第138页。

② 姜兴长主编：《立案工作指导》2004年第3期，总第8辑，人民法院出版社2004年版，第155页。

③ 苏泽林主编：《审判监督指导》，2006年第1辑，总第19辑，人民法院出版社2007年版，第112页。

虽然“刑事公正”的概念较为抽象，即使有不公正现象发生，也难以查证。但是，“难以查证”不能等同为“不查证”。

在刑事证据的取得及流出全程合法、有序、正当的前提下，法院抑制自身的职权调查意愿，是可以理解的；但是，在发现有侦查机关违规泄密，或侦查行为可能不纯洁等问题、迹象之后，继续抑制自身职权探知意愿，单纯要求当事人去向强大的公权力作私下调查取证，之后才给予裁判，则无法在裁判上维护平等双方举证地位的平衡，这既不利于事实的查证，也不利于法院维护公平、公正处理纠纷的形象。

合同未成立，是否影响仲裁条款的成立

——运裕公司与中苑城公司申请确认仲裁协议效力案评析

张柯华*

一、案情简介

2017 年，运裕公司通过北京产权交易所（以下简称“北交所”）公开挂牌转让其持有的新劲公司 100% 的股权，中苑城公司被确定为唯一合格意向受让方。之后，双方就《产权交易合同》及《债权清偿协议》等事宜通过电子邮件反复磋商。在磋商过程中双方确定的草签版《产权交易合同》文本第 16 条“管辖及争议解决方式”为“16.1 本合同及产权交易中的行为均适用中华人民共和国法律。16.2 有关本合同的解释或履行，当事人之间发生争议的，应由双方协商解决；协商解决不成的，提交深圳国际仲裁院仲裁”。《债权清偿协议》（草签版）第 12 条为“本协议适用中华人民共和国法律。有关本协议的解释或履行，当事人之间发生争议的，应由各方协商解决；协商解决不成的，任何一方均有权提交深圳国际仲裁院以仲裁方式解决”。

中苑城公司分别于同年 6 月 6 日、8 月 29 日及 10 月 23 日致函运裕公司，催促运裕公司尽快签署《产权交易合同》《债权清偿协议》。10 月 27 日，运裕公司向中苑城公司发出《通知函》，正式通知取消本次产权交易。11 月 12 日，中苑城公司致函运裕公司，要求运裕公司尽快安排签约事宜，并请运裕公司配合出具向主管部门申办手续的相关文件。11 月 27 日，运裕

* 张柯华，北京市竞天公诚（广州）律师事务所合伙人。

公司函复中苑城公司，表示已于10月27日向中苑城公司发出取消交易的通知，并提议双方立即向北交所办理保证金返还手续。

2018年4月4日，中苑城公司根据《产权交易合同》草签版本第16.2条及《债权清偿协议》草签版本第12条的约定，向深圳国际仲裁院提出仲裁申请，将运裕公司等列为共同被申请人。在仲裁庭开庭前，运裕公司等分别向广东省深圳市中级人民法院提起诉讼，申请确认仲裁协议不存在。

二、法律分析

（一）仲裁条款的存在与否是否属于仲裁协议效力问题而可以由法院进行审查

要求确认仲裁协议不存在的诉讼请求虽然不同于要求确认仲裁协议无效，但同样直接影响到纠纷解决方式，同样属于需要解决的先决问题。因此，要求确认当事人之间不存在仲裁协议也属于广义的对仲裁协议效力的异议。《仲裁法》第20条第1款规定："当事人对仲裁协议的效力有异议的，可以请求仲裁委员会作出决定或者请求人民法院作出裁定。"据此，最高人民法院认为当事人以仲裁条款未成立为由要求确认仲裁协议不存在的，属于申请确认仲裁协议效力案件，人民法院应予立案审查。

（二）合同未成立时，当事人在合同中约定的仲裁条款是否成立

（1）在确认仲裁协议效力时，首先要确定准据法。根据《涉外民事关系法律适用法》第18条规定，在最高院询问时，各方当事人均明确表示同意适用中华人民共和国法律确定案涉仲裁协议效力。因此，本案仲裁协议适用中华人民共和国法律。

（2）仲裁条款属于仲裁协议，具有独立性。《仲裁法》第16条第1款规定"仲裁协议包括合同中订立的仲裁条款和以其他书面方式在纠纷发生前或者纠纷发生后达成的请求仲裁的协议"，合同中的仲裁条款和独立的仲裁协议这两种类型，都属于仲裁协议，仲裁条款的成立和效力的认定也适用关于仲裁协议的法律规定。仲裁协议独立性是广泛认可的一项基本法律原则，是指仲裁协议与主合同是可分的，互相独立，它们的存在与效力，以及

适用于它们的准据法都是可分的。由于仲裁条款是仲裁协议的主要类型，仲裁条款与合同其他条款出现在同一文件中，赋予仲裁条款独立性，比强调独立的仲裁协议具有独立性更有实践意义，甚至可以说仲裁协议独立性主要是指仲裁条款和主合同是可分的。对于仲裁协议的独立性，中华人民共和国法律和本院司法解释均有规定。《仲裁法》第 19 条第 1 款规定："仲裁协议独立存在，合同的变更、解除、终止或者无效，不影响仲裁协议的效力。"从上下文关系看，该条是在第 16 条明确了仲裁条款属于仲裁协议之后，规定了仲裁协议的独立性。因此，仲裁条款独立于合同。

（3）仲裁条款的成立独立于主合同的成立。对于仲裁条款能否完全独立于合同而成立，《仲裁法》的规定似乎不是特别清晰，不如已成立合同的变更、解除、终止或者无效不影响仲裁协议效力的规定那么明确。在司法实践中，合同是否成立与其中的仲裁条款是否成立这两个问题常常纠缠不清。但是，《仲裁法》第 19 条第 1 款开头部分"仲裁协议独立存在"，是概括性、总领性的表述，应当涵盖仲裁协议是否存在即是否成立的问题，之后的表述则是进一步强调列举的几类情形也不能影响仲裁协议的效力。最高人民法院《关于适用〈中华人民共和国仲裁法〉若干问题的解释》（以下简称《仲裁法解释》）第 10 条第 2 款进一步明确"当事人在订立合同时就争议达成仲裁协议的，合同未成立不影响仲裁协议的效力"。因此，在确定仲裁条款效力包括仲裁条款是否成立时，可以先行确定仲裁条款本身的效力；在确有必要时，才考虑对整个合同的效力包括合同是否成立进行认定。本案亦依此规则，先根据本案具体情况来确定仲裁条款是否成立。

（4）仲裁条款是否成立，应适用原《合同法》关于要约、承诺的规定判断双方是否有将争议提交仲裁的合意。仲裁条款是否成立，主要是指当事人双方是否有将争议提交仲裁的合意，即是否达成了仲裁协议。仲裁协议是一种合同，判断双方是否就仲裁达成合意，应适用原《合同法》关于要约、承诺的规定。从本案磋商情况看，当事人双方一直共同认可将争议提交仲裁解决。之后，当事人就合同某些其他事项进行交涉，但从未对仲裁条款有过争议。鉴于运裕公司等并未主张仲裁条款存在法定无效情形，故应当认定双方当事人之间存在有效的仲裁条款，双方争议应由深圳国际仲裁院进行仲裁。虽然运裕公司等没有在最后的合同文本上盖章，其法定代表人也未在文本上签字，不符合合同经双方法定代表人或授权代表签字并盖章后生效的要求，但根据《仲裁法解释》第 10 条第 2 款的规定，即使合同未成立，仲裁条款的效力也不受影响。在当事人已达成仲裁协议的情况下，对于本案合同是否成立的问题无须再行认定，该问题应在仲裁中解决。

三、处理结果

广东省深圳市中级人民法院于 2018 年 9 月 11 日立案，形成了本案和另外两个关联案件。在该院审查期间，最高人民法院认为，本案及关联案件有重大法律意义，由国际商事法庭审查有利于统一适用法律，且有利于提高纠纷解决效率，故依照《民事诉讼法》第 38 条第 1 款（2021 年修订后为第 39 条第 1 款）、《最高人民法院关于设立国际商事法庭若干问题的规定》第 2 条第 5 项之规定，裁定本案由最高人民法院第一国际商事法庭审查。

最高人民法院认为运裕公司的理由和请求不能成立，依照《仲裁法》第 16 条、第 19 条、第 20 条之规定，裁定驳回运裕有限公司的申请，申请费人民币 400 元，由申请人运裕有限公司负担。

四、案例点评

本案中双方争议的焦点主要涉及仲裁协议独立性的问题，即合同未成立是否影响其中的仲裁条款的成立。

对此，申请人运裕公司一方认为合同本身未成立，仲裁条款不能脱离主合同而单独成立，双方当事人亦无脱离主合同成立而先行单独达成仲裁协议的明确意思表示，因而其中的仲裁条款亦未成立。其诉讼策略的重点侧重于论证双方之间的合同未成立，而非仲裁协议未成立，因为该方的理论基础在于认为仲裁条款不能脱离主合同而单独成立，其实质是否认了仲裁协议的独立性原则，这是本案中该方败诉的重要原因。造成这种结果的可能因素之一是申请人一方错误地认为仲裁条款不属于仲裁协议，而忽略了《仲裁法》第 16 条第 1 款规定的“仲裁协议包括合同中订立的仲裁条款”，进而“无视”了《仲裁法》第 19 条和《仲裁法解释》第 10 条第 2 款规定的仲裁协议独立性原则。从申请人的立场而言，更为有利的诉讼策略应该是否认双方之间有达成将争议交由仲裁的合意，对于这一点该方在诉讼请求和理由中几乎没有详细说明，仅在否认仲裁条款独立性之后顺带提了一句双方“亦无脱离主合同成立而先行单独达成仲裁协议的明确意思表示”，其否认的也仅是单独达成仲裁协议的明确意思表示，而非达成仲裁协议的合意。该方诉讼思路的不足之处在于否认仲裁条款独立性，导致说理只有一个层次，即证明合同不成立，而没有考虑肯定仲裁条款独立性情况下的退路，使得其在证明双方之间未达成选择仲裁的合意这一层面上毫无准备。

反观胜诉方被申请人中苑城公司一方，其诉讼策略的可取之处在于更为清晰全面地梳理了争议焦点，使得论证具有两个层次，其一是首先证明双方之间合同成立并生效，进而从这一角度来说明仲裁条款成立有效；其二该方考虑到了若双方之间的合同被认定为不成立时的论证角度，即基于仲裁协议的独立性证明双方之间就仲裁条款而言达成了合意。

此外，本案也涉及申请确认仲裁协议效力案件的范围问题，即申请确认仲裁协议不存在是否属于申请确认仲裁协议效力这一案由。本案中，被申请人中苑城公司一方没有就此问题提出申请确认仲裁协议不存在不属于法院应当受理的争议事项。关于这一问题，现行法律规范未明确规定，导致司法实践的观点不一。其中，有许多持否定观点的司法判例，认为对当事人提起的关于确认仲裁协议存在与否的诉讼，法院应不予受理。主要理由是认为“没有仲裁协议属于《仲裁法》第 58 条第 1 款第 6 项规定的撤销仲裁裁决的事由，而不属于《仲裁法》第 17 条规定的仲裁协议无效事由，法院对仲裁的司法审查应当遵循审查范围法定及程序法定原则，现行仲裁法及相关司法解释并未规定当事人可就当事人之间是否存在仲裁协议的争议单独提起诉讼，当事人应当依据《仲裁法》第 4 条的规定向仲裁委员会提出管辖权异议，或在仲裁裁决作出后依据《仲裁法》第 58 条向人民法院请求撤销仲裁裁决”。[①] 而本案中最高人民法院在说理的一开始先对此问题进行了释明。

① 如重庆市高级人民法院民事裁定书，(2018) 渝民终 568 号；广东省广州市中级人民法院民事裁定书，(2018) 粤 01 民特 1220 号；北京市第四中级人民法院民事裁定书，(2019) 京 04 民特 180 号。

本案是最高院国际商事法庭公布的第一例仲裁司法审查案件，对之后有关仲裁协议存在与否是否属于仲裁协议效力审查这一问题的司法实践具有指导意义。但从被申请人一方的办案思路而言，由于该问题从法律法规解释与司法实践来看均存在争议，因此其也可以尝试增加一个论点，论证仲裁协议不存在不属于申请确认仲裁协议效力审查范围，请求法院不予受理，以增加己方胜算。

综上所述，本案中双方代理律师在判决中所呈现的办案思路与技巧给我们的经验启示是要抓住案件的核心法律问题，对此进行多层次、多角度地梳理分析，找到对己方而言有利的争点，以更加全面地搜集相关事实证据，为当事人争取最大的利益。

仲裁员曾担任当事人的代理人亦可构成回避理由
——以（2018）皖13民特16号民事裁定书为例

董　方*

一、案情简介

申请人宿州市某娱乐有限公司（以下简称“娱乐公司”）认为首席仲裁员李某1和仲裁员李某2曾经代理过被申请人张某的案件，且私交甚好，与本案存在利害关系，向宿州市中级人民法院申请撤销宿州仲裁委员会于2018年10月29日作出的（2018）宿仲裁字第24号裁决。

法院审理查明首席仲裁员李某1曾经在（2016）皖1302民初11233号民事案件和（2017）皖13民终1416号案件中担任被申请人张某的诉讼代理人。仲裁员李某2在（2017）皖13民初65号案件中担任被申请人张某的诉讼代理人。

二、法律分析

（一）争议焦点

首席仲裁员李某1、仲裁员李某2和被申请人张某是否存在利害关系，是否属于《中华人民共和国仲裁法》（以下简称《仲裁法》）第34条规定的必须回避的情形。

（二）双方意见

申请人某娱乐有限公司主张首席仲裁员李某1担任被申请人张某数年的

* 董方，广州金鹏律师事务所合伙人。

常年法律顾问，并且代理多个案件，私交极好，明显违反了《仲裁法》第34条“仲裁员有下列情形之一的，必须回避，当事人也有权提出回避申请：……（二）与本案有利害关系；（三）与本案当事人、代理人有其他关系，可能影响公正仲裁的……”其次，仲裁员李某2同样与被申请人张某有《仲裁法》第34条第3项规定的事由，多次代理被申请人的案件。因此，申请人认为该仲裁庭首席仲裁员李某1、仲裁员李某2在接受该案时理应回避。申请人后来得知该情况后即申请回避，但首席仲裁员李某1、仲裁员李某2仍继续审理该案，故该仲裁裁决应当撤销。

被申请人张某主张首席仲裁员李某1与自己没有利害关系，李某1确实代理过自己的案件，是在自己与亲兄弟张某1同为当事人的一案中，李某1在代理张某1案件时顺便代理自己参加诉讼，自己并未向李某1支付过律师费，不存在仲裁法上应该回避的情形。仲裁员李某2虽代理过自己的一起案件，但是不存在仲裁法上的回避情形。申请人提到仲裁阶段提出过回避申请，请法庭向宿州仲裁委员会核实情况。仲裁中选定仲裁员是按照仲裁法的规定作出的，首席仲裁员李某1是申请人一方先选定的，被申请人同意申请人选定的仲裁员，仲裁员组成符合仲裁法的规定。

三、处理结果

宿州市中级人民法院经审理认为仲裁员与当事人有其他关系，可能影响公正仲裁的，必须回避，当事人也有权申请回避。本案中首席仲裁员李某1和仲裁员李某2曾在2016年、2017年担任过被申请人张某的代理人，属于必须回避的情形而未回避，也未对该情节进行信息披露，仲裁裁决违反法定程序，裁定撤销该仲裁裁决书。

四、案例点评

根据天同律师事务所仲裁团队发布的《2020年度中国仲裁司法审查实

践观察报告：大数据分析丨仲裁圈》[①]，截至2021年4月30日，2020年审结并公开的申请确认仲裁协议效力案件总数为1325件，全国法院裁定撤销仲裁裁决的案件共82件，以“仲裁庭的组成或者仲裁的程序违反法定程序的”作为撤销裁决事由的共39件，占比47.56%。由此可见，仲裁程序违法导致的撤销仲裁裁决基本占到撤销仲裁裁决案件数量的一半，是仲裁裁决被撤销的最常见原因。最高人民法院《关于适用〈中华人民共和国仲裁法〉若干问题的解释》第20条规定：“仲裁法第五十八条规定的‘违反法定程序’，是指违反仲裁法规定的仲裁程序和当事人选择的仲裁规则可能影响案件正确裁决的情形。”司法实践中，对于“违反法定程序”一般有下列事由：送达程序违法；仲裁庭组成违反法律规定；仲裁员行为违反仲裁规则；仲裁员未依法回避；缺席审理；证据交换过程违法等。

本案中，由于首席仲裁员和另一仲裁员都曾经担任过被申请人的诉讼代理人，所以被法院认定为与本案当事人有其他关系，可能影响公正仲裁，属于必须回避的情形。仲裁员未对此情况进行披露亦未自行回避，申请人无法及时行使申请回避的权利，故该仲裁违反了法定程序被依法撤销。

仲裁是因当事人意思自治而发起的一种裁判行为，这就要求仲裁员必须公正独立。公正性是指仲裁员对仲裁结果和对当事人的态度，独立性是指仲裁员与当事人之间的关系是否会使仲裁员产生不公正的倾向，缺乏独立性的仲裁员其公正性难以保障。当仲裁员和当事人曾经有过委托代理，之间存在利益关系，不能确定之前的关系是否会持续地影响到本案，且仲裁员都未选择主动披露，当事人没有机会去权衡是否需要申请回避，更让当事人无法确保仲裁员能够独立且不受影响地作出裁判，继而引发对仲裁裁决书的信任危机。

因为仲裁一裁终局的特点，对仲裁裁决的救济途径十分有限。这就更加要求保证仲裁员的公正性和独立性，确保仲裁员在仲裁活动过程中能够保持

---

① 朱华芳等：《2020年度中国仲裁司法审查实践观察报告：大数据分析丨仲裁圈》，载微信公众号“天同诉讼圈”2021年6月11日，https：//mp. weixin. qq. com/s? src = 11&timestamp = 1686130479&ver = 4576&signature = CobuoJ2mjGYlMd - A2laZMjzTneMIJ4dFjp8IK5XssI - 2ChrKVSHEzi1d * 7wiTkfQ9voJbwVfLihhXzRy - KE4m7yaTN6WQ8zgd7FMdo7MBSjYcJ4taqfxyxXXRw5BqW7O&new = 1。

中立。根据我国《仲裁法》对仲裁员回避的相关规定，如果仲裁员在仲裁中有任何越轨行为或者与案件及案件当事人有任何利害关系，都可能构成回避的理由。从法律层面来说，“利害关系”“其他关系”并没有明确的规定，因为法律无法穷尽所有出现利害关系的情形，所以给出了原则“可能影响公正仲裁的”。信息爆炸时代，仲裁员和当事人可以非常方便地进行接触，所以就个案而言如何适用该原则需要人民法院和仲裁机构自由裁量或者制定更详尽的仲裁规则。比如《广州仲裁委员会仲裁规则》（2021 年版）第 38 条第 2 款规定“与本案当事人、代理人有咨询与被咨询、管理与被管理关系，或者担任本案当事人、代理人的代理人、顾问的，但至组庭之日有关关系已经结束超过两年的除外”，就明确规定仲裁员在两年内担任过一方当事人的代理人的应该回避。

“仲裁的全部价值在于仲裁员”，仲裁员在接受选任、参与组庭的时候应当事先做好检索，将有可能引发当事人对自己独立性产生怀疑的事项予以主动公开披露，避免在案件审理过程中或者裁决作出后当事人提出撤裁申请。作为案件代理人，在指导当事人选定仲裁员的时候也要做好充分的尽职调查，在裁判文书网等公开渠道查询该仲裁员和对方当事人是否曾经有过委托代理关系。具体到本案还有一个细节，即首席仲裁员是由双方共同选定。首席仲裁员是整个仲裁程序中的核心，控制着仲裁进度和方向，当仲裁员不能形成多数意见时，应按照首席仲裁员的意见作出，首席仲裁员的意见很大程度上能够决定一个案件的走向，所以首席仲裁员更应该主动自查并披露可能影响公正裁决的因素。本案中，首席仲裁员李某 1 和仲裁员李某 2 都没有在开庭前如实披露和被申请人之间曾经发生过的委托代理关系，甚至在申请人事后得知情况申请回避的时候，仍未停止参与仲裁，导致仲裁裁决书最终被人民法院撤裁。

结合天同律师事务所发布的数据和司法实践，现阶段对仲裁的司法审查十分有限，只在极少数情况下才会被法院撤裁。作为律师在代理仲裁案件之初就应该做好各项准备工作，不能过多地寄希望于申请撤裁和申请不予执行。对于如何选定仲裁员需要对当事人进行细致的指导，一方面有的当事人因为对某一仲裁员非常熟悉，有长期的业务往来而选择该仲裁员，作为代理人一定要提示当事人如此选择可能面临被法院撤裁的风险。另一方面也要视情况指导当事人对对方选定的仲裁员申请回避。“一裁终局”是对效率的高度追求，如果被法院撤裁，只会得不偿失；对于仲裁员来说，要求仲裁员自身严格把握回避情形，正确理解“可能影响公正仲裁”原则，一定要如实披露可能影响公正或独立裁决的情况。做仲裁员时，应当遵守职业操守，如实披露及履行回避义务。因仲裁员违反回避规定而被撤裁，是司法监督对仲裁程序的否定，也会影响社会选择仲裁解决争议的信心。

仲裁具有自愿性和民间性，缺乏严格的外部监督，所以仲裁程序难以做到和法庭审理程序一样规范，但是这并不意味着可以忽视程序正义的价值，通过程序当事人最能直接感受到公平正义。单从救济途径来说，司法审查是程序上的形式审查而非案件实体审查，程序违法是对仲裁裁决救济主要的突破口，如果当事人在程序上对仲裁裁决产生质疑，对不受司法审查的实体部分更加难以信服。

浅谈仲裁员的“释明权”行使

——以（2020）穗仲案字第11029号仲裁裁决书为例

石　新*

一、案情介绍

2017年，申请人广东某工程技术检测有限公司参与广州市北部水厂一期工程一厂区检测项目；2018年3月19日，被申请人以个人身份与申请人签署了《工程检测合作协议书》，双方约定工程名称为广州市北部水厂仪器工程一厂区（含原水管、河涌改造）质量监督服务项目，鉴定项目包括地基基础工程检测、基坑检测、高支模检测、主体沉降检测，并约定合同价为地基基础工程检测合同价为2,983,171.56元，基坑检测及高支模、主体沉降检测合同价为2,914,945.43元，按实际工程量结算。被申请人收取劳务和配合费为：地基基础工程为合同价的20%；支模、主体沉降监测为合同价的40%（皆为按实结算）。

合同签订后，被申请人分别于2018年10月及2019年2月向申请人递交《工程结算申请单》，申请金额分别为634,978.09元及488,611.25元，并在申请单位处分别加盖韶关市武江区某人力资源有限公司及南雄某企业管理有限公司的公章，两份《工程结算申请单》皆通过申请人相关部门及领导的签字同意。

申请人在通过上述两份《工程结算申请单》后，分别于2018年11月30日、2019年6月11日、2019年9月20日向案外人韶关市武江区某人力

* 石新，北京市炜衡（广州）律师事务所党支部书记，高级合伙人。

资源有限公司及南雄某企业管理有限公司转账 634,978.09 元及 200,000 元、288,611.25 元。

申请人认为，被申请人以个人身份作为分包主体承接检测工程，从根本上不具备相应资质及任何履约能力，该合同因违反法律规定以及被申请人履行根本不能，自始无法履行，双方合同为无效合同。在合同无效、没有任何履行的情况下，申请人借用第三人企业的名义代为收款，以违法方式套取申请人款项 1,123,589.35 元，以上款项的收取没有合同依据，请求裁决确认合同无效，并要求对于被申请人、连同被申请人代收款的企业之不当得利进行追缴。

二、法律分析

（一）争议焦点

（1）本案合同效力如何，属于何种类型的合同，以及合同的实际履行情况；（2）本案究竟属于合同之债还是不当得利之债。

（二）双方意见

申请人认为：首先，根据《建筑法》第 22、26、29 条的规定，我国法律对工程分包有明确规定，总承包方必须选择有承保资质的单位，作为分包人，个人从根本上不具备承揽工程资质。被申请人以个人身份作为分包主体承接检测工程，从根本上不具备相应资质及任何履约能力，该合同因违反法律规定以及被申请人履行根本不能，自始无法履行。由此《合作协议》为无效合同。其次，不论仲裁庭认定涉案合同为何种形式的合同，都能够认定其因违反禁止性规定而无效：若是工程分包，那么当然适用《建筑法》，如果认定是劳务分包合同，那么于司法解释、行政法规、部门规定各个层面上来看都是一贯的明文禁止。在涉案合同无效且没有实际履行的情况下，被申请人借用第三方企业的名义代为收款，以违法方式套取申请人款项 1,123,589.35 元，被申请人应当返还上述款项。

被申请人并未发表意见。

三、处理结果

1. 仲裁庭认为，根据《工程检测合作协议书》第2条第2.3款、第3条第3.1款规定，由申请人方负责派技术人员到现场进行检测、监测，对检测、监测成果报告的质量负责，被申请人方仅负责开展业务、结算收费及送成果报告等相关工作。从双方当事人的实质约定来看，涉案合同既非建设工程施工合同，亦非承揽合同，双方之间的合同关系既非工程分包，亦非劳务分包。根据原《合同法》第124条："本法分则或者其他法律没有明文规定的合同，适用本法总则的规定，并可以参照本法分则或者其他法律最相类似的规定"及第125条："当事人对合同条款的理解有争议的，应当按照合同所使用的词句、合同的有关条款、合同的目的、交易习惯以及诚实信用原则，确定该条款的真实意思"的规定，涉案合同并没有关于申请人要将涉案工程或劳务分包给被申请人的条款，双方当事人签订合同的真实意思更多地只是进行业务上的配合。因此，涉案合同应为"无名合同"，并不具有对资质的强制性要求。申请人以被申请人不具备相应资质为由主张合同无效，没有法律依据，仲裁庭对此不予支持。本案《工程检测合作协议书》为双方当事人的真实意思表示，签约主体适格，其内容没有违反法律、行政法规的强制性规定，依法应属有效，对双方当事人均具有法律约束力，双方当事人应依约履行。

2. 关于合同效力，仲裁庭已经认定为有效，在合同有效的情况下，申请人主张被申请人未实际履行合同义务，本应当由被申请人提供其履行了合同义务的证据，否则应当承担举证不能的责任，但仲裁庭同时也注意到：首先，《合作协议》签订于2018年3月19日，被申请人向申请人递交《工程结算申请单》的时间分别在2018年10月19日与2019年2月21日左右，案外人韶关市武江区某人力资源有限公司和南雄某企业管理有限公司向申请人开具发票的时间为2018年11月15日、2019年3月6日；申请人向案外人付款时间分别为2018年11月30日、2019年6月11日、2019年9月20日，时间先后跨度一年半左右。其次，两次的《工程结算申请单》明确为"结算"，字面理解应在合同义务完成后提起，且均由申请人检测部、业务开发部、财务部及公司领导的签名同意，申请完成后申请人完成了付款；再次，申请人虽然陈述称存在其内部员工与被申请人串通的情形，但签订合同以及在《工程结算申请单》签名的申请人的法定代表人某1已经于2019年4月4日更换为某2，在法定代表人更换后，申请人于2019年6月11日、2019年9月20日先后向南雄某企业管理有限公司转账200,000元、288,611.25元；最后，仲裁庭要求申请人提供其与广州市北部水厂一期工程的签订及履行情况，以及申请人主张的由其他公司接手完成的应由被申请人完成的北部水厂工程检测劳务部分的证据，但申请人并没有提供，也没有提供对申请人发现某1存在与被申请人串通嫌疑后，申请人对检测部、业务开发部、财务部在申请单上签名的工作人员以及某1是否有进行内部调查、处理或给出合理解释的证据；根据现有证据，仲裁庭无法判断《合作协议》的实际履行情况，申请人掌握相关新证据后，也完全可以通过行使合同解除权、要求恢复原状等另案提起仲裁解决。综上，对于申请人要求被申请人返还已支付的1,123,589.35元的仲裁请求，仲裁庭不予支持。

四、案例点评

本案中，仲裁员多次行使“释明权”，对厘清关系、捋顺案情起到积极作用。特别体现在：

1. 关于明确选择合同之债还是不当得利之债。申请人的第二项仲裁请求为：“裁决被申请人在没有任何资质以及履约能力，合同未能实际履行的情况下返还不当得利1,123,589.35元，代收款企业对以上责任承担连带责任”，可以看出该项仲裁请求中既包含合同之债亦包含不当得利之债，但本案实际上并不存在两者竞合的情形。因此，仲裁员在庭审中向申请人释明，本案究竟属于合同纠纷还是不当得利纠纷，申请人需要明确其请求权基础。申请人当庭表示，本案属于合同纠纷，申请人的请求权基础是基于合同无效以及对方没有实际履行合同而产生的合同之债。

本案中的该次释明是非常重要的，申请人如果主张本案属于不当得利之债，那么将会对其产生极其严重的不利后果。首先，本案中取得合同款项的是案外人韶关市武江区某人力资源有限公司及南雄某企业管理有限公司，而并非被申请人；其次，本案合同的双方当事人为申请人以及被申请人，并不涉及案外人两家公司，且申请人也未能提供证据证明被申请人与案外人两家公司具有何种关系。综上，仲裁庭通过向申请人释明请求权基础，促进了本案债权债务关系的厘清。

2. 关于涉案合同的履行情况。申请人向仲裁庭主张，被申请人并未实际履行合同，申请人是通过聘请第三方劳务派遣公司协助其完成的涉案工程。但是仲裁庭发现，涉案合同中约定的被申请人义务为“开展业务、结算收费及送成果报告等相关工作”，并不包含完成涉案工程的检测。况且，被申请人向申请人递交的两份《工程结算申请单》，亦通过了申请人相关部门及领导的签字同意。因此，仲裁庭向申请人释明该情况，并询问涉案工程是否已经完成。申请人则主张，涉案工程已经完工并且验收，但被申请人签订合同后并未实际进场施工，亦未派遣人员过来现场。申请人的内部员工与被申请人存在串通的情形，在《工程结算申请单》上签名的公司领导已被党内开除。仲裁庭为此在庭后进行调查，发现在《工程结算申请单》签名的申请人的法定代表人某1，已经于2019年4月4日更换为某2，在法定代表人更换后，申请人于2019年6月11日、2019年9月20日先后向南雄某企业管理有限公司转账200,000元、288,611.25元。即申请人虽然声称其内部员工与被申请人存在串通的情形，但更换领导后仍然继续向案外人两公司进行转账，申请人的前后说法存在自相矛盾的情形。综上，仲裁庭通过向申请人释明与询问，更进一步地捋顺了复杂的案情。

释明权的行使，尤其是释明权行使的范围，一直以来都备受理论界与实务界的关注。笔者认为，释明权行使范围不宜随意扩大，以防止破坏裁决者的中立地位。归纳起来，以下四种情况笔者认为仲裁庭可以主动行使释明权：一是当事人的仲裁请求不明确、不妥当的情况；二是当事人的事实主张不明确、不充分、不一致的情况；三是当事人因疏忽或误解而提供证据资料不充分的情况；四是举证责任分配的释明。

总而言之，释明权目前在仲裁程序中的运用尚缺乏明确立法，我们一方面可以倡导“实践先于立法”，在现阶段，允许仲裁庭依自由裁量权行使释明权，为未来立法完善积累经验；另一方面则可以通过修改仲裁规则对释明权的适用进行列举完善。

违背社会公共利益的仲裁裁决被撤销

——兼评中国首例涉比特币交易的仲裁裁决被撤销案

嘉海霞*

2018年8月21日，深圳国际仲裁院（以下简称“深圳仲裁委员会”）就申请人高某与被申请人深圳市某企业（有限合伙）（以下简称“甲企业”）及李某涉比特币合同纠纷一案作出了（2018）深仲裁字第64号裁决（以下简称“深仲仲裁裁决”）。① 2018年9月29日，广东省深圳市中级人民法院立案审查高某向其提出的撤销深仲仲裁裁决申请。

深仲仲裁裁决撤销一案尚未审结，便有媒体对深仲仲裁裁决进行详尽报道及分析。2018年11月5日发表于法制日报的《深圳仲裁填补司法判例空白！确认比特币具财产属性受法律保护》指出，深仲仲裁裁决实际认可了比特币的数字资产性质，支持比特币作为交付对象，填补了现有司法判例的空白，意义重大。② 同日，中华人民共和国司法部于新浪微博平台上转载了上述文章，引起了业内的广泛关注，截至2021年8月2日，该文章阅读量已超过68万次。③

2020年4月26日，广东省深圳市中级人民法院作出民事裁定［（2018）

---

* 嘉海霞，北京大成（广州）律师事务所合伙人。

① 张维：《深圳仲裁填补司法判例空白！确认比特币具财产属性受法律保护》，载《法制日报》2018年11月5日。

② 张维：《深圳仲裁填补司法判例空白！确认比特币具财产属性受法律保护》，载《法制日报》2018年11月5日。

③ 张维：《深圳仲裁填补司法判例空白！确认比特币具财产属性受法律保护》，原载《法制日报》，后载于新浪微博司法部官方账号头条文章2018年11月5日，https：//weibo. com/ttarticle/x/m/show/id/2309404302923449411537？_ wb_ client_ =1。

粤03民特719号，以下简称“深中民事裁定”]，以深仲仲裁裁决存在违背社会公共利益情形为由撤销了该仲裁裁决。这是一个曾被认为具有标杆意义的案例，故值得对其作出分析与总结。

一、案情简介

（一）背景介绍

1. 关于比特币

比特币（Bitcoin，或BTC）的“隐秘货币”概念最初由Wei Dai在1998年提出，2009年由中本聪发表了第一个比特币规范及其概念证明。比特币支持者认为比特币是一个共识（即比特币区块格式或交易格式）网络促成的实验性支付系统和数字化货币，是第一个去中心化的对等支付网络，由其用户自己掌控而无须中央管理机构或中间人。支持者将其比作互联网的现金。比特币不依靠特定货币机构发行，而是根据比特币协议以固定的速率发行，目前获得比特币的方式包括作为他方支付商品的对价或服务的报酬、通过比特币交易所购买、与第三方兑换及为比特币网络提供计算资源（“挖矿”）。①

比特币存储于特定的钱包中。比特币钱包保存着一份称作私钥或种子的保密数据用来为交易签名，即提供数学证据证明这些交易来自钱包的拥有者。所有的交易在用户之间广播，通常在接下来的10～20分钟内通过一个称作“挖矿”的处理过程开始被比特币网络所确认。② 比特币区块链是整个比特币网络所依赖的公共共享总账。所有确认的交易均包含其中。③ 根据比特币支持者的说明，任何比特币交易均为不可撤销的，只能由收款人退回比特币。④

① Bitcoin. org：《常见问题》，载Bitcoin，https：//bitcoin. org/zh_ CN/faq#general。

② Bitcoin. org：《比特币的工作原理》，载Bitco，https：//bitcoin. org/zh_ CN/how – it – works。

③ Bitcoin. org：《比特币的工作原理》，载Bitco，https：//bitcoin. org/zh_ CN/how – it – works。

④ Bitcoin. org：《你需要了解的一些事》，载Bitco，https：//bitcoin. org/zh_ CN/you – need – to – know。

随着比特币社区的不断壮大，为了解决比特币发展过程中的部分问题，比特币通过硬分叉（hard fork）的算法方式，衍生出例如比特币现金（Bitcoin Cash，或 BCH）及比特币钻石（Bitcoin Diamond，或 BCD）等比特币资产。①

比特币的支持者认为，比特币的价格由供需决定，由于比特币仍处于一个相对较小的市场，无须大量资金即能影响市场价格，比特币价格因此仍十分不稳定。②

2. 比特币在中国的法律地位

2013 年，大量中国投资者开始涌入比特币交易市场，比特币价格一路飚升。③ 同年 12 月 3 日，为保护社会公众的财产权益，保障人民币的法定货币地位，防范洗钱风险及维护金融稳定，中国人民银行、工业和信息化部、中国银行业监督管理委员会（现已撤销）、中国证券监督管理委员会及中国保险监督管理委员会（现已撤销）联合印发了《中国人民银行工业和信息化部 中国银行业监督管理委员会 中国证券监督管理委员会 中国保险监督管理委员会关于防范比特币风险的通知》（银发〔2013〕289 号，以下简称《289 号通知》）。④《289 号通知》明确指出，比特币是特定的虚拟商品，不具有与货币等同的法律地位，不能且不应作为货币在市场上流通使用，但普通民众在自担风险的前提下可作为互联网商品交易。

《289 号通知》出台后，比特币价格在中国泡沫破裂，但随着知名投资机构在 2014 年至 2016 年的布局及比特币技术升级，大量投机者蜂拥而至，助推比特币在 2017 年左右进入疯狂牛市。⑤ 2017 年 9 月 4 日，为防范化解

---

① BitcoinCash：《关于》，载 BitcoinCash，https：//bitcoincash. org/zh – cn/#about 及 Bitcoin Diamond：《关于》，载 Bitcoin Diamond，https：//www. bitcoindiamond. org/zh – hans/% e5% 85% b3% e4% ba% 8e/。

② Bitcoin. org：《常见问题》，载 Bitcoin. org，https：//bitcoin. org/zh_ CN/faq#why – do – bitcoins – have – value。

③ 苏胜阳读财：《比特币近 10 年的发展史》，载搜狐网 2021 年 1 月 6 日，https：//www. sohu. com/a/442758297_ 100278486。

④ 中国政府网：《人民银行等五部委发布关于防范比特币风险的通知》，载中国政府网 2013 年 12 月 5 日，http：//www. gov. cn/gzdt/2013 – 12/05/content_ 2542751. htm。

⑤ 苏胜阳读财：《比特币近 10 年的发展史》，载搜狐网 2021 年 1 月 6 日，https：//www. sohu. com/a/442758297_ 100278486。

金融风险，中国人民银行、中央网信办、工业和信息化部、工商总局（现已撤销）、银监会、证监会及保监会联合发布《关于防范代币发行融资风险的公告》（以下简称《公告》），重申了《289 号通知》的规定。① 《公告》出台后仅两周，央行等监管层对中国境内多家比特币交易所进行约谈，各比特币交易所随后宣布将逐步关停全部或部分交易业务。②

2017 年 10 月 1 日，《民法总则》（现已失效）施行。③《民法总则》第 113 条及第 127 条规定，“民事主体的财产权利受法律平等保护”，“法律对数据、网络虚拟财产的保护有规定的，依照其规定”。《民法总则》通过之前，中国未发布过与网络虚拟财产直接相关的法律规范性文件，该法的第 127 条对虚拟财产的保护迈出了第一步。④ 但《民法总则》第 127 条不应被解读为比特币已获许可能作为数字货币进行交易和流通。⑤

（二）争议合同背景

2017 年 12 月 2 日，甲企业、高某和李某签订了《股权转让协议》。根据该协议，甲企业将其持有的乙公司 5% 股权转让给高某，股权转让对价为人民币 55 万元。其中 25 万元股权转让款由高某直接支付予甲企业，（因李某委托高某对其持有的比特币、比特币现金、比特币钻石等资产进行理财，基于该部分资产产生的部分收益）李某同意余下 30 万元由其代高某向甲企业支付。《股权转让协议》约定，高某应先分三期将李某委托其进行理财的货币资产（20.13 个比特币、50 个比特币现金、12.66 个比特币钻石）全部归还至李某的电子钱包。⑥

---

① 中国人民银行：《人民银行等七部门关于防范代币发行融资风险的公告》，载中国人民银行网 2017 年 9 月 4 日，http：//www.pbc.gov.cn/goutongjiaoliu/113456/113469/3374222/index.html。

② 王全浩：《北京叫停比特币交易所　多平台宣布关停》，载新京报 2017 年 9 月 16 日，https：//www.bjnews.com.cn/detail/155152191814396.html。

③ 《民法总则》第 206 条。

④ 张丽媛：《虚拟财产的春天——〈民法总则〉第 127 条解读》，载中国法院网 2017 年 5 月 3 日，https：//www.chinacourt.org/article/detail/2017/05/id/2833637.shtml。

⑤ 杨李东：《虚拟财产受新〈民法总则〉保护　数字货币能不能列入保护范畴?》，载金色财经 2017 年 9 月 29 日，https：//www.jinse.com/news/bitcoin/74556.html。

⑥ 张维：《深圳仲裁填补司法判例空白！确认比特币具财产属性受法律保护》，载《法制日报》2018 年 11 月 5 日。

由于高某未履行《股权转让协议》项下的义务，既未向甲企业支付25万元股权转让款，也未向李某返还其货币资产，甲企业及李某根据《股权转让协议》中约定的仲裁条款，向深圳仲裁委员会申请仲裁。

2018年1月10日，深圳仲裁委员会受理该案，仲裁程序适用2011年5月1日起施行的《深圳仲裁委员会仲裁规则》。甲企业及李某的主要仲裁请求为：（1）变更甲企业持有的乙公司5%股份到高某名下，高某向甲企业支付股权款25万元；（2）高某向李某归还比特币资产20.13个BTC（比特币）、50个BCH（比特币现金）、12.66个BCD（比特币钻石）资产相等价值的美金493,158.40美元和利息；（3）高某支付李某违约金人民币10万元。

针对甲企业及李某的主张，高某引用了《公告》，指出比特币是一种未经批准非法公开融资的行为，其流通和交付为非法，因此《股权转让合同》中核心条款关于股权转让价款的支付安排违反了法律强制性规定，应为无效，进而导致《股权转让合同》整体无效。①

（三）仲裁裁决

2018年8月21日，深圳仲裁委员会就本案作出了裁决。仲裁庭认为，《股权转让合同》约定了两个自然人之间的比特币归还义务，不违反《公告》规定，是各方当事人的真实意思表示，未违反法律法规效力性强制性规定，该合同应为有效。② 仲裁庭同时认可了比特币的财产属性及经济价值，鉴于其交付不存在法律及技术上的障碍，高某未依照《股权转让合同》的约定交付双方共同约定并视为有财产意义的比特币等，构成违约，应予赔偿。③

仲裁庭参考李某提供的okcoin.com网站公布的合同约定履行时点有关

---

① 张维：《深圳仲裁填补司法判例空白！确认比特币具财产属性受法律保护》，载《法制日报》2018年11月5日。

② 张维：《深圳仲裁填补司法判例空白！确认比特币具财产属性受法律保护》，载《法制日报》2018年11月5日。

③ 张维：《深圳仲裁填补司法判例空白！确认比特币具财产属性受法律保护》，载《法制日报》2018年11月5日。

BTC（比特币）和 BCH（比特币现金）收盘价的公开信息，估算及调整应赔偿的财产损失为 401,780 美元，支持了甲企业及李某的仲裁请求：变更甲企业持有的乙公司 5% 股份至高某名下；高某向甲企业支付股权转让款人民币 25 万元；高某向李某支付 401,780 美元；高某向李某支付违约金人民币 10 万元。仲裁庭并要求高某按裁决作出之日的美元兑人民币汇率结算为人民币支付财产损失。

（四）深仲仲裁裁决撤销案

深仲仲裁裁决作出后，高某向广东省深圳市中级人民法院（以下简称“深圳中院”）申请撤销该仲裁裁决。

二、法律分析

深圳中院认定，本案的争议焦点为深仲仲裁裁决是否存在违背社会公共利益的情形。根据《仲裁法》第 58 条第 3 款，“人民法院认定该裁决违背社会公共利益的，应当裁定撤销”。[①]

根据高某主张，深仲仲裁裁决违背社会公共利益的理由如下：（1）财产损失金额估算所参考的信息来源于非法网站，亦无合理依据。由于《公告》规定代币融资交易平台自 2017 年 9 月 4 日以后不得从事法定货币与代币、“虚拟货币”相互之间的兑换业务，不得买卖或作为中央对手方买卖代币或“虚拟货币”，不得为代币或“虚拟货币”提供定价、信息中介等服务。因此，自 2017 年 9 月 4 日起，okcoin. com 网站提供数字货币的交易及定价均为非法。而数字货币在上述网站无法交易，因而该网站公布的定价没有合理依据。（2）深仲仲裁裁决因要求高某按裁决作出之日美元兑换人民币汇率将应赔偿的财产损失结算为人民币，变相支持了数字货币和法定货币

---

① 《仲裁法》第五十八条：“当事人提出证据证明裁决有下列情形之一的，可以向仲裁委员会所在地的中级人民法院申请撤销裁决：（一）没有仲裁协议的；（二）裁决的事项不属于仲裁协议的范围或者仲裁委员会无权仲裁的；（三）仲裁庭的组成或者仲裁的程序违反法定程序的；（四）裁决所根据的证据是伪造的；（五）对方当事人隐瞒了足以影响公正裁决的证据的；（六）仲裁员在仲裁该案时有索贿受贿，徇私舞弊，枉法裁决行为的。人民法院经组成合议庭审查核实裁决有前款规定情形之一的，应当裁定撤销。人民法院认定该裁决违背社会公共利益的，应当裁定撤销。”

的交换，涉嫌支持非法发售代币票券及人民币非法流通行为，违背了法律强制性规定及社会公共利益。

对此，甲企业及李某答辩称：（1）比特币采用美元计价、采用公开市场上的定价符合国际市场惯例，而《仲裁规则》第 5 条规定可以参考国际惯例进行仲裁，比特币计价、确定价值、定价等事项属于国际市场惯例范畴。（2）数字资产的持有和返还、赔偿均属于双方合同约定，与社会公共利益无关，法律也未对数字资产或等值财产的返还予以禁止。数字资产的财产性质应受认可，应受到《民法总则》第 127 条及《物权法》（现已失效）第 37 条①的保护。

三、处理结果

2020 年 4 月 26 日，经向最高人民法院报核，深圳中院作出（2018）粤 03 民特 719 号民事裁定。深圳中院认为，《289 号通知》及《公告》明确规定了比特币不具有与货币等同的法律地位，不能且不应作为货币在市场上流通使用。从防范金融风险的角度，《公告》进一步提出任何所谓的代币融资交易平台不得从事法定货币与代币、“虚拟货币”相互之间的兑换业务，不得买卖或作为中央对手方买卖代币或“虚拟货币”，不得为代币或“虚拟货币”提供定价、信息中介等服务。上述文件实质上禁止了比特币的兑付、交易及流通，炒作比特币等行为涉嫌从事非法金融活动，扰乱金融秩序，影响金融稳定。

基于上述文件的精神，深圳中院支持了高某所主张的深仲仲裁裁决违背社会公共利益的第二项理由。即仲裁庭裁决高某将应支付的与比特币等值的美元财产损失折算为人民币，实质变相支持了比特币与法定货币之间的兑付及交易，违反了《289 号通知》及《公告》，违反了社会公共利益，深仲仲裁裁决应予撤销。

---

① 《物权法》第三十七条：“侵害物权，造成权利人损害的，权利人可以请求损害赔偿，也可以请求承担其他民事责任。”

四、案例点评

（一）国内仲裁实践中，对“社会公共利益”应高度关注，避免作出违反社会公共利益的仲裁裁决

根据《仲裁法》第58条，“社会公共利益”属于法院主动审查的事项。[①] 2017年12月26日，最高人民法院公布《关于仲裁司法审查案件报核问题的有关规定》（以下简称《报核规定》）（2021年已修订），于2018年1月1日起施行。[②]《报核规定》明确指出，为正确审理仲裁司法审查案件，统一裁判尺度，依法保护当事人合法权益，保障仲裁发展，中级人民法院或专门人民法院以违背社会公共利益为由不予执行或者撤销我国内地仲裁机构的仲裁裁决的，应向最高人民法院报核，待审核后才可依据其意见作出裁定。[③] 依据《仲裁法》，向人民法院申请对仲裁裁决不予执行或撤销为当事人的合法权利，为避免给当事人增加不必要的司法执行负担及时间成本，仲裁庭应特别关注案件中是否存在违反“社会公共利益”因素。

（二）界定社会公共利益时，应根据文件的内容或精神进行解读，而非仅关注其效力级别

公共利益在法学中属于不确定法律概念，是对不确定多数人的需要的满足，对于公共利益范围的理解应当是客观而非机械的。[④] 违背社会公共利益涉及整个社会最根本的法律、道德的一般利益，表现形式应当是违背法律的基本制度与准则、违背社会和经济生活的基本价值取向、违背中国的基本道

---

① 《仲裁法》第58条第3款：“人民法院认定该裁定违背社会公共利益的，应当裁定撤销。”

② 《最高人民法院关于仲裁司法审查案件报核问题的有关规定》，载中国法院网2017年12月26日，https://www.chinacourt.org/law/detail/2017/12/id/149641.shtml。

③ 《报核规定》第三条：“本规定第二条第二款规定的非涉外涉港澳台仲裁司法审查案件，高级人民法院经审查，拟同意中级人民法院或者专门人民法院认定仲裁协议无效，不予执行或者撤销我国内地仲裁机构的仲裁裁决，在下列情形下，应当向最高人民法院报核，待最高人民法院审核后，方可依最高人民法院的审核意见作出裁定：（一）仲裁司法审查案件当事人住所地跨省级行政区域；（二）以违背社会公共利益为由不予执行或者撤销我国内地仲裁机构的仲裁裁决。”

④ 中华人民共和国最高人民检察院：《如何认定是否侵害“社会公共利益”》，载检察日报2019年4月12日，https://www.spp.gov.cn/spp/zhuanlan/201904/t20190412_417222.shtml。

德标准。[①]

本案中，《289 号通知》及《公告》虽并非法律法规，仅为部门规章，但其文件明确指出制定目的即为“保护社会公众的财产权益，保障人民币的法定货币地位，防范洗钱风险，维护金融稳定”，“保护投资者合法权益，防范化解金融风险”及“维护正常的金融秩序”，符合“社会公共利益”范围。因此在本案中，深圳中院即以深仲仲裁裁决违反上述文件精神为由，对该裁决予以撤销。

（三）国内仲裁实践中，对“社会公共利益”仍应审慎处理，避免滥用

“社会公共利益”的界定标准包含了主体的公众性与不确定性、内容的广泛性、抽象性及社会历史性等法律特征[②]，在界定时应具体问题具体分析，同时考虑协调个人利益及社会利益。享有权利的一方为损害他人和社会公共利益行使权利，实质上属于权利的滥用。为避免利益保护上出现不公平，导致给个案带来短暂而非长远的公平，在国内仲裁实践中仍应结合法律逻辑，对“社会公共利益”从严掌握，以平衡社会价值和社会现实。

---

① 《采安仲裁丨仲裁司法审查中的公共利益问题－北京法院裁判观点汇总（下）》，载石家庄仲裁委员会网站，http：//www. sjzzc. gov. cn/html/ziliao/lilun/2016/1010/2903. html。

② 龙锋：《论社会公共利益的界定标准》，载重庆法院网 2018 年 3 月 20 日，http：//cqfy. chinacourt. gov. cn/article/detail/2018/03/id/3233633. shtml。

仲裁裁决不予执行之司法审查范围

——A 公司与 B 公司申请不予执行仲裁裁决案评析

冼传乐*

一、案情简介

2013 年 7 月 3 日，A 公司与 B 公司签订了《服务协议》，约定 A 公司委托 B 公司协助其申请某市、某省和国内相关专项项目款项，并支付 B 公司相应服务费用。协议内同时对管辖进行了约定：因协议而引发的纠纷，双方协商不成时，提请甲市仲裁委员会（以下简称甲市仲裁委）仲裁。

2017 年 4 月 1 日，B 公司向甲市仲裁委员会申请仲裁，请求裁决 A 公司向 B 公司支付服务费及滞纳金。甲市仲裁委员会开庭审理后作出裁决书（以下简称一号裁决），裁决要求 A 公司向 B 公司支付部分服务费及承担仲裁费，不予支持 B 公司剩余其他仲裁请求。

一号裁决生效后，B 公司向乙市中级人民法院（以下简称乙市中院）申请强制执行。

2018 年 3 月 9 日，A 公司向甲市中级人民法院（以下简称甲市中院）提起申请撤销一号裁决，认为：（1）裁决事项超出了《服务协议》的约定范围，当事人间对该事项并无仲裁协议，该裁决应予撤销；（2）A 公司于 2015 年获得投资款的方式并非《服务协议》中约定的方式，故 B 公司并未提供服务不应获得服务费；（3）2015 年双方关系已恶化，不可能存在委托关系；（4）《服务协议》本身亦损害了国家利益及案外人丙、丁的利益，应

---

* 冼传乐，广东法制盛邦律师事务所合伙人律师。

属无效合同。

2018 年 7 月 7 日 A 公司又向乙市中院提起申请不予执行一号裁决（本案），理由为："裁决事项属于不可仲裁事项""一号裁决与仲裁庭此前作出的同类型案件裁决书大相径庭""裁决书适用法律错误""裁决书前后矛盾""损害国家利益和第三人利益""裁决事项超出了《服务协议》约定范围，当事人间无仲裁协议约定，仲裁庭无管辖依据""当事人间无委托关系却仍裁决 A 公司支付服务费，显失公平"。

2018 年 8 月 8 日乙市中院对本案作出中止审查的裁定。

甲市中院经审理认为：在诉争双方已协议选择由甲市仲裁委解决纠纷时，甲市仲裁委有权对案件事实争议作出认定。B 公司是否为 A 公司获得项目投资款提供了服务是仲裁庭依法行使仲裁权有权认定的事项，并不属于申请撤销仲裁裁决案件的司法审查范围。同时，案涉仲裁裁决内容仅支持了 B 公司的部分仲裁请求，要求 A 公司支付服务费仅涉及 A、B 公司双方的利益，与国家利益或社会公共利益无关。综上，依照《仲裁法》第 58 条、最高人民法院《关于适用〈中华人民共和国仲裁法〉若干问题的解释》第 17 条、《最高人民法院关于仲裁司法审查案件报核问题的有关规定》第 2 条规定，并经省高级人民法院审核，裁定驳回 A 公司的申请。

甲市中院作出裁定后，乙市中院对本案恢复审查。

二、法律分析

本案的争议焦点为仲裁裁决不予执行的司法审查理由。

《仲裁法》第 3 条列明了本案应当进行司法审查的范围："下列纠纷不能仲裁：（一）婚姻、收养、监护、扶养、继承纠纷；（二）依法应当由行政机关处理的行政争议。"本案涉及的是服务合同纠纷，不属于法律规定不可仲裁的事项，申请人 A 公司亦无证据证明涉案仲裁裁决事项属于所适用仲裁规则规定不可仲裁的事项，故乙市中院对其请求不予采纳。

本案中，申请人 A 公司提出的 B 公司未提供服务不应获得服务费、《服务协议》损害案外人丙丁的利益以致协议无效、仲裁裁决前后矛盾、适用法律错误等问题，实际是涉及仲裁案件事实的认定及实体问题的处理，均不属于申请不予执行仲裁裁决的法定事由，故乙市中院不作审查认定。

关于A公司主张一号裁决的事项超出仲裁协议约定的仲裁范围及损害国家利益的问题。根据最高人民法院《关于适用〈中华人民共和国仲裁法〉若干问题的解释》第26条规定“当事人向人民法院申请撤销仲裁裁决被驳回后，又在执行程序中以相同理由提出不予执行抗辩的，人民法院不予支持”。本案中，申请人A公司以涉案仲裁裁决事项超出仲裁协议约定仲裁范围及损害国家利益等为由向甲市中院申请撤销仲裁裁决被驳回后，在执行程序中又以相同理由提出不予执行的抗辩，根据前述法律规定，乙市中院不予支持。

三、处理结果

乙市中院裁定驳回A公司的不予执行仲裁裁决的申请。

四、案例点评

（一）仲裁裁决不予执行有其严格的司法审查范围

本案中，A公司在向法院申请撤销仲裁裁决及申请不予执行仲裁裁决时均罗列了数项理由，但根据《民事诉讼法》第237条第2、3款规定：“被申请人提出证据证明仲裁裁决有下列情形之一的，经人民法院组成合议庭审查核实，裁定不予执行：（一）当事人在合同中没有订有仲裁条款或者事后没有达成书面仲裁协议的；（二）裁决的事项不属于仲裁协议的范围或者仲裁机构无权仲裁的；（三）仲裁庭的组成或者仲裁的程序违反法定程序的；（四）裁决所根据的证据是伪造的；（五）对方当事人向仲裁机构隐瞒了足以影响公正裁决的证据的；（六）仲裁员在仲裁该案时有贪污受贿，徇私舞弊，枉法裁决行为的。人民法院认定执行该裁决违背社会公共利益的，裁定不予执行。”此规定已明确了审查不予执行仲裁裁决案件的范围。除了审查最后一项是否违背社会公共利益时，法官具有较大的自由裁量空间，前六项法定理由均有明确的审查标准，且更多是对仲裁裁决进行程序性的审查。本案中，A公司提出的B公司并未为其获得的股权投资项目提供服务、B公司无权获得服务费、仲裁庭滥用公平原则、适用法律错误等问题，实际是其对仲裁庭认定的案件事实和作出的裁决结果不服，但并不构成申请不予执行仲裁裁决的法定事由。

（二）申请撤销仲裁裁决后不能以相同理由申请不予执行仲裁裁决

根据最高人民法院《关于适用〈中华人民共和国仲裁法〉若干问题的解释》第26条规定“当事人向人民法院申请撤销仲裁裁决被驳回后，又在执行程序中以相同理由提出不予执行抗辩的，人民法院不予支持”。申请撤销仲裁裁决程序与不予执行仲裁裁决程序虽不互斥，但并非无限制条件。前述法律明确规定不能以相同理由提出抗辩。A公司向甲市中院、乙市中院提出申请时，均提出一号裁决事项属于超裁以及损害了国家利益为理由之一，该两项理由虽然是属于法定的司法审查范围，但因甲市中院已作出了驳回的裁定，故乙市中院按法律规定直接作出不予支持的处理。

（三）社会公共利益理解趋向保护的是不特定主体之利益

仲裁裁决是否违背社会公共利益是法院主动依职权审查的一项事由，对于何为社会公共利益目前尚未有明确的法律法规进行规定，但在司法实践中，可见理解趋向的是指保护不特定主体之利益或公共秩序，包括违反国家法律法规、违反社会善良风俗或危害国家及社会公共安全等情形，涉及的是社会公众的利益，具有普遍性也是参考标准之一。在（2018）京04民特250号案中，北京四中院认为：“社会公共利益是关系到全体社会成员的利益，为社会公众所享有，为整个社会发展存在所需要，具有公共性和社会性，不同于合同当事人的利益。涉案合同系民事主体自愿订立，其内容未违反法律和行政法规的强制性规定，合同双方为公司，涉案争议为合同约定的工程款等相关事项，应为合同法约束下的关于平等民事主体间的合同争议，本案处理结果仅影响合同当事人，不涉及社会公共利益。”本案的争议亦是涉及A公司与B公司两平等民事主体间的合同纠纷，并不涉及社会不特定多数人的利益，故A公司的请求未得到支持。

仲裁类 · 实体篇

抵押财产转让与抵押权的追及力问题

——兼论《民法典》第406条的法律适用

彭赫威*

一、抵押物转让规则的沿革

抵押财产的转让，是指在抵押权设定后，抵押人将已经设定抵押的标的物转让给第三人，由此涉及不同主体之间的利益安排与选择问题。实践中，抵押财产转让必然牵扯多方主体的利益调整，极易产生争议，故而抵押财产的转让一直是抵押制度中的一项核心内容。

我国对于抵押物转让的法律规范经历了不同阶段的认识和变化。抵押物转让规则最早在《民法通则意见》（现已失效）中规定，后经历一代代法律人的探索，相关条文历经《担保法》《担保法解释》《物权法》的演变，最后被《民法典》吸收整合并形成现行有效的法律规范。要准确理解该规则，必须要全面了解相应条文的沿革。

抵押权作为物权，应当具有追及力等物权效力，但不论在《担保法》还是《物权法》中，均未承认抵押权具有追及力，因此，均规定抵押人处分抵押财产须征得抵押权人的同意，由此导致实务中出现了一系列问题，如未经抵押权人同意转让抵押财产是否有效，以及抵押权人同意转让是否导致抵押权消灭等问题。①

对在抵押期间内抵押人转让抵押财产是否必须征得抵押权人的同意，司

---

* 彭赫威，广东胜伦律师事务所律师。

① 江必新：《中华人民共和国民法典适用与实务讲座》（上），人民法院出版社2020年版，第256页。

法界主流观点形成了“限制转让说”与“自由转让说”，其背后是对于限制抵押财产转让法理基础以及对于倾向保护主体的认识变化。《民法通则意见》出台时，司法实践采“绝对限制转让说”。到了《担保法》及《担保法解释》出台时，司法实践观点开始偏向于采“自由转让说”。在《物权法》出台之后，《物权法》第191条改变了《担保法解释》第67条所确立的抵押财产“自由转让说”，回归到了“限制转让说”中。《民法典》第406条并未继续沿袭此前不承认抵押权具有追及力，对抵押财产转让的规则作出不同于《物权法》的规定，在承认抵押权具有追及力的基础上，允许抵押人无须经过抵押权人同意即可转让抵押财产，回归了“物尽其用”的基本原理。

二、法律规范变化沿革

法律规范	具体条文	核心观点
《关于贯彻执行〈中华人民共和国民法通则〉若干问题的意见（试行）》（1988年）	115. 抵押物如由抵押人自己占有并负责保管，在抵押期间，非经债权人同意，抵押人将同一抵押物转让他人，或者就抵押物价值已设置抵押部分再作抵押的，其行为无效。债务人以抵押物清偿债务时，如果一项抵押物有数个抵押权人的，应当按照设定抵押权的先后顺序受偿	未经抵押权人同意，转让抵押财产无效
《担保法》（1995年）	第49条　抵押期间，抵押人转让已办理登记的抵押物的，应当通知抵押权人并告知受让人转让物已经抵押的情况；抵押人未通知抵押权人或者未告知受让人的，转让行为无效。 转让抵押物的价款明显低于其价值的，抵押权人可以要求抵押人提供相应的担保；抵押人不提供的，不得转让抵押物。 抵押人转让抵押物所得的价款，应当向抵押权人提前清偿所担保的债权或者向与抵押权人约定的第三人提存。超过债权数额的部分，归抵押人所有，不足部分由债务人清偿	1. 未通知或者未告知转让无效 2. 抵押人不提供相应担保，不得转让抵押物 3. 抵押物转让价款应提前清偿或提存

续表

法律规范	具体条文	核心观点
最高人民法院《关于适用〈中华人民共和国担保法〉若干问题的解释》(2000年)	第67条　抵押权存续期间，抵押人转让抵押物未通知抵押权人或者未告知受让人的，如果抵押物已经登记的，抵押权人仍可以行使抵押权；取得抵押物所有权的受让人，可以代替债务人清偿其全部债务，使抵押权消灭。受让人清偿债务后可以向抵押人追偿。 如果抵押物未经登记的，抵押权不得对抗受让人，因此给抵押权人造成损失的，由抵押人承担赔偿责任	1. 已登记的抵押权具有追及力 2. 已取得抵押物的受让人可以替代债务人清偿全部债务以使抵押权消灭（涤除权）
最高院公报案例：百花公司诉浩鑫公司买卖合同纠纷案（2005年）载《最高人民法院公报》2006年第3期	二审法院认为：……关于第五点。担保法第一条开宗明义地规定："为促进资金融通和商品流通，保障债权的实现，发展社会主义市场经济，制定本法。"这是担保法的立法目的。该法第四十九条第一款虽然规定抵押人未履行通知、告知义务的转让行为无效，但是第二款、第三款还规定"转让抵押物的价款明显低于其价值的，抵押权人可以要求抵押人提供相应的担保；抵押人不提供的，不得转让抵押物"，"抵押人转让抵押物所得的价款，应当向抵押权人提前清偿所担保的债权或者向与抵押权人约定的第三人提存。超过债权数额的部分，归抵押人所有，不足部分由债务人清偿"。纵观担保法第四十九条可以看出，此条并非剥夺抵押人对抵押物的转让权，而是要保障抵押权人享有的债权能够实现。 法律确立公民、法人和其他组织的权利与义务，建立和规范社会秩序，最终体现的是国家整体利益。公民、法人和其他组织在法律面前一律平等。任何公民、法人和其他组织都享有法律规定的权利，同时必须履行法律规定的义务，都应当从立法本意上去理解和遵守法律，不能断章取义地利用法律。能够援引担保法第四十九条第一款的规定来主张转让行为无效的，应当是合法权益受到损害的抵押权人或者受让人。是否行使这一权利，应当由抵押权人或者受让人决定。在担保法第四十九条中，抵押人只有通知、告知、提供相应担保、清偿担保债权等义务，没有据以起诉抵押权人或者受让人的权利。只要抵押人本着诚信原则，依法履行这些义	立法目的是保障抵押权人享有的债权能够实现，并无剥夺抵押人转让抵押物之意

续表

法律规范	具体条文	核心观点
最高院公报案例：百花公司诉浩鑫公司买卖合同纠纷案（2005年）载《最高人民法院公报》2006年第3期	务，他人合法权益就不会受到侵害，从而也不会发生纠纷。作为抵押人，上诉人雪清公司在转让抵押财产时不履行法定的通知、告知义务，转让抵押财产后，仍然不履行清偿债权的义务，却执意援引担保法第四十九条第一款来主张转让无效，以达到依法不应达到的毁约目的，其行为不是维护法律。只要抵押权能消灭，无论是在消灭前还是消灭后提起本案诉讼，雪清公司的诉讼请求均不应满足	
《物权法》（2007年）	第191条　【抵押期间转让抵押财产】抵押期间，抵押人经抵押权人同意转让抵押财产的，应当将转让所得的价款向抵押权人提前清偿债务或者提存。转让的价款超过债权数额的部分归抵押人所有，不足部分由债务人清偿。 抵押期间，抵押人未经抵押权人同意，不得转让抵押财产，但受让人代为清偿债务消灭抵押权的除外。	1. 未经抵押权人同意，不得转让抵押财产 2. 受让人可以替代债务人清偿全部债务以使抵押权消灭
最高院公报案例：重庆索特盐化股份有限公司与重庆新万基房地产开发有限公司土地使用权转让合同纠纷案【案号：（2008）民一终字第122号】（2008年）载《最高人民法院公报》2009年第4期	二审法院认为："……首先，根据《担保法》第四十九条的规定，抵押期间抵押人转让抵押物应当通知抵押权人，否则转让行为无效；《物权法》第一百九十一条亦规定抵押期间转让抵押物须经抵押权人同意。其立法目的是确保抵押权人的利益不受侵害。但《担保法司法解释》第六十七条和《物权法》第一百九十一条也规定，未经通知或者未经抵押权人同意转让抵押物的，如受让方代为清偿债务消灭抵押权的，转让有效。即受让人通过行使涤除权涤除转让标的物上的抵押权负担的，转让行为有效。上述法律和司法解释的规定体现了相关立法和司法解释的指导思想是要在抵押权人和抵押人、受让抵押标的物的第三人之间实现利益平衡，既充分保障抵押权不受侵害，又不过分妨碍财产的自由流转，充分发挥物的效益。"	1. 未经抵押权人同意，不得转让抵押财产，除非受让人行使涤除权 2. 再次明确法律既充分保障抵押权不受侵害，又不过分妨碍财产的自由流转

续表

法律规范	具体条文	核心观点
《最高人民法院办公厅关于印发〈全国民事审判工作会议纪要〉的通知》（2011年）	（一）关于合同效力问题 ……物权法第一百九十一条第二款并非针对抵押财产转让合同的效力性强制性规定，当事人仅以转让抵押房地产未经抵押权人同意为由，请求确认转让合同无效的，不应予以支持。受让人因抵押登记未涂消无法办理物权转移登记而请求解除合同的，可予以支持；受让人要求转让人承担相应民事责任的，应考虑当事人的过错程度等因素进行处理。 转让人转让登记在其个人名下的房地产不符合法律规定或者当事人约定转让条件的，如果受让人是善意，且支付了合理对价并已经办理了房地产转移登记手续，可以依据物权法第一百零六条第一款的规定处理	1. 区分评价合同和行为效力：未经抵押权人同意，转让合同有效 2. 保护善意的受让人
全国民事审判工作会议纪要（2015年4月征求意见稿）（2015年）	25. 物权法第一百九十一条第二款并非针对抵押财产转让合同的效力性强制性规定，当事人仅以转让抵押房地产未经抵押权人同意为由，请求确认转让合同无效的，一般不予支持。受让人因抵押登记未涂销无法办理物权转移登记而请求解除合同的，可予以支持；受让人要求转让人承担相应民事责任的，应当综合考虑当事人过错程度等因素进行处理	区分评价合同和行为效力：未经抵押权人同意，转让合同有效
第八次全国法院民事商事审判工作会议（民事部分）纪要（2016年）	14. 物权法第一百九十一条第二款并非针对抵押财产转让合同的效力性强制性规定，当事人仅以转让抵押房地产未经抵押权人同意为由，请求确认转让合同无效的，不予支持。受让人在抵押登记未涂销时要求办理过户登记的，不予支持	区分评价合同和行为效力：未经抵押权人同意，转让合同有效
《民法典物权编草案第一、第二次审议稿》（2018—2019年）	第197条　抵押期间，抵押人转让抵押财产的，应当通知抵押权人。当事人另有约定的，按照其约定。抵押财产转让的，抵押权不受影响。 抵押权人能够证明抵押财产转让可能损害抵押权的，可以请求抵押人将转让所得的价款向抵押权人提前清偿债务或者提存。转让的价款超过债权数额的部分归抵押人所有，不足部分由债务人清偿	1. 明确抵押权的追及力，转让抵押财产，抵押权不受影响 2. 当事人另有约定，从其约定

续表

法律规范	具体条文	核心观点
《民法典》（2019 年）	第 406 条　【抵押财产的转让】抵押期间，抵押人可以转让抵押财产。当事人另有约定的，按照其约定。抵押财产转让的，抵押权不受影响。 抵押人转让抵押财产的，应当及时通知抵押权人。抵押权人能够证明抵押财产转让可能损害抵押权的，可以请求抵押人将转让所得的价款向抵押权人提前清偿债务或者提存。转让的价款超过债权数额的部分归抵押人所有，不足部分由债务人清偿	1. 明确抵押权的追及力，转让抵押财产，抵押权不受影响 2. 当事人另有约定，从其约定
《最高人民法院关于适用〈中华人民共和国民法典〉有关担保制度的解释》（2020 年）	第 43 条　当事人约定禁止或者限制转让抵押财产但是未将约定登记，抵押人违反约定转让抵押财产，抵押权人请求确认转让合同无效的，人民法院不予支持；抵押财产已经交付或者登记，抵押权人请求确认转让不发生物权效力的，人民法院不予支持，但是抵押权人有证据证明受让人知道的除外；抵押权人请求抵押人承担违约责任的，人民法院依法予以支持。 当事人约定禁止或者限制转让抵押财产且已经将约定登记，抵押人违反约定转让抵押财产，抵押权人请求确认转让合同无效的，人民法院不予支持；抵押财产已经交付或者登记，抵押权人主张转让不发生物权效力的，人民法院应予支持，但是因受让人代替债务人清偿债务导致抵押权消灭的除外	1. 明确禁止或者限制转让的约定不影响转让合同的效力 2. 约定禁止转让且已登记的，转让不发生物权效力，除非受让人行使涤除权
《民法典担保制度司法解释系列解读之四"关于担保物权"部分重点条文解读》（2021 年）	二、关于抵押财产转让。 一是明确禁止或者限制转让的约定不影响转让合同的效力。民法典第 406 条在允许抵押人自由转让抵押财产的同时，规定"当事人另有约定，按照其约定"。根据区分原则，无论当事人关于限制或者禁止抵押物转让的约定是否登记，都不应影响抵押财产转让合同的效力。 二是明确禁止或者限制转让的约定经登记的，具有对抗效力。在限制或者禁止抵押物转让的约定已经登记的情形下，如果抵押人将抵押财产转让给他人且已经办理了过户登记，抵押权人主张抵押物所有权变动无效的，人民法院应予支持。之所以作此种规定，是因为在我国当前，抵押权的追及力实	1. 明确抵押权的追及力 2. 赋予经登记的限制或者禁止转让的约定以类似于预告登记的效力，有条件地否定转让行为的物权效力

续表

法律规范	具体条文	核心观点
《民法典担保制度司法解释系列解读之四"关于担保物权"部分重点条文解读》（2021年）	际上受到很多限制，如买受人在受让已经设立的抵押房屋后，如该房屋是买受人及其所扶养家属生活所必需的居住房屋，人民法院就不得拍卖、变卖，这就损害了抵押权人的利益。为落实民法典有关保护抵押权人利益的精神，有必要通过赋予经登记的限制或者禁止转让的约定以类似于预告登记的效力，从而有条件地否定转让行为的物权效力。这样规定的另一个理由是，民法典第406条规定的情形发生纠纷的多是不动产交易。不动产买受人购买不动产时应当查询不动产是否已经抵押登记。如限制或者禁止转让的约定已经依法登记，其查询时自然也应知道。最后一个理由是，在与自然资源部不动产登记局进行沟通的过程中，我们获知在民法典施行后，"是否存在禁止或限制转让不动产的约定"将是不动产登记簿上可以登记的事项，因而具有可操作性。 需要注意的是，对消费者进行特殊保护是长期以来坚持的一项司法政策，在作为消费者的购房人从房地产开发商处购买商品房的情况下，关于抵押权人能否向购房人主张权利，以及购房人能否排除抵押权人申请的强制执行等问题，根据司法解释的分工，将由其他司法解释进行规定，本解释未予涉及	

三、抵押财产转让制度的价值目标

（一）关于抵押财产转让

对于抵押财产转让这一问题，理论界研究集中到了对抵押物转让合同效力的评析与解释之上，主要围绕司法实践中争议较大、对当事人利益影响也较大的"未经抵押权人同意转让抵押财产的效力"展开，以抵押权人之利益保护为出发点，相关问题涉及抵押权的追及效力、物上代位性、涤除权等制度展开的研究。

从司法实践中当事人所争议的问题可见，有关抵押权人、抵押人以及受让人的不同利益，均是围绕"物的利用"所展开。围绕该核心，针对抵押财产转让制度而言，其价值目标可以概括为：一是实现“物尽其用”的价值目标；二是在抵押权人与受让人之间实现利益平衡。

首先，实现“物尽其用”是制定该法律制度的价值目标。原《物权法》第1条“发挥物的效用”的规定即是“物尽其用”观念的体现，换言之，法律规定对所有权的保护，其目的在于对物的利用而非对物的所有，最大限度地发挥“物”的交换价值和使用价值。因此，“物尽其用”的意义不仅在于转让本身，还要赋予更多的市场流动性价值。

其次，保障抵押权人的利益是抵押制度设立的根本目的。除了要达到物尽其用的要求，抵押财产转让还要实现当事人之间的利益平衡。通常来说，从抵押权人的角度出发，抵押财产转让有两种模式：一种是价金的物上代位，通过牺牲抵押人对价金的支配来保障抵押权人，由受让人获得抵押物的所有权。另一种是承认抵押权的追及效力，通过牺牲受让人的所有权来保障抵押权人抵押权的实现，受让人利益的损失通过向抵押人追偿获得弥补。[①]

（二）承认抵押权的追及力

抵押权的追及力，其表现为在抵押人将抵押物转让他人的情况下，抵押权人可以向受让人主张抵押权，即受让人取得的是有抵押权负担的财产。从法理上说，设定抵押权，只是在抵押物上设定了权利负担，并未改变抵押物本身的物权归属。抵押人作为抵押物的所有权人，仍然享有对抵押物的支配权，显然包括转让处分抵押物的权利。因此，若以抵押物上设定了抵押权而限制抵押人对抵押物进行转让，法理依据不足，对抵押人不公。从司法实践来看，抵押人转让抵押物所得的价款可用于清偿债务，减少了抵押权实现通常借助司法拍卖、变卖的变现成本，有利于抵押权人实现权利。即便转让所得价款不足以清偿债务，抵押权人还通过行使追及力的方式向受让人主张抵押权或让抵押人补足差价来实现债权。

在《民法典》出台前，除了《担保法解释》第67条略有提及追及力问

---

① 梁上上、贝金欣：《抵押物转让中的利益衡量与制度设计》，载《法学研究》2005年第4期。

题之外，其他法律规范均未承认抵押权具有追及力，只是在对抵押人转让抵押物的限制条件上所有区别[①]。此次《民法典》第 406 条并未继续沿袭此前《物权法》的规定[②]，而是在承认抵押权具有追及力的基础上认可抵押人有权转让抵押财产。同时，第 406 条也借鉴和吸收了《担保法》《担保法解释》《物权法》的相关内容，对提前清偿债务或提存进行了规定，同时明确了适用的前提——抵押权人能够证明抵押财产转让可能损害抵押权。对于《民法典》对“当事人另有约定”这一情形预留的空间，《〈民法典〉有关担保制度的解释》第 43 条吸收此前司法实践的意见，明确禁止或者限制转让的约定不影响转让合同的效力，但通过区别受让人是否善意评价转让是否发生物权变动，并赋予受让人行使涤除权使得抵押权消灭的权利。

四、《民法典》第 406 条的法律适用

《民法典》第 406 条规定：“抵押期间，抵押人可以转让抵押财产。当事人另有约定的，按照其约定。抵押财产转让的，抵押权不受影响。抵押人转让抵押财产的，应当及时通知抵押权人。抵押权人能够证明抵押财产转让可能损害抵押权的，可以请求抵押人将转让所得的价款向抵押权人提前清偿债务或者提存。转让的价款超过债权数额的部分归抵押人所有，不足部分由债务人清偿。”

（一）抵押人有权处分抵押财产

抵押权人取得的是抵押财产的物上权利，而抵押人是抵押财产的所有权人。可见，抵押人自然有权处分抵押财产，一般情况下无须抵押权人同意。

（二）抵押权人与抵押人另有约定的例外

若抵押权人与抵押人约定抵押财产未经抵押权人同意不得转让，根据意

---

① 《担保法解释》第 67 条分两款进行解释，区分已登记的抵押权和未登记的抵押权，规定了已登记的抵押权具有追及效力，已经取得抵押物的所有权人享有涤除权。

② 《物权法》第 191 条并未完全沿袭担保法及担保法司法解释的规定，在一定程度回到了民法通则意见的规定，抵押人未经抵押权人同意不得转让抵押财产，但对同意或不同意的法律效果又未进一步明确。

思自治原则，该种约定在合同相对人之间有效，但不得对抗善意第三人。换言之，即便在有约定的情况下，根据区分原则，抵押人未经抵押权人同意向善意买受人转让了抵押财产，无权处分的抵押人与买受人签订的转让合同效力不受影响。抵押权人可以另行向抵押人主张违约赔偿责任。对于如何区分买受人是否善意，《〈民法典〉有关担保制度的解释》作了进一步规定，即当事人约定禁止或者限制转让抵押财产且已经将约定登记，该约定具有对世对抗效力。在此情况下，买受人知悉或应当知悉抵押权人与抵押人的禁止性约定仍然受让财产，难以认定其为不知情的买受人。由于买受人取得的是有权利负担的抵押财产，在其不行使涤除权的情况下，抵押权人有权主张转让不发生物权效力。

（三）涤除权的行使条件

《民法典》第406条本身没有规定涤除权问题，《〈民法典〉有关担保制度的解释》对此进一步明确。对于已经取得抵押财产所有权的受让人（该抵押财产具有权利负担），若抵押权人行使追及力，受让人可以代替债务人清偿债务以消灭抵押权。抵押财产所得的价款可以用于清偿债务，有利于抵押权人实现权利。

（四）抵押人的通知义务

通说认为，通知在义务上属于附随义务。即便抵押人未尽通知义务，也不影响合同效力，这与《担保法》规定的法律后果——转让行为无效完全不同。

（五）根据抵押权是否已经进行登记予以区别对待

已登记的抵押权可以对抗买受人，抵押权人可以根据抵押权的追及力向买受人主张权利。换言之，未经登记的抵押权，善意买受人可以取得无权利负担的抵押财产所有权。

（六）在转让行为损害了抵押权的情况下才可以提前清偿及提存

不同于《担保法》第49条和《物权法》第191条，《民法典》第406

条认可抵押财产可以自由转让，抵押权人通过行使追及力即可保障其权利实现。除非抵押权人能够证明转让行为影响了抵押权的实现（如动产抵押已设立但未登记），抵押权人才可以要求提前清偿或提存。

保险法上说明义务之新探讨

高　蔚*

传统上，保险人说明义务最重要的理论基础为最大诚信原则。最大诚信原则的产生是出于保险人约束投保人的需要，故该原则在保险实务中，主要表现为投保人法定义务，至于保险人缔约义务，各国保险立法却鲜有规定。① 为此，我国《保险法》根据最大诚信原则之精神，创造性地确立了保险人说明义务，其目的在于保证法律关系中的投保人也能获得自己应得之利益，从而达到利益平衡。问题在于，传统最大诚信原则过度规范与调整投保人法定义务，忽略了保险人说明义务，使得保险人与投保人利益关系失去平衡，而导致许多对保险消费者不公平的结果。由于保险是经营信息的行业，保险契约的实质乃风险信息之交换，一般消费者相对于保险人处于信息不对等之地位；因保险契约之专业性、复杂性，且大部分保险契约都很长，而且其中有的术语或条款只有律师才能理解，纵使投保人认真、仔细研读保单，亦未能了解保险条款、费率的目的和意义。② 此外，随着大数据云计算时代、互联网金融时代的来临，以及医疗技术的革新尤其是基因技术与健康物联网技术的突破性发展，使得我们达到了历史上罕见的单向透明，③ 即投保人面对于保险人几乎透明化，俨然鲜有秘密可言，交易双方具有严重的信息不对称，影响消费者之权益。

正是基于上述原因，近年来，保险人说明义务规范受到极大的挑战，保

* 高蔚，广东南国德赛律师事务所律师，法学硕士。

① 贾林青：《保险法》，中国人民大学出版社 2017 年版，第 71 页。

② 齐瑞宗、肖志立编著：《美国保险法律与实务》，法律出版社 2005 年版，第 34 页。

③ 王安：《投入大数据笑了自己》，载《经济观察报》2014 年 11 月 3 日，第 50 版。

护保险消费者的精神受到重视。保险消费者保护原则意味着承认消费者的有限理性与保险契约之缺陷，改变消费者于保险交易市场信息困境的局面，通过具体机制的设置与完善，使得消费者能够运用其契约自由的地位，确保其自主决定权利及自我负责义务，实现私法自治，维护双方利益。在此背景之下，本文从加强保险消费者保护原则的角度出发，结合域外保险立法及司法的最新研究与实践成果，来重新探讨我国有关保险人说明义务的具体规定，以期有所裨益。

一、说明义务的履行方式

一般来说，保险人履行说明义务之方式可以采取口头说明与书面说明两种方式，我国《保险法》第 17 条对于保险人说明义务之履行方式并无明文规定，因此，无论采用书面、口头或其他方式使得投保人理解保险契约之内容即可。我国台湾地区“金融消费者保护法”第 10 条第 2 款规定，前项金融服务业务对金融消费者进行说明及揭露，应以金融消费者能充分了解方式为之。本条规定就说明及揭露之形式要件并未加以规定，解释上包括保险人在内的金融服务者，得以口头或书面方式履行其说明风险揭露义务。依我国台湾地区“金融服务业提供金融商品或服务前说明契约重要内容及揭露风险办法”第 8 条规定：金融服务业依法令规定得以电话营销提供金融商品或服务并采取在线成交者，依本办法规定应说明或揭露事项，得由电话营销人员以电话说明方式为之。并参照最高人民法院《关于适用〈中华人民共和国保险法〉若干问题的解释（二）》（以下简称《保险法司法解释（二）》）第 12 条的规定，足见口头说明亦为法律所容许的方式之一。

按照美国《纽约州保险法》第 3102 条（C）款要求保险契约之书面应具易读性与可了解性。[①] 法国《保险法》第 L112－2 条就非海上保险规定，保险人于契约订立前，应提供有关保险费及承保范围之书面信息于投保人。欧洲《保险契约法重述》第 2：201 条规定保险人于契约订定前应负有提供文件之义务，并规定保险人所提供之投保书应载明相关重要事项。以及英国

① 罗俊玮：《最大诚信原则于海上保险契约之适用》，台湾政治大学 2010 年博士学位论文。

法与德国法之规定，为避免发生履行义务的争议，在保险交易上似以书面履行为常态；即便采取电话行销之方式，实务上多采电话录音之方式留存履行信息提供义务之记录；另如德国法之规定，电话、网络等行销方式，因其特殊性，保险人仍须在契约订立之后，不迟延地补行提供法定信息，以文字形式提供。

目前，我国保险行业乱象丛生、行业形象不佳、生态环境恶劣。因前述之保险行业状况，并借鉴域外法之规定，本文认为保险人履行信息提供义务之方式应以书面方式为主，并辅以口头方式。一方面，书面方式在发生纠纷时易于举证，而且内容通常比较精确和完整[①]；另一方面，在商法领域，虽然也强调合同自由，但对于合同性商行为，在大多数情况下则采取了要式主义的要求[②]。但因，保险契约之专业性、复杂性等，投保人难以有足够专业能力理解相关书面内容，故有必要以口头方式予以解释与说明，从而辅助投保人理解保险契约之内容。关于保险人口头解释与说明的履行方式，可以分为两个层次：

1. 主动明确说明与被动详尽回答

保险人应就保险契约中重要事项主动明确说明，因投保人对于保险人预先拟定之条款并不熟悉，亦无与保险人磋商之机会。投保人系较为弱势，故凡影响投保人权利之行使与决定投保与否，或违反契约之不利法律效果等重要事项，应对投保人主动明确说明。在李某诉某保险股份有限公司河南省分公司案[③]与汪某诉某保险股份有限公司北京分公司案[④]中，法院认为即使在投保单、保险单或者其他保险凭证中通过专门的提示书或免责部分字体加粗加大以提示投保人关注该部分，但其业务员仍应以书面或口头形式对投保人进行明确说明，否则承担不利后果。关于保险人之回答询问，系指保险人对投保人所询问之问题应详细解释说明，我国《消费者权益保护法》第20条

① 汪华亮：《保险合同信息提供义务研究》，中国政法大学出版社2011年版，第153页。

② 覃有土主编：《商法学》（第3版），高等教育出版社2012年版，第31页。

③ 李某诉某保险股份有限公司河南省分公司案，河南省中牟县人民法院（2010）牟民初字第213号民事判决书。

④ 汪某诉某保险股份有限公司北京分公司案，北京市大兴区人民法院（2012）大民初字第1198号民事判决书。

第2款已规定了经营者对于消费者的询问，应作出真实、明确的答复，可予以参考。此义务之履行具有双重意义：（1）协助投保人更了解保险契约条款内容及重要事项；（2）作为保险人信息提供义务履行与否之判断标准。保险人虽对投保人就契约条款重要内容已为详细解释与说明，惟投保人是否能充分了解，则属主观感受，难以就客观事实为判断。课以保险人被动详尽回答之义务，将主动权赋予投保人一方，可让其根据自己的需求有针对性地深入了解信息，更好地实现保险之目的。[①] 为免日后纷争，投保人若对于保险人主动明确说明之重要事项未完全了解时，得向保险人继续提问，否则应承担不利益，日后不得主张保险人未尽信息提供义务而请求损害赔偿。

2. 保险人之合理提醒

保险人之合理提醒，系指保险人应以合理方式提醒消费者注意保险单特别表示之重要条款和自行阅读其他保险人未说明之条款。若投保人于自行阅读保险契约时，遇有不明了或异议时，应立即询问保险人，以确保权利不受侵害。

二、说明义务的履行标准

依我国台湾地区“金融服务业提供金融商品或服务前说明契约重要内容及揭露风险办法”第3条之规定原则，[②]《保险法司法解释（二）》第11条和第12条的规定，以及参照德国《保险契约法》第7条第1款的规定，本文认为说明义务应坚持全面、真实、准确、及时、有效的原则，采用理性社会人[③]的标准，以投保人的确实理解为目标，通过客观与主观、实质与形

---

① 杨茂：《完善我国保险人明确说明义务的法律思考》，载《现代法学》2012年第2期。

② 我国台湾地区“金融服务业提供金融商品或服务前说明契约重要内容及揭露风险办法”第3条规定：“金融服务业说明金融商品或服务契约之重要内容及揭露风险，应遵守下列基本原则：一、应本于诚实信用原则，并以金融消费者能充分了解之方式为之。二、任何说明或揭露之信息或数据均须正确，所有陈述或图表均应公平表达，并不得有虚伪不实、欺诈、隐匿或足致他人误信之情事，上述信息或数据应注记日期。三、销售文件之用语应以中文表达，并力求浅显易懂，必要时得附注文件。四、所有销售文件必须编印页码或适当方式，俾供金融消费者确认是否已接收完整讯息。”

③ 席怡、宋殿清：《理性社会人视角——可持续城市化道路的新动力》，载《技术与创新管理》2011年第6期。

式相结合的模式，从而最大限度地实现保险双方之利益。具体言之：（1）所谓理性社会人之标准，乃指保险人条文设计、产品开发等方面，所追求的是有限资源条件下社会整体利益的最大化，因此从源头上其保险产品就应兼顾保险人、投保人等个体利益与大众、整体利益的均衡发展，从而真正实现维护社会经济秩序和社会公共利益的价值目标。（2）关于投保人的理解，采取普遍与特殊的区分，对于一般的投保人采取客观理解的标准；而针对于特殊群体则采取投保人的主观理解标准。（3）形式上坚持告知后同意的原则，通过书面方式，清晰、简单、明了、有条理地提供条款文本，以投保人的自愿同意且签字为前提，认定保险人实际履行说明义务。例如，李某、李某侠等诉王某强、吴某民等机动车交通事故责任纠纷案①中，二审法院认为相关投保单中有关投保人声明处的签名均非吴某民本人所签，也无证据证明为经吴某民授权的委托人所签，应当认定保险公司未对免责条款进行提示，未履行法定义务，其主张免责，依据不足，法院不予支持；屈某某诉某保险股份有限公司蚌埠市分公司一案②中，从“直通车”机动车保险条款行文来看，该条款在“责任免除”部分使用加黑字体，与其他部分形成了较强的视觉对比，起到着重说明的效果，该部分字体的特殊处理，足以引起投保人对此施加更多的注意与详细的阅读，原告在投保单签名的位置处于“投保人声明”一栏下，而该声明显示原告在投保时已对保险契约条款，特别是保险人免责条款进行了理解并同意上述内容，保险人不承担相应责任。实质上坚持适合性原则，以文字之方式、传递之渠道、说明与回答之语言及方式等，都应适合投保人之理解及注意，真实明了产品之特性与功能，实现自由的选择。例如，西峡县华龙通商用汽车运输有限责任公司诉中国人民财产保险股份有限公司西峡支公司、中国人民财产保险股份有限公司南阳市高新技术产

---

① 李某、李某侠等诉王某强、吴某民等机动车交通事故责任纠纷案，浙江省金华市中级人民法院（2014）浙金民终字第455号民事判决书。

② 屈某某诉某保险股份有限公司蚌埠市分公司纠纷案，安徽省蚌埠市禹会区人民法院（2013）禹民二初字第00313号民事判决书。

业开发支公司一案[1]中，保单中“投保声明”部分的内容系保险人提前打印好的格式条款，其字体也与其他内容的字体一致，起不到引起原告注意的提示作用，保险条款中免责条款的字体并未明显大于其周围其他文字，也起不到引起原告注意的提示作用，保险人应承担不利的法律后果。（4）关于《保险法司法解释（二）》第 12 条所规定的网络、电话等特殊订约方式，参照德国法之规定，保险人仍须在契约订立之后，不迟延地补行提供法定信息，以使投保人能够在合理的时间内再次思考当初选择行为之适合性，从而维护自身权益；陈某、徐某诉某保险公司一案[2]，法院认定保险公司在保险手册中以格式条款的形式规定投保人激活保险单即视同全面阅读并完全理解和同意接受包括责任免除的全部内容，免除了保险人对免责条款的明确说明义务，应属无效，本文以为值得肯定；为此，本文认为此第 12 条之规定有待商榷。

另外，依德国《保险信息义务办法》第 1 条规定，保险人应提供事实上及法律上可辨识该保险业及为其代理人的透明信息，可统称为透明性要求。[3] 为此，在信息提供义务方面也应坚持公开透明化原则，以利投保人选择权之行使。如同诺贝尔奖得主 Joseph Stiglitz 所言，透明化可用于解决信息不对称的问题。倘所有当事人对于买入或卖出的标的皆有良好信息，使得其能精确地评估所进行的交易，则市场的运作将最有效率。当每一方皆评估所获得的比所失去的更多，因此，对双方皆创造了价值而导致一个更有效率市场的出现。然而，如前述，保险市场的运作并非如此，交易双方当事人之间存在显著信息不对称，市场权力的运作乃向保险人倾斜。因此，为了平衡保险人与投保人之间的权利义务关系，并为了使投保人的选择机制能够有效运作，应降低信息不对称，故保险人及其代理人的状况应加以充分透明化，

---

① 西峡县华龙通商用汽车运输有限责任公司诉中国人民财产保险股份有限公司西峡支公司、中国人民财产保险股份有限公司南阳市高新技术产业开发支公司案，河南省南阳市西峡县人民法院（2013）西民商金初字第 62 号民事判决书。

② 陈某、徐某诉某保险公司案，浙江省杭州市江干区人民法院（2010）杭江民初字第 1594 号民事判决书。

③ 叶启洲：《从德国保险人资讯义务规范论要保人之资讯权保障》，载《政大法学评论》2012 年第 126 期。

而使得投保人有充分的信息，以利其审慎地为最适切的决定。我国保险监督管理委员会（现已撤销）《关于加强保险消费者权益保护工作的意见》基本原则之一，即坚持公开透明，注重信息披露，加强透明度监管，及时、主动公开保险企业经营和政府监管中涉及消费者权益相关情况，为消费者的选择提供充分信息。再者，透明化的另一个关键性概念，即系可究责性。在透明的社会中，所有行为均是受监督的，倘有任何滥用或不当的行为者，则必须为其行为负责。①

三、说明义务的范围

由我国《保险法》《保险法司法解释（二）》《保险公司信息披露管理办法》等规定可知，保险人说明义务之范围不以契约内容为限，不仅为狭义之保险人说明义务范围，② 而应架构于保险缔约时之广义说明义务范围。依我国台湾地区“金融消费者保护法”第 10 条第 2 款规定，保险人说明义务之范围应包括但不限交易成本、可能之收益及风险等有关金融消费者权益之重要内容，其范围即采取广义之解释。

我国《保险法》第 17 条尚未特别就保险契约的重要内容与风险设有规定，参照我国台湾地区“金融服务业提供金融商品或服务前说明契约重要内容及揭露风险办法”第 5 条③之规定，并参酌保险之特性解释原则，可认为保险人于订约前对投保人负有说明义务之契约重要内容包括：（1）投保人对该保险契约之权利行使、变更、解除及终止之方式及限制。使得投保人能够及时、清楚、明了地行使自我权利，以维护自身利益。（2）保险人对

---

① Tal Z. Zarsky, *Thinking outside the Box: Considering Transparency, Anonymity, and Pseudonymity as Overall Solutions to the Problems of Information Privacy in the Internet Society*, 58 U. Miami L. Rev. 991, p. 997 - 999 (2004).

② 邹海林：《保险法教程》，首都经济贸易大学出版社 2002 年版，第 48 页。

③ 我国台湾地区“金融服务业提供金融商品或服务前说明契约重要内容及揭露风险办法”第 5 条规定：“金融服务业应依各类金融商品或服务之特性向金融消费者说明之重要内容如下：一、金融消费者对该金融商品或服务之权利行使、变更、解除及终止之方式及限制。二、金融服务业对该金融商品或服务之重要权利、义务及责任。三、金融消费者应负担之费用及违约金，包括收取时点、计算及收取方式。四、金融商品或服务有无受存款保险、保险安定基金或其他相关保障机制之保障。五、因金融服务业所提供之金融商品或服务所生纷争之处理及申诉之管道。六、其他法令就各该商品或服务所定应定期或不定期报告之事项及其他应说明之事项。”

该保险契约之重要权利、义务及责任。使得投保人能够知悉保险人在此保险契约中之具体权责，能够更好地监督或应对保险关系的变更，双方当事人彼此透明化，利于平衡。（3）投保人应负担之费用、违约金以及因保险契约所产生纠纷之处理与申诉之通道。有利于消费者了解自己在保险契约中的义务与责任并更好地履行合同，亦利于消费者及时解决纠纷，维护权益。（4）保险关系上之交易成本、可能之收益及风险。有利于消费者于市场中进行有效选择，寻找更适合自己的保险产品，并有利于保险市场的有效竞争，促进保险业的健康发展。

另外，欧盟于20世纪90年代颁布产、寿险第三代指令[①]，规定保险人于契约成立前应对投保人说明特定具体之公司信息与契约内容如下，以维护消费者知的权利（a well - informed consumer），顺应消费者保护之潮流。首先，对于所有险种：（1）保险人名称、地址、组织形态，以及经由分公司或办事处缔约者之分公司或办事处地址；（2）定型化契约条款，包括保险费率、管辖权与准据法条款；（3）与定型化契约条款有异之个别商议条款；（4）终止契约之方式；（5）保险期间；（6）主保险与附加保险之利益与相对应之保险费明细（亦即纯保费、附加保费、储蓄或投资保费之数额）、保费给付方式与契约下之总保费数额；（7）投保人受其要约拘束之期间；（8）申诉管道与监管机构名称。其次，对于寿险、年金险和可分红之伤害险，须说明额外信息：（1）决定分红或参加分红之计算原则与标准；（2）解约金及其利益范围；（3）保单价值准备金及其利益范围；（4）投资型保险之投资资产或连结标的；（5）税制。再者，对于健康保险，须说明额外信息：（1）医疗照顾费用之提高对于未来保费之影响；（2）年老时限制保险费之可行性。欧盟法对于保险人信息与保险契约内容应说明事项之具体规定，系经过规模性之比较法研究与实际论证之产物，显无违反公序良俗，也未有与我国现有法律体系不相容之问题，应可援引导入我国。

---

① Annex Ⅱ of the 92/49/EEC（Non - life）and 92/96/EEC（Life）：欧盟各国遵循指令而增修国内法者如德国保险监管法第10a条，英国1982年保险公司法附件2E。

此外，依据我国《保险法司法解释（二）》第9条[①]之规定，其界定了免除保险人责任的范围，将实践中争议较大的部分条款明确列为应当明确说明的对象，同时将解除权条款排除在免除保险人责任条款之外。根据本规定，如果保险契约采用了责任免除条款、免赔额、免赔率、比例赔付或给付等条款，这些条款必须经过保险人明确解释说明后，使其成为契约之一部分，且经投保人赋予特殊同意后订入契约，对双方均有拘束力且产生效力；[②] 例如，陈某诉某保险公司一案[③]、张某君与中国平安财产保险股份有限公司徐州中心支公司、齐某愿一案[④]、郭某与阳光财产保险股份有限公司上海市分公司一案[⑤]等，都有具体的运用，效果良好。本规定虽对免除保险人责任条款进行列举，但并非封闭性的，除了本规定列举的以上条款外，仍可能存在其他免除保险人责任的条款，故对格式条款中的其他条款是否必须经保险人明确说明才产生效力，需要结合保险条款的相关内容判断其是否实质上减轻或免除保险人责任。例如，所谓费率规定，包含保险费、折扣或相当折扣之事项的数额或其计算式；保险给付之数额不仅包括给付之上限，也包含投保人须负担的自负额在内，这些事项对于投保人进行保险商品选择具有重要意义，亦须进行明确说明。关于本规定将解除权排除在保险人明确说明之外，本文认为有待商榷。保险人解除权之行使，乃属影响投保人权利行使与违反契约之不利法律后果之重要事项，其最终可造成投保人保险目的之破灭。为此，解除权涉及保险双方当事人切实利益之实现，保险人应明确说明之。

最后，有关保险人之基本信息。英国法院在 Banque Financiere de la Cite

---

① 我国《保险法司法解释（二）》第9条："保险人提供的格式合同文本中的责任免除条款、免赔额、免赔率、比例赔付或者给付等免除或者减轻保险人责任的条款，可以认定为保险法第十七条第二款规定的'免除保险人责任的条款'。保险人因投保人、被保险人违反法定或者约定义务，享有解除合同权利的条款，不属于保险法第十七条第二款规定的'免除保险人责任的条款'。"

② Slawson, *Standard Form Contracts and Democratic Control of Lawmaking Power*, 84 Harv. L. Rev. No. 3（1971）.

③ 陈某诉某保险公司案，江苏省江阴市人民法院（2008）澄民二初字第2099号民事判决书。

④ 张某君与中国平安财产保险股份有限公司徐州中心支公司、齐某愿案，江苏省徐州市中级人民法院（2013）徐民终字第1661号民事判决书。

⑤ 郭某与阳光财产保险股份有限公司上海市分公司案，上海市第二中级人民法院（2013）沪二中民六（商）终字第240号民事判决书。

v. Westgate Insurance Co Ltd. 案中表示保险人说明义务之范围限于“承保危险之性质”或“保险给付请求”相关之重要事项，[①] 其中涉及保险人之基本状况，如保险人贩卖保险商品的许可、与保险费相关之财务影响等，均对风险而言是重要的。另外，2009 年欧洲《保险契约法重述》对于保险人说明范围亦规定保险人基本资料之告知（第 2：701 条规定）。为此，借鉴于域外之判例与经验，本文认为以下信息亦属信息提供范围：（1）保险人的偿付能力与支付记录[②]。（2）保险代理人、保险经纪人等基本信息。上述信息之提供目的，不只是为使投保人得以知悉其确切的交易对象及代表人，更同时是为了使投保人得以在契约订立之前、后，轻易地得知保险人与保险代理人、保险经纪人的关系，能够让投保人作出清醒的判断，从容作出选择。因此，我国保险实有借鉴之必要。但是本文在此强调，对于一些涉及保险代理人、保险经纪人之个人隐私或个人敏感信息的，其信息的提供亦须符合其他相关法律之规定。

四、保险人违反说明义务的法律效果

（一）“不生效力”之解释：《保险法》第 17 条第 2 款规定

我国《保险法》第 17 条第 2 款规定，保险人未就免除责任的条款向投保人提示或明确说明者，该条款不产生效力。不生效力之解释，有认为应从文义解释，所谓不生效力即是否定免责条款之正当性，事故发生后，保险人仍应负保险给付责任。[③] 而实务上法院也作如此之解释，就段某国诉中国人民财产保险股份有限公司南京市分公司保险合同纠纷一案，江苏省南京市江宁区人民法院一审认为，“保险人在订立保险合同时必须向投保人就责任免除条款作明确说明，否则该免责条款不产生效力”以及“即使该条款可以

---

① Peter Macdonald Eggers & Patrick Foss, *Good Faith and Insurance Contracts*, London L. L. P. , p. 269（1998）.

② 肖和保：《保险法诚实信用原则研究》，法律出版社 2007 年版，第 236－237 页。

③ 金琴、花苗：《保险人明确说明义务研究——以审判思维的困惑与调整为视角》，载《淮阳师范学院学报（哲学社会科学版）》2008 年第 6 期。

被理解为医保外用药不予理赔，也不能发生相应的法律效力”。[①] 亦有认为应该是赋予投保人解除权，或是透过契约解释来保障投保人，无须作不生效力之规范[②]；另外，保险人虽未尽说明义务，但不生效力与无效并不相同，应保留保险人补正之机会，并给予投保人选择之权利[③]。所谓不生效力之解释，应该是针对免除保险人责任条款所作之规定，唯保险人说明义务不限于此，因此，违反说明义务之法律效果不应仅限于条款不生效力，解释上除了《保险法》第 17 条第 2 款明文规定外，应该检讨除主张条款不生效力外，投保人是否尚有其他权利可得主张。

在咸丰县某水电开发有限责任公司诉某保险公司湖北分公司恩施中心支公司一案[④]中，保险公司主张，即便法院认定我方就免责范围未尽说明义务，依照保险法规定，引起的法律后果为该条款不发生法律效力，并不能因此推定免责范围亦为保险范围。两审法院对此争议采取了类似的态度，即由于“暴雨、洪水”作为双方签订的保险契约中列出的“责任免除”事项，而保险人没有依法履行“明示告知和明确说明”的义务，因此，依据保险法之相关规定，该责任免除不产生法律效力，进而推断当保险契约双方就“暴雨、洪水”是否属于保险责任范围发生争议时，根据保险法的规定，作出不利于保险人的解释，所以“暴雨、洪水”亦应属于保险契约约定的保险责任范围，保险公司应该承担保险赔偿责任。本文认为此实务中的解释与运用，给予“不生效力”更好的诠释，利于保险纠纷之解决，较有可取之处。

（二）投保人主张之权利或抗辩

1. 保险契约之撤销

保险人违反免除责任条款之提示或明确说明义务，我国保险法规定为不

---

① 参见段某国诉中国人民财产保险股份有限公司南京市分公司保险合同纠纷案，载《最高人民法院公报》2011 年第 3 期。

② 樊启荣：《保险契约告知义务制度论》，中国政法大学出版社 2004 年版，第 318 页。

③ 于海纯：《论保险人违反说明义务之法律效果》，载《大连理工大学学报（社会科学版）》2008 年第 2 期。

④ 咸丰县某水电开发有限责任公司诉某保险公司湖北分公司恩施中心支公司案，湖北省高级人民法院（2008）鄂民二终字第 00104 号民事判决书。

生效力，而对于违反一般定型化契约条款之说明义务，则无规定，似乎有沦为训示条款之疑虑。除此之外，两款规定均有相同之问题，亦即投保人得否另行主张解除契约或撤销意思表示？从民法角度观察，保险人未尽说明义务导致投保人误信而缔结保险契约，投保人本来即得主张意思表示错误或受欺诈而撤销意思表示，我国原《合同法》第 54 条（现为《民法典》第 148 条）有具体之规定。但反对说则认为投保人投保的目的在于取得保障，解除契约违反投保人投保之目的，因此限制保险人之免责抗辩即可保障投保人。①

本文认为反对说有待商榷，投保人与保险人缔结保险契约并非仅单纯考量是否获得赔偿，应该同时考虑投保人缔结契约之自由意志。我国《保险法》课予保险人订约前之说明义务，其目的在于消除信息不对称的现象，确保投保人能于订约前获得充足且必要的契约内容与风险，以作为是否订约的判断基础。若保险人违反此项说明义务，致使投保人订立其原本不至于订立的契约，则“契约之订立”本身即可认为是投保人的“损害”。则除去此种损害的主要救济方法，除了损害赔偿外，即是直接赋予投保人消除或脱离契约关系的权利。例如德国《保险契约法》第 8 条规定投保人原则上享有 2 周之无条件撤回订约表示之权，而若保险人违反《保险契约法》第 7 条规定之说明义务时，则第 8 条规定之 2 周的撤回权期限不起算；换言之，投保人得随时撤回其缔约之意思表示，使保险契约归于自始无效。日本《消费者契约法》亦在业者有不实告知、不利益事宜之不告知或使消费者困惑为难而订约等情况，赋予消费者得撤销契约之权利。无论撤回权或撤销权，均得使消费者脱离该契约关系，对其权益保障更为周全。

2. 保险人免责权之丧失

我国《保险法》第 17 条第 2 款规定保险人对于免除责任条款未作提示或者明确说明的，该条款不生效力，此种法律效果可以由失权效之法理来解释。学说上认为，保险人违反说明义务，法律效果应为丧失自身权利（例如抗辩权），若保险人未尽其法定义务，则于保险事故发生时，对于投保人

---

① 刘婷：《保险人说明义务制度研究》，华东政法大学 2006 年硕士学位论文。

或被保险人所提出之赔偿请求权，保险人不得抗辩以减少其赔偿金额。[①] 理由在于《保险法》上之应尽义务非可强制执行，且在不履行时带有损害赔偿效果之法律上义务，它只是保险契约上为保存某种请求权之先决条件，违反之效果仅为保险人丧失权利，投保人并不得主张解除契约；另外则有认为应赋予投保人解除权，其理由在于抗辩权属于消极性权利保障，只能作为否认相对人权利主张的事由存在，而契约目的的实现则需要其他法律手段如撤销权、解除权的保障。

上述两种方式各有优点，保险人未尽说明义务时，若投保人于短时间内即发现，则可主张解除契约，采取此种规范方式者为韩国《商法》。韩国《商法》第638条第2款规定，若保险人违反说明义务，投保人可以在保险契约成立之日起一个月内取消该契约。一个月为除斥期间自取消之日起该保险契约无效（韩国《民法》第141条），保险人应返还保险费及利息（韩国《商法》第648条）；至于若于保险契约生效一段期间后始发现保险人违反说明义务之情事，且此时保险事故已经发生，则采取限制保险人权利行使之方式较佳。因此，理想的规范方式是从积极和消极两方面规定投保人的权利，即在保险人违反说明义务的情况下，一方面赋予投保人契约解除权，使其可以自由选择是否继续契约关系或另选其他保险人缔约；另一方面规定保险人在违反说明义务的情形下，其所享有的特定抗辩权的丧失，如终止契约或免除赔偿给付之权利等。[②] 在司法实务中，如李某诉某保险公司一案[③]，法院认为保险公司虽然将载有免责条款的产品说明手册作为证据提交，但是产品说明手册本身不能证明向李某之子佟小某说明了免责条款，因此免责条款对佟小某不产生法律效力，保险公司应承担赔偿责任；聂某、骆某诉某保险公司一案[④]，法院认为保险公司在保险契约释义条款中“系统性红斑狼疮”的理赔条件是公司根据精算基础对重大疾病条件所作的约定，实质上构成了保险公司的免责事由，但保险公司尚未进行充分的告知义务，应承担

---

① 江朝国：《保险法论文集》，台湾瑞兴图书股份有限公司1997年版，第96页。

② 徐晓、梁君：《论保险人的订约说明义务》，载《金陵法律评论》2006年第1期。

③ 李某诉某保险公司案，河南省方成县人民法院（2009）方民商初字第132号民事判决书。

④ 聂某、骆某诉某保险公司案，广东省惠州市中级人民法院（2009）惠中法民二终字第168号民事判决书。

赔偿责任。

综上所述，于失效权之观点下，保险人违反说明义务之效果如下：[①] (1) 保险人故意违反缔约说明义务，投保人得主张撤销契约及要求退还全部保险费并同时享有损害赔偿请求权；(2) 针对投保人或利害关系人之义务内容与违反之效果未据实说明时，保险人不得主张投保人或利害关系人违反该义务；(3) 且对于投保人或利害关系人主张之权利内容及效果未据实说明时，保险人不得主张罹于时效或除斥期间之利益；(4) 此外，民法虽以故意过失为归责原则，但考量保险人专业上之优越地位，应无须区分保险人是否可归责。关于此处的过失，究竟采主观意义之过失？抑或采客观意义之过失？对此固然应当具体分析，唯自一般论而言，现代国外的判例及学说多采所谓过失标准客观化或典型化，认为行为人如欠缺同职业、同社会交易团体分子一般所应具有之智识能力时，即应受到非难；这种过失标准的客观化或典型化也正是拉伦茨教授所谓的“过失责任原则已受到担保责任原则之修正”。[②] 这样，我们在理解缔约上过失责任时，便不应再固守“无过错便无缔约上过失责任”之立场，承认个别场合可有无过错之“缔约上过失”责任的存在。

3. 投保人请求损害赔偿

保险人缔约说明义务，性质上属于先契约义务，违反先契约信息义务属于缔约上过失，属于法定债之关系，投保人无法直接向保险人请求负债务不履行之契约责任，因此应援引原《合同法》第 42 条向保险人主张缔约上损失之损害赔偿责任，且其法律适用上，得与侵权行为责任及欺诈之规定发生竞合关系，而所得请求之损害赔偿范围，以信赖利益为限，不包括履行利益。以下为保险人违反说明义务时投保人所主张之损害赔偿范围：

(1) 所受损害

保险人违反说明义务时，依据债法之一般原则，系推定为可归责。若投

---

① 饶瑞正：《保险法先契约据实说明义务之再建构（下）——波希米亚的狂想》，载《台湾本土法学》2006 年第 83 期。

② 韩世远：《合同法总论》，法律出版社 2011 年版，第 132 页。

保人证明其若事先知悉该信息，即不至于订立保险契约，或将订立其他对自己更为有利之契约者，即可认为投保人系受有损害，且缔约过失本身即为一种损害。此项损害赔偿之内容，并非如一般债务不履行系填补债权人的履行利益，而系填补其信赖损害；投保人得依恢复原状之规定请求解除契约，并请求返还保险费；如汪某以未对保险术语进行说明为由诉保险公司双倍返还保险费纠纷案[①]中，法院认定保险人尚未对“现金价值”这一专业术语进行解释与说明，判决保险公司返还汪某所支付的保险费 2768 元。当保险事故已经发生，且投保人得证明其因说明义务违反，致使未能了解保险契约的保障漏洞，并因而受到财产上损失者，亦得请求赔偿其损失；对此，北京市高级人民法院在《关于审理保险纠纷案件若干问题的指导意见（试行）》（京高发〔2005〕67 号）中就规定，保险人未履行对一般保险条款的说明义务时，应当赔偿投保人或被保险人因此而产生的实际损失；如钱某诉保险公司未明确说明的免责条款无效纠纷案[②]中，法院在审理后认为，在契约订立时保险公司未能就免责条款向钱某作出明确说明，故依法判决保险公司承担赔偿第三者损失 2.4 万元及货车损失 7900 元。

唯当保险类型为投资型保险时，已无法单纯以返还保险费之方式处理，所涉及的是损害赔偿额之计算。日本保险实务采差额说，投保人解除保险契约后，通常将解约返还金额由所支付之保险费中扣除后之金额作为赔偿额；此外，在保险公司违反说明义务，而银行未违反说明义务，且信贷契约有效之情况下，保险契约除赔偿根据差额说而得出之损失外，尚须将因融资信贷而支付之利息金额作为违反说明义务之赔偿额。[③]

（2）所失利益

所失利益指的是当事人一方未违约之情况下，他方合理期待可取得之利益。在保险契约中，保险人未尽说明义务，除了可能使投保人面对出乎其意料之保险人免责条款之外，投保人亦有可能因保险人之花言巧语而缔结保险契约，丧失与其他保险人缔结更有利保险契约之机会。保险人对于免责条款

---

① 黄再再：《案说新保险法》，法律出版社 2009 年版，第 61 页。

② 黄再再：《案说新保险法》，法律出版社 2009 年版，第 64 页。

③ ［日］山下友信：『保险法』（有斐阁，2005 年）第 190 – 191 页。

未尽说明义务，保险事故发生时保险人主张投保人所不知之免责事由，致使投保人获得保险理赔之期待落空，所得请求所失利益之损害赔偿是否等于原本应得之保险给付则有疑问：首先，就因果关系判断，若保险人除了该免责条款外，尚有其他免责事由时，则即使投保人得以主张免责条款不生效力，投保人仍无法获得理赔，因此，保险人对该项免责条款未尽说明义务与投保人无法获得理赔并无因果关系，投保人不得以保险给付作为所失利益之损害赔偿额度；其次，保险人未尽告知义务，以前述失权效之观点，保险人丧失原得主张之解除权或抗辩权，投保人若得请求保险给付，亦无必要向保险人请求所失利益之损害赔偿。①

因此，请求所失利益损害赔偿之适用，应限于无保险人失权效适用之情形，例如保险契约之承保范围，当保险人所提供保险之承保范围无法符合投保人需求，但保险人未加以说明时，由于将来所发生之事故自始不在承保范围内，保险人非基于免责条款而免除责任，此时无失权效之适用，投保人丧失获得保险理赔之机会。若缔约当时，事实上有其他保险公司有提供符合投保人需求之同类险种时，投保人有可能主张原本改向其他保险公司投保可期待获得之保险理赔作为所失利益之损害赔偿。但实务上通常认为保险经纪人以外之行销主体并不负有提供其他保险公司产品信息之义务，因此仅就所销售产品之重要事项进行说明即可，投保人似乎无法借此主张向其他保险人投保所可得之保险给付作为损害赔偿，唯保险人于投保人订立保险契约时，有义务为投保人提供适合性之指导建议，因此，若保险人违反该义务，且投保人与其他保险人之间可以订立其他适合投保人之保险合同时，保险人应承担该责任。②

本文认为，以可能与其他保险人订立保险契约获得之保障作为所失利益之损害赔偿，理论上有所不妥。两保险契约之条件不同，且投保人另订其他保险契约将来是否可符合理赔要件亦属未知，仍为单纯之期待，是否几近确

---

① 萧冠中：《两岸保险契约当事人告知说明义务比较研究》，台湾政治大学法律系研究所2010年硕士学位论文。

② 于海纯：《论保险人违反说明义务之法律效果》，载《大连理工大学学报（社会科学版）》2008年第2期。

定可以发生仍有疑问。因此，应属个案判断，或许可以考虑在保险人恶意对于免责事项以外之事项未为说明时，始规定以原可取得之保险给付作为所失利益之损害赔偿。

违约责任承担按损益相抵原则还是完全履行原则

何荣新*

一、案情简介

申请人石某于2018年7月提起仲裁称，2010年2月2日，其与被申请人颜某某签订《二手房附条件转让协议》（以下简称《转让协议》），被申请人将其向某公司购买的涉案房屋以104.6万元转让给申请人。当时涉案房屋尚未取得产权证，双方约定申请人签约当时支付定金8万元，待被申请人取得涉案房屋产权证、具备过户条件后，再通过办理转按揭的方式将涉案房屋过户到申请人名下。协议签订后，申请人支付了定金。2011年3月28日，被申请人与申请人补充签订《二手房附条件转让协议之二》（以下简称《转让协议二》），约定由申请人向被申请人再支付50万元便于被申请人取得房屋产权，余款46.6万元待被申请人取得产权证，并向房管局递交变更登记当天，通过银行按揭方式支付。申请人在签订该协议当天付清了50万元，被申请人出具收条。此后申请人多次向被申请人催促涉案房屋一手产权证办理进度，被申请人始终声称产权尚未办理到其名下。2015年1月31日，双方再次签订补充协议《二手房附条件转让协议之三》（以下简称《转让协议三》），明确自协议三签订之日起180个日历天内被申请人应当取得涉案房屋的一手产权证，否则视为违约。但协议三约定期限届满后，被申请人仍未联系申请人办理过户手续，申请人也自此无法联系上被申请人。之后

* 何荣新，广东海埠（广州）律师事务所律师。

申请人通过房管部门查询得知，涉案房屋已于 2014 年 12 月 4 日过户到被申请人名下。2015 年 6 月 30 日被申请人私自将涉案房屋抵押给招商银行股份有限公司广州分行担保最高债权额 100 万元，涉案房屋至今仍在抵押状态。申请人认为《转让协议》及其补充协议合法有效，并愿意一次性付尾款 466,000 元，并提出仲裁请求：（1）裁决被申请人协助申请人办理涉案房屋的过户手续，将该房屋过户至申请人名下；（2）裁决被申请人补偿申请人因本案支出的律师服务费 3 万元；（3）裁决本案全部仲裁费用由被申请人承担。

被申请人答辩并申请仲裁反请求称：其依约履行了《转让协议》及《转让协议二》，因为申请人原因才长期无法履行。2011 年 2 月 25 日，被申请人将合同登记费、产权登记费及契税交给某公司用于办理相应产权过户手续。后出于税费及资金快速回笼等原因的考虑，被申请人与申请人协商通过更名的方式将上述房屋直接过户至申请人名下，申请人表示同意。基于此，被申请人与该公司解除了《商品房买卖合同》，但申请人却不通过更名的方式直接承接上述《商品房买卖合同》，也不支付涉案房屋的剩余转让款。被申请人只好于 2011 年 5 月 21 日与前妻一起重新与该公司签署《广州市商品房买卖合同》。因受到 2011 年 2 月 23 日出台的限购政策影响，被申请人在已有一套商品房的情况下无法办理涉案房屋的房产证。现继续履行合同已不能实现被申请人合同目的，且显失公平，故主张解除合同。现涉案房屋上有抵押，涉案合同无法继续履行。被申请人的仲裁反请求为：（1）裁决解除被申请人与申请人签署的《转让协议》以及《转让协议二》，双方之间清理基于合同解除而产生的债权债务；（2）裁决申请人立即支付被申请人租金（自申请人先行入住之日，即 2010 年 2 月 28 日起，以 2500 元/月标准支付，暂计至 2018 年 11 月 28 日为 262,500 元）；（3）裁决本案全部仲裁费用由申请人承担。

庭审中，经仲裁庭释明，申请人变更第一项仲裁请求为：裁决解除申请人与被申请人签订的《转让协议》、《转让协议二》及《转让协议三》，并裁决被申请人向申请人返还已付房款 58 万元，并按争议房屋原购买价 104.6 万元与市场价之间的差额 366 万元赔偿给申请人。并增加第四项、第五项仲裁请求：（4）裁决被申请人支付其严重违约导致申请人发生的律师费支出 10 万元；（5）裁决申请人享有在被申请人支付上述全部款项后暂住房屋一年的合理搬迁期限。

被申请人于第三次开庭时增加一项仲裁反请求：解除合同后，申请人配合交接房屋，将涉案房屋交回给被申请人。

二、法律分析

（一）争议焦点

结合双方的仲裁请求、事实理由以及庭审调查情况，仲裁庭归纳本案争议焦点为：（1）《转让协议三》是否有效？（2）双方要求解除三份转让协议的仲裁请求以及反请求可否予以支持？（3）申请人要求返还已付房款以及赔偿损失366万元可否予以支持？（4）被申请人要求申请人支付占用涉案房屋期间租金的仲裁请求可否予以支持？

（二）双方主要观点

申请人认为，三份协议均合法有效，申请人最初希望可以付清余款继续履行合同，但由于房屋存在近400万元抵押贷款[①]，且被申请人执意要求解除《转让协议一》《转让协议二》，申请人不得已要求变更仲裁请求为解除三份转让协议。对于被申请人提供的其与某公司先后两次签订的《商品房买卖合同》，申请人对此真实性、合法性均予以确认，关联性不予确认，2009年5月的《商品房买卖合同》显示买受人为被申请人一人，2011年重签的合同显示被申请人前妻99%，被申请人1%，被申请人从未通知过申请人可以作为一手买家直接与某公司签订购房合同，也没有通知过申请缴纳办证税费。限购政策出台于2011年2月，双方在《转让协议二》中已明确不受限购政策影响，被申请人在本协议中也没有提出需要申请承担办证费用等问题。被申请人在签订《转让协议三》之前，已经缴纳了契税，并且已经取得了产权证[②]，却在该份协议中要求申请人再给予180天的办证期限，明

① 被申请人在申请人提起仲裁后，于2018年10月将186万元贷款还清，再贷款396.8万元；2019年4月13日，将前次抵押贷款还清，再抵押贷款近478万元。

② 被申请人取得房产证时间为2014年12月4日，但辩称是委托他人办理领证手续，自己不清楚取得房产证的具体时间，仲裁庭对此说法未予支持。

显是不诚信的，并且在2016年8月查册表显示，当时被申请人以涉案房屋抵押贷款186万元，在申请人提起仲裁后，被申请人分别于2018年10月以及2020年6月，涂销前抵押，再次办理396万元以及478万元的抵押贷款，恶意违约导致三份转让协议无法履行，应当承担违约责任。由于涉案房屋升值损失366万元[①]，应当由被申请人承担。申请人基于转让协议约定占有房屋，根据约定无须支付房屋使用费，被申请人反请求应当予以驳回。

被申请人主张，对于古某某[②]代为签订《转让协议三》的行为并不知悉，不确认该协议的内容。被申请人认为其已依约履行了《转让协议》及《转让协议二》中约定的合同义务，一直在促成双方约定的房地产交易过户，但是申请人却存在着诸多违约之处，导致双方的交易长期无法进行造成被申请人损失。申请人未向被申请人支付房屋余款，也不通过更名的方式承接被申请人与开发商之间的《商品房买卖合同》，申请人在先行入住房屋后将涉案房屋转租给第三方作商业用途，被申请人申请仲裁庭调查申请人在2011年至2018年期间在广州市内的个人房产交易记录以查明申请人是否具有购房资格。同时主张，根据《转让协议三》，申请人应当先行向被申请人支付房屋余款，之后被申请人才协助办理相应的过户手续。被申请人是行使原《合同法》第67条规定的先履行抗辩权。即便因为合同解除，被申请人需要支付相应房屋增值部分，也不应当按照申请人主张的评估价与原房屋价格的差额进行支付。申请人在2016年11月的时候已经知道被申请人取得房产证，在2016年11月的时候，申请人既没有向被申请人支付余款，也没有像现在这样通过诉讼或者仲裁行使其权利，而是直到4年以后才提起仲裁，导致损失扩大，被申请人认为应当扣除该相应的损失。

三、处理结果

（一）仲裁庭意见

仲裁庭认为，虽然被申请人不认可《转让协议三》的效力，但被申请

① 对于升值损失，后申请人申请评估，最后评定为263万余元。

② 被申请人当时的代理人，权限包括代为办理房产证，代为签署协议等。

人确认古某某持有的委托书系其签字，代理人的行为应当由委托人承担，该协议合法有效。对于三份转让协议解除的原因，仲裁庭认定申请人依约支付了定金 8 万元及签订《转让协议二》是支付了 50 万元，被申请人也已经两次出具收条，确认收到申请人支付的款项，在本案仲裁前没有提出申请人逾期付款的异议。被申请人主张其通知申请人支付剩余房款及交纳契税、拒不赔偿直接作为一手买受人更名、不具备购房资格，将涉案房屋转租给第三方用作商业用途的问题，但没有提供证据或者不足以支持该主张，对于被申请人的主张不予支持。进而认定被申请人隐瞒已经取得产权证的事实，未按照《转让协议三》的约定向其转让涉案房屋产权，在交易中尤其是仲裁审理中为涉案房屋先后三次设立抵押权，导致涉案房屋买卖无法继续履行，被申请人构成违约，申请人没有违约行为。合同解除后，被申请人应当退还申请人已缴纳的房款 58 万元，申请人应当向被申请人交还房屋。至于升值损失，由于双方对房屋市场价格无法达成一致，经评估升值损失为 263 万元，虽然申请人 2016 年知道被申请人取得了产权证 2019 年才要求解除合同，但申请人本意是继续履行，正是被申请人在仲裁中对涉案房屋上设置抵押的行为，才导致申请人无力代为涂销抵押，申请人在此时才得知转让协议无法继续履行，不得不转而行使解除合同的请求权，申请人在合理期限内行使了解除合同的权利。合同解除的责任在于被申请人，故仲裁庭对被申请人要求申请人支付合同约定的月租金 2500 元的仲裁请求不予支持，对于合同解除后的房屋占用费，如申请人未在仲裁庭指定期限内搬出的，应按每月 4101.51 元的标准按日向被申请人支付占用费，直至腾空房屋、交还被申请人之日止。仲裁庭进而对于申请人主张的已经支付的律师费 9 万元以及财产保全费 5000 元、财产保全担保费 5000 元的仲裁请求予以支持，并裁令被申请人承担本案仲裁费与评估费。

（二）仲裁裁决

根据原《合同法》第 94 条、第 97 条、第 113 条的规定，仲裁庭裁决如下：

（1）解除申请人与被申请人签订的《二手房附条件转让协议》《二手房

附条件转让协议二》《二手房附条件转让协议三》；

（2）被申请人向申请人返还已付房款58万元；

（3）被申请人向申请人赔偿房屋差价损失2,636,002元；

（4）被申请人补偿申请人支出的律师费9万元、财产保全费5000元、财产保全担保费5000元；

（5）被申请人向申请人付清上述第（2）（3）项裁决款项后30日内，申请人腾空涉案房屋（广州市白云区某某街某某号房）并交还被申请人；

（6）申请人未按第（5）项裁决规定期限向被申请人交还涉案房屋的，自逾期次日按照每月4101.51元的标准，按日计算房屋占用费至返还之日止；

（7）对被申请人的其他仲裁请求不予支持；

（8）本案评估费11,700元，由被申请人承担；

（9）本案请求仲裁费71,790元、反请求仲裁费26,123元，由被申请人承担。

四、案例点评

（一）申请人第一任代理律师未在提起仲裁时申请财产保全，是导致整个仲裁案件被动的根本原因

申请人在2018年7月提起仲裁时，是委托了珠江新城某号称专门从事房地产法律服务的律师所的专职律师的，可惜的是，这位年轻律师犯了一个不该犯的错误，没有对房屋进行保全，这是导致被申请人得到在2018年10月、2019年4月先后两次将前次抵押涂销，再办理更高额的贷款，导致后来房屋有478万元的贷款，整个案件积重难返，相信在执行阶段，如果被申请人没有其他财产可供执行的话，这个问题会导致被申请人不仅在仲裁阶段被动，可能在执行阶段的五年八年都处于执行不完的困境。

（二）选定靠谱的仲裁员非常重要

本案仲裁庭的组成也是一波三折：被申请人最初没有选定仲裁员，申请人选定了一名仲裁员，经仲裁委指定首席和一名边裁与申请人选定的仲裁员

组成合议庭；开庭前，被申请人递交《重新组庭申请书》，选定了一名仲裁员，仲裁委之前指定的边裁退出。第二次开庭后，申请人、被申请人选定的仲裁员以工作原因退出仲裁庭，双方另行选定仲裁员与首席组成仲裁庭；第三次开庭后，被申请人选定的仲裁员也以工作原因退出仲裁庭，被申请人再行选定仲裁员组成仲裁庭。本案除了首席和秘书没有变动外，申请人选定的仲裁员变动一次，被申请人选定的仲裁员变动二次，心细的读者可能会留意到代理人信息的变动，仲裁庭组成人员的变动与代理人变动是否有关系，这个问题就不便言传，得大家细细揣摩。选定一个德高望重、公平公正、经验丰富的仲裁员，绝对和选好代理律师一样，对于案件的审理裁决举足轻重。

（三）诚实信用原则是合同履行的最高原则

本案中，被申请人在合同履行中是否诚信，需要进入实体审理查明，但在程序进行过程中，被申请人对于自己拟定的合同，尤其是争议解决方式，是提起了仲裁协议效力诉讼的。其实这个举动释放出一个明显的信号，被申请人在拖延时间，为什么要拖延时间，相信现在大家明白了，他在一而再、再而三地抵押贷款，这是一个非常典型的不诚信行为，对于这个行为，仲裁庭可能不说什么，但绝对是看在眼里，记在心里，影响每一个公平正义法律人的自由裁量权的。

（四）违约责任按照完全履行原则予以确定

这是一个本来不是很复杂、但被人为[①]搞得很复杂的房屋买卖合同纠纷案件，申请人支付部分款项后，被申请人拒不履行协助办理过户义务。2018年7月受理，2020年10月作出生效裁决，时经27个月，申请人更换两家律师所，先后3个律师参加仲裁，被申请人更换两家律师所，先后5个律师参加仲裁；仲裁庭也是换了四五个边裁，合议结果在仲裁庭形成多数意见后，不知何故提交给顾问审查。顾问给予意见后，仲裁庭坚持合议意见；后案件提交专家评审会，最终专家评审以压倒性多数支持了仲裁庭多数意见，

---

① 包括被申请人、申请人、代理人、仲裁员，多方面的人为因素。

案件得以顺利审结。

从整个案件材料，双方的证据，庭审调查，其实已经可以完整显示出申请人没有严重违约情节，被申请人恶意违约的事实。本案先后开庭三次，尤其在第三次开庭结束后，被申请人选定的仲裁员因工作原因退出，被申请人再次选定仲裁员，但仲裁庭决定不再开庭，直接按照之前的笔录以及书面资料等进行合议。在新的仲裁庭第一次合议时，已经形成了多数意见，最大的争议来自被申请人提出的房屋使用费主张，即法理上的损益相抵原则[①]在本案中是否适用的问题。仲裁庭综合考虑了申请人占用房屋前，已经支付了58万元的款项，该款项事实上由被申请人占有使用，申请人虽然没有主张利息，但被申请人事实上获得了该资金的收益，与被申请人主张的每月2500元的租金标准大体相当，并且，《转让协议》约定申请人违约的情况下，才需要支付租金，本案中申请人并无明显违约，故仲裁庭对于被申请人要求支付合同解除前的租金损失不予支持。

本案的另外一个亮点，是对交房期限的界定问题。在合同解除后，被申请人应当向申请人返还58万元房款以及赔偿损失款，申请人应当向被申请人返还房屋，由于被申请人故意违约情节严重，加之合同法关于同时履行的规定精神，考虑到申请人购买涉案房屋用于居住，被申请人的违约导致申请人无法继续在涉案房屋居住，在被申请人向申请人返还房款、补偿房屋差价后才有可能另行购买房屋用于居住。因此，在被申请人向申请人返还房款、补偿房屋差价以前，仲裁庭同意申请人暂在涉案房屋居住，无须支付占用费的请求。在被申请人向申请人返还房款、赔偿损失后30日内，申请人应将涉案房屋腾空交还给被申请人；申请人未在30日内交还的，自逾期次日起，应按照市场租金金额向被申请人支付占用费。这也是仲裁有别于诉讼非常大的一个地方，诉讼很可能是判决后就要交还房屋，但仲裁更加商事，最大限度地遵从诚实信用基本原则以及对守约方利益的保护。

---

① 王利明、杨立新编著：《侵权行为法》，法律出版社2005年版，第331页。

CIQ 与合同约定 SGS 检测报告不一致，卖方是否构成违约？

胡海雄*

一、案情简介

2014 年 8 月 8 日，申请人深圳某公司与被申请人广州某贸易公司签订《工矿产品购销合同》（编号：FE201408），约定申请人向被申请人购买土耳其出产的铁矿石 3.2 万干吨，天津港仓库交货含税价每干吨 303 元，货款总计：9,696,000 元。船名：新翔海。货位：天津港散货物流 M406。货品情况：SGS 质量，铁含量 50.09%。规格：0 - 10mm 的含量是 67.37%；+10mm的含量是 32.63%。价格调整方法：按照典型值 Fe（铁）47%。若 CIQ 报告中铁含量超过 47%，每超过一度加价每干吨 5 元，若 CIQ 报告中铁含量低于 47%，每低一度减每干吨 8 元。铁含量只计整数，小数不计，不四舍五入。付款时间：2014 年 8 月 13 日之前付 100 万元，8 月 15 日之前付 400 万元，8 月 22 日之前付 439.6 万元（余额 469.6 万元扣除增值税 30 万元），待开具发票时付清剩余 30 万元。开具发票前根据实际结算金额多退少补。交货方式：天津港保税仓现货，出库费用（包括出保税仓费用、商检费、转动到指定仓库及仓储、出入库费用，以实际发生金额为准）由申请人直接支付给货代公司天津某国际物流有限公司（以下简称“华某公司”）。2014 年 8 月 15 日付款后转移 1 万干吨货权给申请人，8 月 22 日付款

* 胡海雄，广东天穗律师事务所律师；华南师范大学、华南理工大学、广东财经大学硕士生导师；海南、武汉、南京、沈阳、厦门、榆林、惠州、佛山、肇庆、阳江等 20 余家仲裁委员会仲裁员。

后转移2.2万千吨货权给申请人。如申请人未提货，转运至天津港指定仓库，货权仍属于被申请人，被申请人根据申请人付款情况转移相应款项的货权给申请人，一个月内免仓租。交货数量允许驳运量10%增减，以出保税仓CIQ重量证结果为最终结算，质量验收标准以出保税仓CIQ质量证结果为最终结算。违约责任：被申请人不能按合同约定交货的，应向申请人支付总货款20%的违约金。申请人逾期付款的，未付款部分按日息千分之二向被申请人支付逾期付款利息，因逾期付款提货，超出部分的仓租由申请人承担。申请人违反合同规定拒绝接货的，应向被申请人支付总货款20%的违约金。

合同签订后，申请人分别在2014年8月13日支付100万元，8月15日支付400万元，9月1日支付160万元，9月4日支付100万元，9月5日支付140万元，共计支付货款900万元。申请人相应签收了被申请人开具的增值税发票68张，含税金额7,267,766元，税率为5.66038%。申请人于2014年8月24日将船名新翔海的土耳其铁矿石32,441.48湿吨存放在华某公司的货位（天津港南疆M412）。2014年9月17日，天津出入境检验检疫局出具CIQ报告，证明：散装铁矿石32,441.480湿公吨，铁含量45.4%，规格：0-10mm 53.9%。鉴定时间：2014年8月24—28日。申请人于2015年1月16日向华某公司支付港杂费35,442.1元、堆存费371,103元，于2015年2月11日向华某公司支付堆存费15万元。申请人确认，已将28,463.74湿吨的铁矿石出售给天津某有限公司，并已交付。截至2016年2月4日，存放在华某公司货位（天津港南疆M412）内的船名新祥（翔）海的土耳其铁矿石数量为3977.74湿吨。

申请人的仲裁请求为：（1）裁决被申请人向申请人支付违约金1,939,200元；（2）对不符合质量约定且采取防止损失扩大措施之后剩余的3977.74吨铁矿石予以拒收，由被申请人退还货款1,212,403.28元，并承担被拒收货物后续的一切相关费用；（3）裁决被申请人向申请人支付财务费用及损失210,342.17元；（4）裁决被申请人承担本案费用，包括但不限于仲裁费、差旅费、代理人费、仓储费等。

二、法律分析

申请人与被申请人在签订合同时，交货数量允许驳运量10%增减，以出保税仓CIQ重量证结果为最终结算，质量验收标准以出保税仓CIQ质量证结果为最终结算，报告显示除铁含量和数量在《工矿产品购销合同》中有约定可以浮动以外，其他指标均不符合约定标准，是否可以要求退货并追究违约责任？

根据查明的事实，结合当事人的陈述及有关证据，仲裁庭认为：

（一）关于《工矿产品购销合同》的效力

《工矿产品购销合同》是双方在协商一致的基础上订立的，是双方当事人的真实意思表示，签约主体适格，内容没有违反法律、行政法规的强制性规定，合法有效，对双方当事人均具有法律约束力，双方当事人应当依约履行。

（二）关于申请人要求被申请人支付违约金1,939,200元的请求

申请人主张，双方《工矿产品购销合同》中仅约定了铁矿石的铁含量和重量可以浮动，价格作相应调整。根据天津出入境检验检疫局出具的CIQ报告，被申请人交付的铁矿石除铁含量和重量以外，其他指标均不符合约定标准，被申请人违约，应依约支付总货款20%的违约金。被申请人答辩称，《工矿产品购销合同》中对铁矿石的品质描述是SGS报告确认的数据，双方约定验收结算以CIQ报告为准。被申请人向申请人交付的铁矿石铁含量和数量均符合双方的约定，铁元素以外的其他元素并无价值，不影响双方的结算价格。至于铁矿石的规格，《工矿产品购销合同》中未约定不符合的即为违约。仲裁庭认为，申请人主张被申请人交付货物不符合约定的理由不能成立。首先，双方约定验收结算以CIQ报告确认的重量和质量为准，并约定了铁含量标准值和重量上下浮动的范围以及结算价格相应调整的方法。可以认为，双方结算的主要参考数值是铁含量和重量，其他元素的含量不影响验收和结算。其次，对于铁矿石的规定，实际交付的与双方约定的铁矿石规格

有一定差距，但《工矿产品购销合同》中未对此种情形作出约定，申请人已收货并出售，且在出售前自行作了过筛处理。按申请人的确认，已提货28,463.74湿吨铁矿石是可以出售的，剩余3977.74湿吨的铁矿石超过40mm。仲裁庭认为，从双方在《工矿产品购销合同》中的约定来看，体现的是以CIQ报告确认品质、据实结算的原则。从双方的履行情况来看，虽然实际交付的铁矿石规格为0－10mm仅占53.9%，但申请人已提货并出售给下家的达到87.7%，即40mm以下的货物是可以销售和按约定结算的，申请人不同意按约定结算的货物仅占12.3%。故双方协商调整结算价格即可，不宜以剩余的3977.74湿吨的铁矿石无下家购买作为认定被申请人交付货物不符合约定的理由。最后，双方已依约履行了合同的主要义务，交付了大部分的货物和货款，产生争议的原因在于最终结算，而非货物的品质。综上，申请人主张被申请人交付货物不符合约定标准，要求被申请人支付违约金的请求，没有合同依据和法律依据，仲裁庭不予支持。

（三）关于申请人要求被申请人退还货款1,212,403.28元和拒收剩余的3977.74吨铁矿石的请求

申请人主张，双方约定的价格为天津港仓库交货含税价每干吨303元，根据CIQ报告确认的铁含量为45.4%、水分含量为4.67%，因此结算价格为天津港仓库交货含税价每干吨287元，剩余的3977.74湿吨的铁矿石因经济价值极低，应予退货。被申请人不同意申请人的计价、计重方法，不同意退回货款，并认为双方已完成交付货物，不同意退货。关于结算价格，仲裁庭认为，由于铁矿石在装船、运输和堆放存储的过程中，其重量和水分含量会随气候和环境变化而变化，所以双方在《工矿产品购销合同》中约定了以干吨为计价单位，故结算时应以干吨为计价单位。《工矿产品购销合同》约定铁含量标准值为47%，若CIQ报告中铁含量低于47%，每低一度减每干吨8元。铁含量只计整数，小数不计，不四舍五入。结合CIQ报告的结果，双方的结算价格应为天津港仓库交货含税价每干吨287元（303－8×2＝287）。关于货权，《工矿产品购销合同》第3条第2款第4项和第3款、第4款约定，被申请人根据申请人付款情况转移相应款项的货权给申请人。

申请人已向被申请人支付900万元，按结算价格每干吨287元计算，申请人已取得全部货物（32,441.48湿吨的铁矿石，扣除4.67%的水分，换算为30,926.46干吨铁矿石）的货权。仲裁庭认为，如上所述，申请人已取得全部货物的货权，且已自行对货物进行筛选并出售给下家，故对于申请人要求退回剩余的3977.74湿吨铁矿石的请求不予支持。申请人可自行处置剩余的3977.74湿吨的铁矿石。虽然实际交付的铁矿石规格为0－10mm占53.9%，但申请人出售给下家的铁矿石已达87.7%，即申请人已办理出保税仓手续的铁矿石重量为27,134.48干吨（28,463.74湿吨的铁矿石，扣除4.67%的水分，换算为27,134.48干吨），应按约定的结算价格向被申请人支付7,787,595.76元（27,134.48干吨×天津港仓库交货含税价287元/干吨＝7,787,595.76）。申请人未办理出保税仓手续的铁矿石重量为3791.98干吨，由于规格超过40mm，双方又无法协商确定结算价格的调整办法，仲裁庭酌定按约定的结算价格减半计算，即申请人应付544,149.13元（3791.98×287/2＝544149.13）。申请人实际向被申请人支付了900万元，被申请人应向申请人退回货款668,255.11元（9000000－7787595.76－544149.13＝668255.11）。

（四）关于申请人要求被申请人赔偿财务损失的请求

申请人主张，被申请人未及时退还多付的货款和未足额开具增值税专用发票，给申请人造成资金占用的损失和税款损失。其中资金占用费按年息6%计算，税款损失按发票金额的17%计算。仲裁庭认为，双方未能及时完成最终结算，确定应付款金额，是被申请人迟迟不能退还多收货款的主要原因。因此，计算资金占用时间应从本裁决作出后开始起算。对于申请人主张的资金占用费，仲裁庭不予支持。被申请人已开具含税金额7,267,766元的发票，税率为5.66038%，现仲裁庭裁决确定申请人的应付款金额为8,331,744.89元（7787595.76＋544149.13＝8331744.89），未开具发票1,063,978.89元（8331744.89－7267766＝1063978.89元），税费60,225.25元（1063978.89×5.66038%＝60225.25）。故因被申请人未开齐发票给申请人造成的税费损失应为60,225.25元。被申请人应赔偿申请人的财务损失

60, 225. 25 元。

（五）关于申请人要求被申请人承担货物被拒收后的差旅费、代理人费、仓储费等一切相关费用的请求

《工矿产品购销合同》第 3 条约定，交货方式为天津港保税仓现货，出库费用（包括出保税仓费用、商检费、转动到指定仓库及仓储、出入库费用，以实际发生金额为准）由申请人直接支付给华某公司，1 个月内免仓租。根据上述约定，从 2014 年 9 月开始的仓储费应由申请人自行承担。对于申请人要求被申请人承担仓储费的请求，仲裁庭不予支持。申请人要求被申请人承担差旅费和代理人费，没有提交相关证据予以证明，亦没有合同依据，对于申请人的该项仲裁请求，仲裁庭亦不予支持。

（六）关于仲裁费的承担

本案纠纷因双方的货款结算争议引起，申请人的仲裁请求部分得到仲裁庭的支持，故本案仲裁费 40, 475 元由申请人承担 32, 380 元，由被申请人承担 8095 元。

三、处理结果

根据原《合同法》第 107 条（现为《民法典》第 577 条）的规定，仲裁庭裁决如下：

（1）被申请人向申请人退还货款 668, 255. 11 元；

（2）被申请人向申请人赔偿财务损失 60, 225. 25 元；

（3）本案仲裁费 40, 475 元由申请人承担 32, 380 元，由被申请人承担 8095 元（该费用已由申请人预缴，本会不作退回，由被申请人径付申请人）；

（4）对申请人的其他仲裁请求不予支持。

四、案例点评

本案庭审时，双方代理律师激烈交锋；庭审合议时，仲裁员观点也是各

执一词，无法达成一致。此案后来被提交专家委员会论证，以确保案件裁判的准确性。笔者当时作为仲裁员，也认为被申请人鉴定报告不一致并不构成违约，而只是涉及合同的结算价格。按照国际贸易惯例，类似铁矿石等大宗商品的计算，应当以到岸交付的货物检测报告作为依据，铁矿石的检查含量是结算的依据，其他物质的检测含量不一致不构成违约。

装饰装修合同工程余款纠纷常见情形评析

姚冠旺*

一、案情简介

某装饰有限公司申请仲裁称2016年10月31日，其与被申请人陈某签订《装饰工程施工合同》《精艺工程报价清单》，约定为被申请人位于某某市某某区某某16栋3130房屋进行装修，价格为197,398元人民币。工程完工后，2018年2月9日，经申请人结算，实际装修价格为214,129元。按照优惠方案，实际结算金额为153,712元人民币。被申请人累计支付139,900元，尚欠13,812元未付。申请人多次催款未果。2019年5月29日，申请人委托律师发律师函向被申请人催款，但被申请人仍未支付欠款。

为此，提出仲裁请求：

1. 裁决被申请人立即支付装修款13,812元人民币及利息（自申请之日起按中国人民银行同期贷款利率计算至还清之日止）给申请人；

2. 本案仲裁费用由被申请人承担。

仲裁答辩意见

1. 按合同要求分3期支付施工款和经验收后支付剩余5%。已分3期共支付了140,569元。

2. 2018年2月9日后，由于临近春节，施工工人都走了日子不能等，所以草草入住了。

3. 合同工程期为95个工作日，到工程基本完成，居然用了15个月多，

---

* 姚冠旺，北京市盈科（广州）律师事务所律师。

其间对我造成了精神上和经济上的损失。但他们都是置之不理，这么长的工程误期损失，谁来补偿我们。

4. 存在质量问题，反映也没得到解决。在工程施工过程中发生很多质量问题，我于 2018 年 2 月 11 日简单整理了 1 份关于房子装修的《房子装修问题及抱怨》，这些问题我已经反映申请人，申请人对于这些质量问题只是推托其辞但没有合理的解决办法。在这 15 个月多的工程期间，泥工、扇灰工等工人频频抱怨和更换，甚至连管理人员也干不下去。以上这些导致这个工程一直未能得到我方合格验收。于 2018 春节入住后，发现大厅一系列插座主线有线路故障，造成全屋跳闸，只有关掉这系列主开关才保证了其他照明，这是电路安装严重质量问题，我经 2 次找专业电工检查，目前还没排除问题。楼下客厅天面、阳台渗水问题，在小区物业监管和工程师傅的建议下，于 8 月 21 日对阳台部分破坏重装并对一半阳台安装玻璃窗防雨水，另一半对砖缝进行涂料防漏，才暂时平息渗流风波，导致目前阳台失去原来功能和美观。对室内水管做了渗漏检测。这些问题我也于 2018 年 9 月 11 日整理资料后增加到《房子装修问题及抱怨》中，并于 2019 年 4 月 17 日在余某某总工的微信中发给过她，但此公司没有实质对应和责任担当反馈。

5. 工程具体款项来源于工程施工验收清单，此公司提供仲裁的清单 9 张中，只有 2 张经我方签名确认，其他无确认的有欠数据真实性。

综上所述，实际我方总未付为 9065. 5 元；我方于《房子装修问题及抱怨》中提出的工期延误、损坏、损失、质量及后患问题等损失抵偿事项为本次工程遗留问题；由于以上未得到实质的对应和责任担当，导致未能对工程进行全面验收。

二、法律分析

（一）本案争议的焦点

结合双方的仲裁请求、事实理由以及庭审调查情况，仲裁庭归纳本案争议焦点为：（1）是否存在未付工程款？如果存在，未付额是多少？（2）付款条件是否成就？如果成就，该承担什么违约责任？

（二）争议双方意见

申请人认为：（1）工程验收义务由建设单位组织，施工单位验收。（2）案涉房屋在仲裁申请前由其使用和掌握，掌握房屋就是竣工的最大证据，被申请人没有书面证据证明申请人存在违约行为，按照有关最高院的解释，对于房屋的装修抗辩不成立，对于工程的小问题，属于质量保修的问题，被申请人没有支付尾款，我方也无法提供保修，请求被申请人赔偿工程款和利息。（3）本案付款条件已经成就，申请人委托律师发送催告函，均没有异议，根据合同第10.2款的规定，余款在验收合格时一次性付清，被申请人付款时间是在入住后的这个时间。被申请人没有举证反驳申请人的工程量，应推断支持申请人的仲裁请求。

被申请人主张合同是3个月，申请人耽误了很长时间，对我方生活影响很大，现场有质量问题，由于申请人一直没有完工，迫不得已才入住。由于装修质量问题，完工后申请人还倒欠我方，不存在我方欠工程款。

（三）仲裁庭意见

关于焦点一，仲裁庭认为根据合同约定，被申请人负有依约向申请人支付工程款的义务。双方约定197,398元为预算造价，工程款按实际工程量计算；同时约定变更、增加、取消项目均需被申请人签字确认，还约定了验收、结算的具体程序和方式等权利与义务，被申请人也有履行前述约定之义务。为证实竣工与应付工程款为214,129元，申请人提供《工程结算清单》，显示的工程款为214,129元，比《精艺工程报价清单》中的197,398元增加16731元，增加量没见有被申请人签名确认；还有，对申请人单方制作的《工程验收清单》《工程结算清单》，申请人没有证据证实曾交付给被申请人。可见，申请人主张实际装修工程款为214,129元，其提供的证据不足以证实，故主张拖欠工程款为13,812元，根据《仲裁法》第43条的规定，申请人应当对自己的主张提供证据，本仲裁庭对其主张不予支持。同时，基于被申请人在《仲裁答辩书》中自认未付工程款为9065.5元，本仲裁庭认定未付工程款为9065.5元。

关于焦点二，本庭认为，《合同法》第251条（现为《民法典》第770条）规定“承揽合同是承揽人按照定作人的要求完成工作、交付工作成果，定作人给付报酬的合同”。第263条（现为《民法典》第782条）规定“定作人应当按照约定的期限支付报酬。对支付报酬的期限没有约定或者约定不明确，依照本法第六十一条（现为《民法典》第510条）的规定仍不能确定的，定作人应当在承揽人交付工作成果时支付；工作成果部分交付的，定作人应当相应支付”。以上内容是《合同法》对于承揽合同当事人的合同义务及定作人支付报酬期限的具体规定。尽管被申请人已将标的工程接收并使用，但工期已远超出双方约定，且入住前1天双方还就工程质量等问题进行交流，被申请人入住时间又临近春节。本庭认为，《最高人民法院关于审理建设工程施工合同纠纷案件适用法律问题的解释》（现已失效）第13条规定“建设工程未经竣工验收，发包人擅自使用后，又以使用部分质量不符合约定为由主张权利的，不予支持；但是承包人应当在建设工程的合理使用寿命内对地基基础工程和主体结构质量承担民事责任”。首先，由于建设工程是较永久性的建设项目，且建筑质量问题错综复杂，因此我国对建筑质量规定了竣工验收程序。建设单位在具备竣工验收条件时应当及时组织参加验收，没有经过竣工验收或者验收未通过的，发包人不得提前使用，对发包人擅自或强行使用的，根据该解释由此发生的质量问题及其他问题，由发包人自行承担责任，即交付工程责任风险转移。在建设工程未经过竣工验收或者验收未通过的情况下，发包人违反法律规定，擅自或强行使用，即可视为发包人对建筑工程质量是认可的，或者虽然工程质量不合格，其自愿承担质量责任。该解释为法律拟制的规定，即将原本不符合某种规定的行为也按照该规定处理。在法律拟制的场合，尽管真正事实与拟制事实不完全相同，但将真正事实与拟制事实赋予相同的法律效果，即法律拟制后的拟制事实为按照拟制规定得出的推定事实。在无法还原并证明真正事实或无其他证据推翻拟制事实的情况下，拟制事实在法律上是被认可的。但按照以事实为依据和实事求是的原则，能足够证明真正事实的存在且与拟制事实不一致时，应以真正事实为准。结合本案，首先，被申请人多次微信与申请人就质量等问题进行沟通、主张，推定案涉工程存在相应质量等问题且没有解决。其次，该条司法解释中使用“擅自”二字。辞海中“擅”字为专、独揽、自作主张之意，其中包含主观上积极、主动、故意为之的意愿。案涉工期已远超出双方约定，且入住前1天双方还就工程质量等问题进行交流，被申请人入住时间又临近春节，对尚未验收且存在质量问题的房屋进行使用于理可通，并非被申请人主观上积极、主动、故意为之，而是客观上无奈使用，不属于擅自使用的情形。再次，该条司法解释并未将承建方的责任完全免除，而是仍然明确了承建方应承担民事责任。《合同法》第67条（现为《民法典》第526条）规定：“当事人互负债务，有先后履行顺序，先履行一方未履行的，后履行一方有权拒绝其履行要求。先履行一方履行债务不符合约定的，后履行一方有权拒绝其相应的履行要求。”建设工程施工合同是双务、有偿合同。对于发包人来说，其接受承包人交付建筑物并向承包人支付对价；对承包人来说，其向发包人交付建筑物并获得相应对价。若承包人是瑕疵履行即交付的标的建设工程不符合合同规定的质量，应由承包人负责修整。若经过修整以后仍不符合合同规定的，发包人有权拒收并援用抗辩权拒绝支付报酬或价款。申请人诉至本庭，要求被申请人支付剩余工程款，而被申请人提出工程质量等存在问题作为拒绝支付的抗辩理由，其同时满足了同一双务合同中互负债务、双方互负的债务有先后顺序、先履行债务一方未履行或履行不符合债的本质的先履行抗辩权的构成要件。申请人的抗辩构成先履行抗辩权。而被申请人正是基于同一互负债务的法律关系中先履行一方未完全履行的情况下所提出。鉴于上述理由，对被申请人的抗辩请求应予支持。待申请人履行维修等义务并使标的工程符合合同约定标准后，被申请人应向申请人支付剩余款项。本仲裁庭认定付款条件未成就，故对仲裁请求1不支持。

三、处理结果

根据《仲裁法》第43条、第62条、第74条，原《合同法》第8条、第60条、第67条、第251条、第263条，《最高人民法院关于审理建设工程施工合同纠纷案件适用法律问题的解释》第13条，《最高人民法院关于适用〈中华人民共和国民法典〉时间效力的若干规定》第1条第2款的规定，裁决如下：（1）驳回申请人的仲裁请求。（2）本案仲裁费人民币1018

元由申请人某某市某某装饰有限公司承担。

四、案例点评

当前，房地产交易市场蓬勃发展，百姓经济实力的提高以及对优雅生活品质追求的不断升级，家庭装饰装修行业也随之兴起。与此同时，家庭装饰装修合同纠纷案件呈现显著增多趋势。笔者近年来代理的数十宗追讨装饰装修工程余款纠纷案件，显示标的额并不高，但此类案件往往涉及多个关联争点，审理中涉及价款、质量、工期等多个专业问题，且某些角度上有类似建设工程合同纠纷的属性，所以具有一定的办理难度；施工方诉请索要拖欠的工程款及违约金，发包方往往会辩称施工方违约，具体有以下几类：（1）工程存在质量问题，要求施工方整改或赔偿；（2）施工方迟延完工，要求支付迟延完工的违约金或赔偿损失；（3）施工方对合同约定的项目未按约完成，要求扣减工程款。

发包方往往要求直接在本诉中处理上述赔偿或修复问题，或直接抵扣工程款。针对此类情况，应在对基础合同条款进行审查的基础上，准确判断被申请人相关主张是属于抗辩还是反诉，并根据个案情况分别予以释明。对于需作为反诉提起的，应当向发包方充分释明，并记明笔录。

办理此类案件时，还需关注施工范围、施工及完工时间、对工程量的洽商变更、工程交接、竣工验收等易产生争议的事实焦点。实践中发现，双方证据留存意识均不强，以致发生纠纷后举证困难。因此，应当加强对当事人举证的指引，除了双方当事人一般能够提供的装修合同、报价单等基本证据外，还可进一步询问双方能否提供简易手写结算单、短信记录、微信记录、现场照片等能够真实、客观、全面反映施工过程及双方协商结果的其他证据。

调解类 · 程序篇

跨文化下调解的评估与预备工作

吴文华*

你是否有印象，调解总是在深入进行谈判协商之前，大家就会出现各种和主题无关的争议。比如“让能作决定的人过来协商！”“有什么直接说，不要浪费大家时间！”等。这些看似“无谓”的争吵，实际上却是影响调解成功的障碍。由于调解员并不像诉讼一样，有法律赋予法官的约束力权限。往往因为当事人觉得对方“态度”有问题，而不继续协商或者调解失败的情况比比皆是。因此，调解员如何有效地破解这个难题，这就引入本文的主题，调解员如何预备与评估 ADR（Alternative Dispute Resolution）中的跨文化（Cross－culture）冲突。

当你参与一个离婚调解的案件中时，你有可能看到这样一种情况：要求离婚的一方往往更直接更坚定，自认为掌握主导权，而被要求离婚的一方往往情绪脆弱，总是逃避协商，想尽各种办法回避问题。这种情况发生的原因本质上是人们之间的交流方式因文化而异。

一、什么是文化和跨文化

文化是指一群人的许多特征，包括代代相传的态度、行为、习俗和价值观。世界各地的文化有许多相似之处，但也有很大的不同。例如，虽然所有文化的人都体验到幸福，但这种感受的表达方式因文化而异。文化是复杂的，对谈判者的行为有多方面和多层次的影响。文化的概念通常用冰山来比喻，因为它很深，不可见的部分只是更深的东西的一小部分，可能不容易

---

* 吴文华，北京市炜衡（广州）律师事务所律师，高级合伙人。

被看到。

跨文化理论研究文化因素如何影响人类行为，虽然人类思想和行为的许多方面是普遍存在的，但文化差异往往会导致人们在思考、感受和行为方面出现惊人的差异。跨文化冲突总是在交流的时候出现，而调解过程中这种冲突更明显。跨文化冲突如果处理不当可能会导致工作效率低下、困惑、沮丧、焦虑和压力。当调解一方不了解他人传达和解释信息的文化差异时，更有可能误解他们的情况。因此，作为调解员，为了更好地促进双方交流，要对调解的当事人作评估，评估其是属于哪种文化类型，再按照相关类型进行预备工作，在调解预备评估中采取措施缩小交流差距，而不是被文化差异所困，造成误解和不必要的冲突。

二、常见的四种跨文化

（一）高语境（High Context Communication）与低语境（Low Context Communication）

1976 年，霍尔提出文化可以分为两类——高语境和低语境。自 40 多年前被提出以来，该概念一直是一个流行的参考框架，并且直到今天仍被用作培训工具。“高”和“低”语境文化通常指语言群体、民族或地区社区。高语境文化和低语境文化是文化交流中信息的明确程度以及语境在交流中的重要性的连续统一体的终点。连续系统描绘了人们如何通过各种交流方法与他人交流：利用手势、关系、肢体语言、口头信息或非口头信息。高语境文化和低语境文化之间的区别旨在突出语言和非语言交流的差异。

高语境文化侧重于信息中潜在语境、含义和语气的交流方式，而不仅仅是词语本身。高语境文化通常表现出不那么直接的口头和非口头交流，利用小的交流手势并在这些不那么直接的信息中解读更多的意义。属于这一类别的国家有日本、中国、法国、西班牙、巴西等。

低语境文化需要直接的口头交流才能正确理解所传达的信息，并且在很大程度上依赖于明确的口头技巧。低语境文化希望沟通得到明确表述，这样就不会有混淆的风险，如果信息不够明确，就会减慢沟通过程。对于低语境人士，在最极端的情况下留下任何解释的回旋余地都可能是灾难性的。一些属于低语境交流的文化是西方文化，如英国、澳大利亚和美国。

（二）个人主义（Individualistic culture）与集体主义（Collectivist culture）

个人主义文化是一个以个人主义为特征的社会，即个人优先于或强调个人高于整个群体。个人主义是个人利益高于集体利益的信念，重视自给自足、个人时间、自由和外在动力。个人主义文化以自我为导向，是独立的，而不是认同群体心态。他们认为彼此只是松散的联系，并重视个人目标而不是群体利益。个人主义文化倾向于拥有更多样化的人群，其特点是强调个人成就，以及对与他人关系的有益和有害方面的理性评估。个人主义重视个人独立。在个人主义文化中，人们更有可能“将自己与他人分开，根据个人特征来定义自己，并将自己的特征视为相对稳定和不变的”。个人主义者的自我意识更多地由他们“内部”的身份来定义，最大限度地减少了个人“外部”因素、环境和人的影响。个人主义者倾向于以直接的方式进行交流——他们说出自己的意思，优先考虑明确无歧义地传达信息。欧洲和“西方”文化通常更加个人主义。因此，被归类为个人主义的国家一般是欧洲国家和美国。

集体主义是一种价值观，其特点是强调个人之间的凝聚力和群体优先于自我。集体主义侧重于将人们视为群体的成员，并强调对群体的义务。认同集体主义世界观的个人或群体倾向于发现共同的价值观和目标特别突出，并且表现出对群体内而非群体的更大取向。集体主义文化的特点是将群体团结置于个人目标之上。它认为长期关系很重要，因为它促进了社区的目标。在集体主义社会中，一个民族的成员很容易为了整个社会的进步而牺牲他们的个人利益。他们不把个人视为独立的单位；他们认为它们相互依存。每个人的取向都是面向群体而不是面向自己，因为自我形象被定义为“我们”。集体主义文化更多地关注环境而不是交流的内容。例如，语气、眼神接触、面部表情和身体位置等元素是一个人的感受与他实际所说内容的更准确指标。此外，集体主义社会的成员重视与过去的联系，他们对家谱和团聚等事件的兴趣证明了这一点。这种文化模式在传统社区中很常见。被归类为集体主义的国家包括韩国、中国、日本、印度尼西亚、厄瓜多尔、印度、巴西、危地马拉和委内瑞拉等。

（三）高权力距离（High Power Distance）与低权力距离（Low Power Distance）

权力距离是指上位者与下位者之间的关系，取决于后者对前者的反应。它是一个人类学概念，用于文化研究，以了解具有不同权力、影响和看法的个人之间的关系。它使用权力距离指数（PDI）作为衡量权力最大的人和权力最小的人之间建立的权力接受度的工具。在这些社会中，权力距离分为两类，类似于文化的权力指数；在权力距离大的社会中，人们更有可能遵循一个等级制度，每个人都有自己的位置，不需要进一步的理由，高级个人受到尊重和尊敬。在权力距离较小的社会中，个人的目标是平等分配权力。如果不考虑对高权力距离文化的同等尊重，低权力距离社会中的人往往需要额外的理由。

高权利距离的国家和组织中，人们不会质疑其领导人的决定。领导者认为其应该获得更多的金钱和相对的尊重，他们是权威不受侵犯的。而下属希望他们的工作和职责被指定给他们，并且在某些情况下，他们不会表达与权威的不同意见，因为害怕激起冲突的后果。低权力距离组织是松散的、分散的层次结构，员工或下属被认为是平等的或几乎平等的。主管或领导者较少，他们愿意信任有重要工作的下属，并愿意在出现问题时分担责任。一方面，来自高权力距离文化（例如中国和大多数亚洲国家）的人们很容易接受其在权力或权威上是不平等的观念。下属通常非常尊重他们的领导，并期望他们的老板为他们作决定。另一方面，来自低权力距离文化（如美国、英国、丹麦和澳大利亚）的人倾向于将每个人都视为平等并更愿意作出自己的决定。

曾经有一个案例，就一个美国公司与日本汽车制造公司合同纠纷进行商业调解。原本美国公司派出其总经理与日本汽车制造公司的总经理参与协商，但由于某些临时情况，美国公司的总经理当天没能来到调解会议进行协商，而是委派其助理参与。日本公司的总经理异常气愤直接离开调解现场，并取消之后的调解。日本公司总经理认为美国公司根本没有调解的诚意，故意派一个比他级别低的员工来和其谈判，表明他们对自己缺乏尊重和重视。上面的例子显示了对权力距离的不同文化理解而导致的沟通中断。

（四）合作（Cooperativeness）与自信（Assertiveness）

合作是指每个提供者都愿意互相寻求、倾听和学习。当我们谈论谈判时，合作与自信相反。合作性得分高的人在谈判中更关心他人的需要，而不是自己的需要。这些人经常寻求双赢的解决方案，而不是自己胜利就行的解决方案。同样，尽管这种合作性的定义与我们对该术语的一般想法有相似之处，但它可能与您在日常生活中使用这个词的方式不完全一致。合作谈判者更倾向于通过原则性谈判方式寻求"双赢"。自信度排名较低的国家是瑞士和新西兰，这些国家的管理者更有可能寻求共识和合作决策。

自信是指每个提供者愿意积极地提供信息，重视并支持他自己的个人体验。自信是个人强硬、对抗和侵略的程度，而不是合作和富有同情心的程度。强硬的谈判者会试图通过强权策略来占据主导地位，并且不愿作出任何让步。例如在美国、德国和墨西哥等高度自信的国家，沟通是直接而明确的。鼓励个人主动性，并且可能具有竞争性。

三、跨文化下调解的评估与预备工作应该做什么？

（一）对参与调解的当事人进行跨文化评估

评估是调解和早期中立评估的混合体。在评估性调解中，调解员决定案件的价值并建议如何解决。调解员假定当事人希望并需要调解员就案件应如何以及为何以某种方式或以特定金额解决问题提供指导。调解员和当事人或当事人律师（以下"当事人"包含其代理律师）要能够在调解前通过电话讨论这些问题，调解员通过对案件情况与当事人了解沟通的过程中评估其具有何种跨文化特征。

正如高语境文化和低语境文化的交流一般不同，交流的形式也会发生变化，包括他们喜欢的媒体类型。在当今快节奏的数字时代，这些形式可能会发生变化，但潜在的偏好保持不变。一般来说，高语境文化更喜欢口头交流，而低语境文化更喜欢书面交流。当涉及电子邮件、文本和在线消息时，低语境文化使用它来快速、频繁地发送消息。低语境文化也希望这些交流围绕基本问题展开，例如：发生了什么？它发生在哪里？什么时候会发生？它会如何发生？

作为调解员首先应评估调解的当事人各方是来自高语境或是低语境文化的人。如果来自低语境文化并与来自高语境文化的人一起工作，请不要依赖字面意思，还要尝试解释信息背后的含义。为此，请仔细聆听，观察他们的肢体语言，反思他们的意图并提出开放式问题以了解潜在信息。提出开放式问题而不是寻求是/否的回答对于了解信息的意图至关重要。澄清你的理解总是比假设你们已经很好地理解对方要好。从这些短语作为提取更多信息的标志——“我会考虑的”“大概吧”“我会尽我所能”“这将是非常困难的，但我会尝试一下”来评估判断其属于哪种跨文化类型。

（二）预备的必须工作——调解前会议

调解前会议，是指调解员组织各方当事人就调解流程、争论的关键问题进行固定的会议。在这会议期间，调解员针对当事人评估跨文化结果并进行观察，制定解决方案。例如在组织环境中，员工总是处于相对较低的位置，并且非常尊重他们的上级。员工往往习惯于工作现状，很少提供建议。例如劳动关系纠纷调解中，用人单位一方往往认为自己处于较高的地位，在调解的时候像往常一样向员工施压而不是听取意见。而员工已经习惯听取命令，不太敢表达自己真正的想法，从而导致调解的停滞不前。在会议期间，调解员可以评估当事人是否有实质性跨文化冲突，例如个性、面子或其他问题等隐含重要因素。届时，调解员可以制定策略，帮助当事人解决这些隐含问题，从而解决实质性问题。

（三）私下会议（Caucus）

私下会议，是指在调解陷入僵持时，调解员选择与一方当事人进行的会议。私下会议通常被认为是调解过程的一部分，是争端一方成员的私人、保密会议，通常与调解员一起讨论各种选项，以寻求解决方案。私下会议的设立是为了让争议各方有机会从调解会议中抽出一些时间，以便他们可以与他们的顾问和/或调解员协商，努力澄清问题，反思长期和短期目标，审查选项和建议，获得新事实，制定新的协议/和解提议，允许情绪发泄，并确认决定。这种会议一般需要调解员评估当事人的文化特征，评估当事人对对方文化的文化意识，探索当事人对对方文化的了解，担任“文化”翻译。例如，调解员发现调解受阻不前的原因是一方当事人是高语境文化的人，其发表的要求意见里有很多隐藏信息而另一方当事人是低语境文化的人，其“听不懂”对方要求的隐藏含义。此时，调解员要立即召开私下会议，向各方翻译对方意思。例如向来自高语境文化的人传递信息时，尽量减少重复并观察你的信息是否被很好地接收。使用有效的倾听来确定他们的理解水平，并使用这种方法来添加缺失的信息或进行更正。与来自低语境文化的人一起协商，请专注于消息的内容，而不要寻找隐藏的含义。如果意图不明确或信息听起来令人困惑，请毫不犹豫地提出澄清问题。来自低语境文化的人会欣赏你寻求清晰的直接态度，而不是保持沉默并在以后了解理解上的差距，那样其会更加配合你的调解。在向来自低语境文化的人发送信息时，要清晰明确，先传达主要思想，不要等到最后才陈述你真正想传达的内容。绕圈子而不切题肯定会失去他们的注意力并引起混乱。口头和书面总结关键要点也是一个好主意。

有时，私下会议调解员要创造一个环境，让各方可以重新建立或建立对解决争端有用的关系。例如在离婚调解中，个人主义的人根据自我设定个人目标和目的，而要求调解中每个诉求都按照其要求的进行。集体主义者更希望对方考虑双方过去的感情，从一个家庭作为集体的出发点去考虑问题。在孩子抚养权中，集体主义的人更希望分担抚养义务而不是独自抚养。针对探视权，个人主义更加希望别人围绕其时间来进行探视并毫无商量。因此，当调解员了解了双方情况之后，就针对相关情况在私下会议与当事人进行交流。以下是我对个人主义和集体主义调解私下会议的建议。对于个人主义者在调解前要先单独沟通，让他“获胜”的愿望不要在调解的过程中表露出来。对于个人主义者能让步（例如财产分割）对其作出鼓励。对集体主义者，调解员让其考虑直言不讳，即使这意味着不同意，只要这符合群体的最佳利益。

再举一个例子，自信的人在谈判中是自私的人，即只照顾他自己。因此，他们并不会像合作的人那样配合双方共同目标，追求双赢结果而进行谈判。他们会非常咄咄逼人，提出很多无理的要求让对方反感，导致协商走向僵局。调解员在此时应该进行角色协商：在调解的时候，灵活控制调解的节奏，当自信的人过于强势的时候适时引导或暂停进行私下沟通劝说，避免双方不欢而散，有助于避免和解决冲突。

综上，调解并不是诉讼的延伸。调解是为了确保当事人可以自由表达他们的意见，这些意见被听取，当事人得到尊重。调解需要周到的准备，如果有合适的当事人在场，调解员和当事人准备充分，协议和和解是可以实现的。调解员必须通过引导当事人完成准备步骤，并在当事人的帮助下确定调解过程，为成功的调解奠定基础。跨文化下调解的预备与评估工作能更深入挖掘当事人的潜在利益和需求，只有双方就解决方案达成一致，调解才会成功。特别在离婚调解中，调解员能否更好地通过对调解当事人的跨文化评估而解决离婚、监护权、财产甚至感情问题，这需要很多的评估与预备工作。而我国现有调解活动中，暂时未对跨文化下调解的评估与预备作深入的研究和实践。希望本文让大家简单了解上述理论概念，让跨文化评估与预备更好地在调解活动中使用。

律师调解市场化运作的探索

杜剑慧*

为贯彻落实《中共中央关于全面推进依法治国若干重大问题的决定》以及中共中央办公厅、国务院办公厅《关于完善矛盾纠纷多元化解机制的意见》《关于深化律师制度改革的意见》和最高人民法院《关于人民法院进一步深化多元化纠纷解决机制改革的意见》，充分发挥律师在预防和化解矛盾纠纷中的专业优势、职业优势和实践优势，健全完善律师调解制度，推动形成中国特色的多元化纠纷解决体系。最高人民法院、司法部于2017年9月30日发布了《关于开展律师调解试点工作的意见》（司发通〔2017〕105号，以下简称《律师调解意见》），部署在北京、广东等11个省市开展律师试点工作；2018年12月，两部门又联合印发通知，部署将试点范围扩大到全国。

《律师调解意见》指出，律师调解是指律师、依法成立的律师调解工作室或者律师调解中心作为中立第三方主持调解，协助纠纷各方当事人通过自愿协商达成协议解决争议的活动。意见出台至今，律师调解的工作模式主要还是以法院特邀调解员、公共法律服务中心指派律师调解员提供公益性调解服务为主。《律师调解意见》同时提出，在律师事务所设立的调解工作室受理当事人直接申请调解纠纷的，可以按照有偿和低价的原则向双方当事人收取调解费，一方当事人同意全部负担的除外。调解费的收取标准和办法由各试点地区根据实际情况确定，并报相关部门批准备案。即作为律师个人或在律师事务所设立调解工作室，组成调解团队，可以将调解作为一项律师业务

---

* 杜剑慧，广东广信君达律师事务所律师。

开展。

本文主要从律师调解的角色定位与调解原则出发，探索律师调解业务的市场化运作之前景。

一、律师作为中立的第三方主持调解，有利于及时有效地化解矛盾纠纷

传统的律师业务，基本上是接受委托或者指定，为特定的当事人提供法律服务，作为代理人，为一方当事人争取合法利益最大化，因此律师在从事委托代理业务时，大多从己方当事人的角度予以更多的考量。而在律师调解中，律师是作为中立的第三方来主持调解。律师调解可以像诉讼、仲裁程序一样，由律师作为中立的第三方，不代表任何一方当事人的利益，也不与当事人形成利害关系，通过律师的专业能力对各方当事人陈述的事实和证据材料进行梳理，分析各方的优劣势，从而达到平衡各方利益，解决矛盾纠纷的目的。

相对于诉讼、仲裁需要遵守严格的程序规定，律师调解程序和形式上可以更灵活、简便。律师调解可以根据各方当事人的共同申请，即可在律师事务所、依法成立的律师调解工作室或者调解中心组织各方当事人开展调解工作，调解形式也可以有多样化选择，有利于及时有效地化解矛盾纠纷，节约时间成本和维权成本。

全国各地通过法院、司法局、律师协会纷纷设立了各类“律师调解工作室”、行业“调解中心”，大力推广律师调解工作，希望律师调解能够得到广泛的运用。有条件的律师事务所和有能力的律师也应该更多地参与到律师调解工作中，促进多元化纠纷解决机制的深入发展。

二、律师调解化被动为主动，多元化的解决方案，可以最大限度维护各方当事人的合法权益

《律师法》第39条规定“律师不得在同一案件中为双方当事人担任代理人”。但是在接受相关委托代理前，律师可以根据案件的实际情况进行选择：告知当事人可以优先选择律师调解的方式解决纠纷，律师作为中立的第

三方，可以提出对双方当事人都合理合法有效的解决方案，实现共赢；或者选择代理一方当事人，代表该当事人维护其权益。在案件选择和处理上，律师拥有了更大的主动权和选择权。

大部分的家事、商事纠纷，纠纷双方在诉讼、仲裁程序的僵持，最终可能会影响到判决、裁定的有效执行。律师调解作为诉讼外调解，不拘泥于诉讼请求，可以在不违反法律规定的框架下，通过多元化的解决方案，将各方当事人与之相关联的事项一并解决，最大限度地维护各方当事人的合法权益，达到利益最大化。律师的专业能力体现有了更大的空间。

三、律师调解收费周期短，更加体现律师专业价值

通常情况下，律师按照工作的难度、付出的时间，以及工作成效来收取代理费用。作为代理人，代理当事人仲裁、一审、二审、再审程序，所需时间短则数月，长则数年。而调解的期限一般为 30 日，在较短的工作周期内，如果能够达到仲裁、诉讼的效果，成功解决矛盾纠纷，律师在单位时间内创造的平均效益则相对更高，更能体现律师的专业价值。当事人如能在短时间内解决矛盾纠纷，也更愿意接受律师调解作为一项付费的法律服务。

参考目前国内依法设立的调解中心公布的收费办法，调解的收费内容主要有几方面：

（一）调解登记费

按照双方当事人申请，受理调解，并收取调解登记费。该部分费用是基础行政费用，一般不高，由双方申请人共同缴纳。一方当事人如不缴纳申请费，即视为不同意调解，另一方当事人缴纳的费用可以予以退还。

（二）调解服务费

调解服务费可以采取按争议标的额比例收费和分级计时收费两种方式。

一般商事案件，由于争议标的额一般较大，无论是律师代理费还是调解服务费均会考虑到案件的复杂程度以及律师的工作价值是否与争议标的额成正比例关系，从而采用按争议标的额比例收取费用。但由于调解存在不确定

性，如按照争议标的额计算，当事人有可能因为需要支付的成本太高而不太容易接受。如果调解不成功，可能还涉及返还部分调解服务费的情况，容易引起当事人对收费方式提出异议。

另外一种收费方式是分级计时收费。一方面根据案件的争议标的额，确定律师调解服务的计费时间标准，根据律师在调解过程中实际付出的工作量和调解成本计算调解服务费。但是分级计时收费标准，需要同时考虑主持调解的律师的专业能力与经验。

无论采取哪一种收费方式，都需要提前报相关部门批准备案并公示，当事人接受服务前需明晰收费的标准和计算方法，以避免产生收费的争议。

四、公益性与市场化并行，律师调解可持续发展之路

诉讼与仲裁一般可以通过判决书体现律师的专业能力，调解如何体现律师的专业能力呢？目前律师参与的大部分调解，除了法院委托的诉前、诉中调解，更多的是在基层人民调解组织或者在行业协会所设立的调解机构或平台上参与调解，主要是公益性调解，由政府或行业协会的经费提供补贴进行保障，在一定程度上，收入与律师付出的时间和精力不成正比，影响了律师参与调解的积极性与主动性。因此，只有把律师调解当作一项业务来开展，通过公益性调解，提升人民群众、各行业对律师调解的知晓度和接受度，积累律师的调解经验，让更多的当事人自愿选择律师调解，律师就可以在事先明确要收费的情况下进行律师调解，从而体现律师的专业能力，也获得市场的认可。公益性与市场化并行，以利益驱动的方式推动律师调解的良性和可持续发展。

五、有舍有得，遵守调解原则才是长久之计

律师开展调解工作，首先是充分尊重各方当事人的意愿，尊重当事人对解决纠纷程序的选择权，保障其诉讼权利。其次是保持中立，不得有偏向任何一方当事人的言行，维护调解结果的客观性、公正性和可接受性。如果接受了各方当事人的申请主持调解，律师调解员将不得再就该争议事项或与该争议有密切联系的其他纠纷接受一方当事人的委托，担任仲裁或诉讼的代理

人，也不得担任该争议事项后续解决程序的人民陪审员、仲裁员、证人、鉴定人以及翻译人员等。

如果律师调解员违法调解，违反回避制度，泄露当事人隐私或秘密，或者具有其他违反法律、违背律师职业道德行为的，会视情节限期或禁止从事调解业务，或由律师协会、司法行政机关依法依规给予行业处分和行政处罚。

律师调解是一项创新的律师业务，目前在市场化运作模式上仍处于探索阶段，除了国家制度的支持，还要有更多的律师承担起法律职业共同体的责任，充分发挥律师在预防和化解矛盾纠纷中的专业优势、职业优势和实践优势，共同推进多元化纠纷解决机制的发展，为法治中国建设作出积极贡献。

参考文献

①贾玉慧：《推进律师调解工作的几点看法》，载《人民法院报（理论周刊）》2017 年 11 月 22 日，第 8 版。

②胡卫民：《律师调解的定位及制度研究》，载东方律师网 2020 年 2 月 11 日，https：//www. lawyers. org. cn/info/ab06ff88e56248bfb27318070dee527c。

③沈田丰：《律师调解的几个问题》，载中国律师网（中华全国律师协会网站）2020 年 4 月 15 日，http：//www. acla. org. cn/article/page/detailById/28497。

调解保密性探讨及建议

李兴厚*　罗晓云**

调解作为一种有效的多元化纠纷解决机制，其本质是在双方达成合意情况下，将纠纷高效地以达成调解协议的方式化解，有利于双方和谐共处及后续的履行。在纠纷甚至诉讼案件爆炸性增长，全球化高速发展，纠纷当事人跨国、跨法域普遍存在的背景下，调解作为纠纷解决机制的一种，日益受到重视推崇，并在全球范围内迅速推广开来。在调解中涉及的当事人自主的权利处置，并不一定与法律规制的应然结果高度一致，甚至可能是一方或者各方为达成和解协议在事实认定等方面作出重大让步的结果，为防止在调解不成后的法律程序中，调解中当事人作出的让步被用于对抗该当事人，调解保密制度便自然而然地被确立起来。绝对的保密或者绝对的公开无疑都有失偏颇，调解制度的保密性边界划在哪个位置，无疑值得深入研究，笔者从最高人民法院的一个案例出发，试为读者析之。

一、（2018）最高法行申142号案的启示

再审申请人杨某因诉山西省人力资源和社会保障厅政府信息公开一案，不服山西省高级人民法院（2017）晋行终320号行政判决，向最高人民法院申请再审。最高人民法院在审查期间，对本案进行了调解，再审申请人于2018年3月19日向最高人民法院申请撤回再审申请，最高人民法院准许并以（2018）最高法行申142号《行政裁定书》将调解过程及协议内容公开。

---

* 李兴厚，广东经国律师事务所常务副主任。
** 罗晓云，广东协言律师事务所执行主任。

《行政裁定书》中，最高人民法院对公开行为进行了说理："调解过程和调解协议内容不公开，这是最高人民法院《关于适用〈中华人民共和国行政诉讼法〉的解释》第八十六条第一款和第三款的规定。调解保密原则意在保护调解过程中产生的当事人敏感信息，不仅双方当事人应当保守调解秘密，人民法院亦应受到约束。但该司法解释第八十六条第三款对调解协议内容不公开还规定了例外情形，这就是，'为保护国家利益、社会公共利益、他人合法权益，人民法院认为确有必要公开的除外'。合议庭认为，将本案的调解协议内容公开，不仅没有当事人敏感信息被披露的危险，而且通过对双方当事人理性与合作态度的宣传，可以引导行政机关更好地服务人民群众，引导公民、法人或者其他组织更理性地行使诉讼权利，进而在全社会营造减少诉讼、增进和谐的风气。因此，本院决定在准许再审申请人撤回再审申请的同时，将本裁定予以公开。"

上述案件虽然是一个行政诉讼调解案件，但无疑也给我们在所有调解程序的保密性边界厘定上以重要启示。调解保密原则意在保护调解过程中产生的当事人敏感信息，何为当事人的敏感信息，当事人最为清楚，故凡当事人决定保密的相应调解信息理应保密。但是，"为保护国家利益、社会公共利益、他人合法权益，人民法院认为确有必要公开的除外"。

二、调解保密原则相关法律规定的演变，体现了上述调解保密性原则边界的逐步确立

调解保密原则是维护调解中当事人意愿自由的重要手段。但目前而言，调解保密原则缺乏一个明确定义。有的学者认为，调解保密原则要求调解要秘密进行，调解过程对外就不公布，调解员要对在调解中知悉的信息及调解结果保守秘密；有学者认为对于调解的任何内容不得要求当事人在后续的法律程序中作为证据使用。笔者检索了我国涉及调解保密性的法律规定，发现了如下演变进程：

2004 年最高人民法院出台的《关于人民法院民事调解工作若干问题的规定》（2008 年、2020 年已两次修正）第 7 条第 1 款规定："当事人申请不公开进行调解的，人民法院应当准许。"《最高人民法院关于适用〈中华人

民共和国民事诉讼法〉的解释》第146条规定："人民法院审理民事案件，调解过程不公开，但当事人同意公开的除外。调解协议内容不公开，但为保护国家利益、社会公共利益、他人合法权益，人民法院认为确有必要公开的除外。主持调解以及参与调解的人员，对调解过程以及调解过程中获悉的国家秘密、商业秘密、个人隐私和其他不宜公开的信息，应当保守秘密，但为保护国家利益、社会公共利益、他人合法权益的除外。"

2007年最高人民法院出台的《关于进一步发挥诉讼调解在构建社会主义和谐社会中积极作用若干意见》第12点规定："人民法院应当健全调解规范，完善调解程序，注重增强调解工作的亲和力、透明度、效率，方便当事人参与调解。应当根据案件实际情况，灵活选择调解方式和方法，为当事人创造自由协商、互谦互让的宽松条件和氛围。人民法院调解案件，当事人要求公开调解的，人民法院应当允许；办案法官和参与调解的有关组织以及其他个人，应当严格保守调解信息，当事人要求不公开调解协议内容的，人民法院应当允许。"

2009年最高人民法院出台的《关于建立健全诉讼与非诉讼相衔接的矛盾纠纷解决机制的若干意见》第19点规定："调解过程不公开，但双方当事人要求或者同意公开调解的除外。从事调解的机关、组织、调解员，以及负责调解事务管理的法院工作人员，不得披露调解过程的有关情况，不得在就相关案件进行的诉讼中作证，当事人不得在审判程序中将调解过程中制作的笔录、当事人为达成调解协议而作出的让步或者承诺、调解员或者当事人发表的任何意见或者建议等作为证据提出，但下列情形除外：（一）双方当事人均同意的；（二）法律有明确规定的；（三）为保护国家利益、社会公共利益、案外人合法权益，人民法院认为确有必要的。"

2010年出台的《人民调解法》第23条规定："当事人在人民调解活动中享有下列权利：（一）选择或者接受人民调解员；（二）接受调解、拒绝调解或者要求终止调解；（三）要求调解公开进行或者不公开进行；（四）自主表达意愿、自愿达成调解协议。"

2020年最高人民法院出台的《关于进一步完善委派调解机制的指导意见》第8点规定："完善调解与诉讼的材料衔接机制。委派调解中已经明确告知当事人相关权利和法律后果，并经当事人同意的调解材料，经人民法院审查，符合法律及司法解释规定的，可以作为诉讼材料使用。”

从确立调解程序不公开制度至调解不公开为原则到调解与诉讼材料衔接探索，可以看出我国对于调解保密性原则正在逐步建立和完善，也反映出调解保密原则的含义随着法律不断修改新增而完善，但是主要离不开两个方面：对外的程序性保密和对内的实质性保密。程序性保密保障了实质性保密的前提，实质性保密是程序性保密设立的目的。

结合已有规定和实务来看，程序性保密是指原则上除当事人外的他人不能参加调解程序，无权了解调解过程；参与调解的全部人员不能对外泄露调解信息，仅“为保护国家利益、社会公共利益、他人合法权益，人民法院认为确有必要公开的除外”。无可否认的是，绝对的调解保密逐渐不被人民法院接受，日趋消解，保障调解材料与诉讼材料的衔接，或将成为新的趋势（参见最高人民法院《关于建立健全诉讼与非诉讼相衔接的矛盾纠纷解决机制的若干意见》、最高人民法院《关于进一步完善委派调解机制的指导意见》），由此带来的调解程序可能不被当事人充分信任，将会成为大调解趋势下的微妙课题。

三、对内调解实质性保密含义

上文已对调解程序对外部的保密边界进行了探讨，从而对保密性原则在调解过程外部边界进行了厘定，但是，对参与调解的各方，仍需进一步对保密性原则予以明确。

在调解失败后，纠纷解决将会转入诉讼或仲裁程序，调解产生的信息和材料不可避免进入诉讼程序。我国已经在最高人民法院《关于建立健全诉讼与非诉讼相衔接的矛盾纠纷解决机制的若干意见》第 19 点对此进行规定，原则上，参与调解的组织或法院工作人员不得作证，当事人任何一方不得将调解过程中制作的笔录、当事人为达成调解协议而作出的让步或者承诺、调解员或者当事人发表的任何意见或者建议等作为证据提出。这有利于当事人之间坦诚交流，保障调解信息不被引用①，但无法保障因调解提供的材料不会被对方当事人在诉讼程序中利用。依据或参照《民事诉讼法》第96条“人民法院审理民事案件，根据当事人自愿的原则，在事实清楚的基础上，分清是非，进行调解”。那么无可避免的是当事人会出示诉讼程序中未出示或不打算出示的证据材料以证明自身所说事实，因此出示的证据材料是否能被用于诉讼程序也是调解保密性关键之一。对此最高人民法院《关于进一步完善委派调解机制的指导意见》第8点规定，在委派调解中经当事人同意及人民法院审查，符合法律及司法解释规定的调解材料可进入诉讼程序。该规定确认了我国调解材料可以进入诉讼程序的情况，反之，任何一方不同意的情况下，调解中出现的材料禁止进入后续程序。结合已有规定来看，我国对内调解保密性仅限于调解证据材料一旦在调解程序中被披露，那么在诉讼程序中是否被采纳需结合双方意志和法院的审核情况。该规定给调解加多一重保险，更有利于让当事人在自由协商的宽松氛围下争取达成共识，在诉讼程序外化解纠纷。但是，在目前审判包括仲裁法律体制下，无法规避审判或仲裁人员受其在调解程序中获悉的信息影响，从而依据该等信息形成可能对某方当事人不利的内心确认，进而作出对其不利的裁判，最终影响调解制度的推广和应用。

四、对策与建议

针对裁判人员个人受调解程序中获悉信息影响问题，笔者认为应大力推广调审分离制度，以杜绝上述弊端。诉前联调制度业已在我国审判实践中广泛实施，调解员大多为法院外聘或外部志愿者，实践中，诉前联调终结，调解员即不再参与后续审判流程。笔者建议凡经过诉前联调的案件，原则上法官不再主持调解，如进入审判流程后，当事人又愿意调解，联调程序即时恢复，由调解员主持调解，从而规避调审合一给裁判人员内心确认造成不当影响。同时，为避免久调不决，诉讼程序中，应设置调解时限及次数限制，以防当事人权利滥用。

---

① 肖建华、唐玉富：《论法院调解保密原则》，载《法律科学（西北政法大学学报）》2011年第4期，第139页。

《新加坡调解公约》视角下的国际商事调解协议执行力问题研究

车天驰[*]

2019年8月7日，联合国国际贸易法委员会制定的《联合国关于调解所产生的国际和解协议公约》（以下简称《新加坡调解公约》或《公约》）在新加坡开放签署。《新加坡调解公约》的主要宗旨和目的是便利经第三方调解达成的国际商事和解协议在成员国间的执行。公约一经出台便获得诸多正面呼声，我国也积极响应，并作为首批签署国加入了公约。根据《新加坡调解公约》第14条的相关规定①，该公约已于2020年9月12日正式生效。

《新加坡调解公约》通过明确肯定国际商事调解协议具有执行力，构建了原生性的跨国执行机制，因此，“这一备受关注的公约还被认为与《纽约公约》《选择法院协议公约》一起共同构成了民商事纠纷解决的国际承认与执行领域的三大基础性法律文件”②。

我国虽是《公约》的签署国之一，但目前尚未正式通过全国人大（常

---

* 车天驰，广州市律师协会ADR委委员，广东诺臣律师事务所合伙人，广东省律协破产与清算法律专业委员会委员，广东省破产管理人协会不良资产专业委员会委员，广州市律师协会宣传交流与文化建设工作委员会副秘书长；广州市资产管理行业仲裁调解中心调解员，“广州云普法”团队成员；广州市青年律师领军人才，广州市涉外律师领军人才（首批），广州市律师行业优秀党务工作者。

① 《新加坡调解公约》第14条：“1. 本公约应于第三份批准书、接受书、核准书或者加入书交存后六个月生效……”

② 温先涛：《〈新加坡公约〉与中国商事调解——与〈纽约公约〉〈选择法院协议公约〉相比较》，载《中国法律评论》2019年第1期。

委会）对其进行批准落地，其重要原因在于，《公约》体现的调解协议的可执行性与我国现有制度存在一定冲突，本文拟通过分别对《公约》及我国现有调解协议执行制度的规定，梳理出《公约》衔接可能产生的问题及解决路径，以期为批准《公约》前的理论、制度及实践准备提供一定的参考。

一、《新加坡调解公约》视角下国际商事调解协议的要点分析

《公约》不论是在序言部分还是在主文中，均明确指出该《公约》的宗旨在于推动国际商事和解协议的既判力与可执行性，这也是其最大的立法意义，在进一步论述《公约》的意义及内容前，考虑到我国法律体系中特定概念的描述与《公约》存在一定衔接问题，本文拟首先对相关概念进行厘清。

（一）《公约》中的“和解协议”与我国法律体系中的“调解协议”

《公约》中文版本中，对于英文版中“settlement agreement”翻译为“和解协议”，从《公约》规定的内容上看，该“和解协议”与我国法律体系语境下的“和解协议”有一定差别。

在我国法律体系语境下，和解协议是合同的一种类型，“它是指当事人通过约定，互相让步，以终止争执、解决争议或使法律关系的内容得以确定的协议”①。而《公约》中所体现的“和解协议”，其内涵更侧重于我国法律体系语境中的“调解协议”，即对争议事项，通过特定调解机构就争议事项进行居中调和，并由调解机构出具的具有合同性质的法律文书。当然，需要说明的是，《公约》所包含的调解主体，比我国现行调解主体更为宽泛，其还包含了争议双（各）方选定的调解员或临时调解机构等。

鉴此，为避免文义冲突，除援引公约原文外，本文将统一以调解协议进行表述。

---

① 黄立主编：《民法债编各论》（下），中国政法大学出版社2003年版，第831页。

(二)《公约》视角下“国际商事调解协议”的必要因素

1. 调解协议应当具有国际性

《公约》适用的调解协议应当具有国际性。根据《公约》第1条适用范围第1款的规定:“本公约适用于调解所产生的、当事人为解决商事争议而以书面形式订立的协议(以下简称和解协议),该协议在订立时由于以下原因而具有国际性:(a)和解协议至少有两方当事人在不同国家设有营业地;或者(b)和解协议各方当事人设有营业地的国家不是:(一)和解协议所规定的相当一部分义务履行地所在国;或者(二)与和解协议所涉事项关系最密切的国家。”由此可知,公约所适用的调解协议应具有国际性。

2. 调解协议应当具有商事性

根据《公约》第1条第2款的规定,其对适用的调解协议进行了排除性规定,从规定内容看,其排除了对消费者、家庭、继承、劳动等领域,强调了公约针对的是商事领域的调解,同时,根据联合国国际贸易法委员会于2018年修正的《国际商事调解和调解所产生的国际和解协议示范法》(以下简称《调解示范法》)进一步对国际商事调解的商事性进行了明确①。

3. 调解协议应产生于独立的调解程序

根据《公约》第1条第3款的规定可知,公约排除了在诉讼或仲裁中达成的和解协议的适用,其强调了其所适用的调解协议侧重于从独立于法院或仲裁机构的独立调解程序所作出的协议,同时,从后续规定看,公约对于调解程序的界定,不仅包括了调解机构根据其规则所作出的调解协议,也包含了当事人选定的调解员或临时调解机构所作出的调解协议。

4. 调解协议应具备一定的形式要求

根据《公约》第4条的规定可知,其对调解协议有一定的形式要求,包括:(1)调解员应在协议上签字;(2)调解员签署的表明进行调解的相

---

① 《调解示范法》(2018)第1条第1款:“商业性质关系包括但不限于下列交易:供应或交换货物或者服务的任何贸易交易;销售协议;商业代表或代理;保理;租赁;工程建造;咨询;工程技术;发放许可;投资;融资;银行业务;保险;开发协议或特许权;合营企业和其他形式的工业或商业合作;航空、海路、铁路或公路客货运输。”

关文件；(3) 调解过程管理机构的证明：(4) 或在没有前三项形式证明的情况下，可被主管机构认可的其他形式。

同时，《公约》也考虑到国际商事调解的特殊性，认定符合条件的采用电子通信形式的协议亦是合乎公约要求的调解协议。

二、我国有关调解制度的相关规定及调解协议的执行制度

（一）我国[①]现行调解制度的相关规定

有关我国调解制度的规定，主要包含以下几个方面：第一，与人民调解相关的制度主要包含：《人民调解法》，最高人民法院《关于人民调解协议司法确认程序的若干规定》（以下简称《人民调解规定》)，最高人民法院《关于建立健全诉讼与非诉讼相衔接的矛盾纠纷解决机制的若干意见》（以下简称《诉非衔接意见》）、《关于发挥商会调解优势 推进民营经济领域纠纷多元化解机制建设的意见》（以下简称《意见》）等相关规定。第二，是以调解方式解决特殊类型争议的法律法规，如《劳动争议调解仲裁法》《农村土地承包经营纠纷调解仲裁法》等。第三，是一般性规定中涉及调解的部分，其侧重于规范司法、调解二者之间的关系，如《民事诉讼法》《仲裁法》等。

梳理我国现行调解制度可知，我国的调解制度是一种“大调解”的概念，包含了人民调解、民事调解、商事调解、劳动纠纷调解、行政调解等多重含义。同时，从定性上看，现行制度下的调解协议也是侧重于民事合同性质。

（二）我国现行调解制度下，调解协议的执行路径

从现有规定看，对于当下通过各种程序形成的调解协议，一般有三种方式：第一，通过公证程序将调解协议转化为具备强制执行力的公证债权文书；第二，对于具备给付内容的调解协议，向相应基层法院申请支付令；第三，向基层人民法院申请司法确认调解协议，经裁定有效的，该调解协议具

---

① 本文所指我国或中国的法律法规，特指中华人民共和国内地/大陆的法律法规或司法解释等，不包括中国香港、中国澳门或中国台湾地区的法律法规。

有强制执行力。

总体来看，我国现行调解制度下，调解协议不具有直接执行力，通过各种程序形成的调解协议，均需司法等有关部门进行再确认后方可执行。

三、《公约》视角下国家商事调解协议的可执行性与中国法背景下调解协议执行衔接困境

（一）《公约》下国际商事调解协议具有可执行性与终局性的特点

1. 国际商事调解协议具有可执行性

根据《公约》第3条第1款的规定可知，《公约》下的调解协议具备直接执行力，理论上看，只要该调解协议符合《公约》有关形式等的相关规定并依据公约规定的程序作出，当事人即有权到相关成员国申请执行。

2. 国际商事调解协议具有终局性

根据《公约》第3条第2款的规定可知，其在表述中避免了用“承认”“赋予法律效力”等提法，而是采用“允许该当事人按照本国程序规则并根据本公约规定的条件援用和解协议，以证明该事项已得到解决”这一表述，体现了《公约》下国际商事调解协议的终局性。之所以采用这一表述，是因“（《公约》制定）工作组认为，适用本公约的国际和解协议内容中应当指明调解员参与了调解过程并且其本身产生于调解，这将使国际和解协议有别于其他合同”①。这充分体现了《公约》的立法目的，即赋予国际商事主体便捷、高效的争端解决方式，避免重复司法/争议解决程序给当事人带来的大量成本，这也是目前国际商事争端解决领域的一大痛点。

（二）《公约》下国际商事调解协议的特点与中国法背景下调解协议执行现状的不兼容问题

1. 执行力的不兼容问题

根据前述可知，我国现行制度下，调解协议不具有直接执行效力，而

① 孙巍：《〈联合国关于调解所产生的国际和解协议公约〉立法背景及条文释义》，法律出版社2018年版，第43页。

《公约》则明确规定了国际商事调解协议具有直接执行力。此外，根据《公约》第8条保留条款的规定可知，除明确授权可以保留的内容外，《公约》不允许作出其他额外保留，而第8条的允许保留内容，并不包含直接执行问题，这也是《公约》制定工作组在制定过程中经反复考量后采用的方式，即明确保障《公约》在各国都应具有直接执行效力，这也是《公约》的最大意义。在此情况下，我国现行的调解制度，并不符合《公约》对国际商事调解协议直接执行的要求。

2. 终局效力的不兼容问题

同样根据前述可知，我国现行制度下，调解协议作为民事合同，其不具有终局效力，需要经过法院等相关部门的确认后，方可最终解决纠纷。《公约》则明确规定了国际商事调解协议的终局效力，这样体现了《公约》的立法目的，如果还是侧重于一般民事合同性质，则对于国际商事争议主体而言，如采纳此类国际商事调解协议的，在达成协议后，其仍需相关司法机关进行确认的话，则其解决纠纷的效率可能不仅没有提高，反倒是存在多一个程序的可能，这将导致当事人谨慎选择国际商事调解这一争端解决方式。

由此可知，我国现行的调解制度，并不符合《公约》对国际商事调解协议有关终局性的要求。

四、《公约》与我国调解制度的几种衔接思路

鉴于《公约》与我国现行调解制度在执行、调解主体[①]方面存在着差异与冲突问题，各方在衔接思路上均提出了自己的见解，总结来看，主要包括以下几种：

（一）主张对现行调解制度进行突破，以制度构建的形式解决与《公约》项下国际商事调解的衔接问题

考虑到现行调解制度与公约项下的多重冲突问题，有学者认为，应在立

① 根据《公约》第2、3条的规定来看，其对调解主体并未限定于机构，《调解示范法》（2018）第6条也未限定调解主体，则从理论上看，国际商事调解的主体可以是机构，也可以是个人，还可以是当事人选定的临时机构。鉴于本文论述的重点在于《公约》视角下调解协议的执行问题，对此不予过多赘述。

法与制度层面对现有规定进行突破，通过引入《调解示范法》，在该法基础上构建国际商事调解程序①。

该部分学者认为，考虑到目前现行的《人民调解法》侧重于大调解的概念，再将国际商事调解中的概念及理念植入可能产生新的衔接问题，且《调解示范法》已在加拿大、克罗地亚、匈牙利等多个国家完成了法律移植，我国可以该示范法为基础，构建具有本国特色的商事调解制度。

在这部分学者中，还有部分学者认为应尽快采取一元论的方式，即参考《公约》对国内整体调解制度进行调整，实现与《公约》的接轨。

（二）主张在不改变现有调解制度的局面下，通过程序性的调整，如执行审查制度，实现合理衔接

另有部分学者认为，在我国尚未开展相应立法安排的情况下，直接提出对现有调解制度进行制度性突破存在可行性的问题，这一部分学者提出，可以通过程序性的调整，区分国内调解与国际商事调解的概念，以“双轨制”实现合理衔接②。

该部分学者认为，对于调解协议，可在执行程序中引入执行审查程序，对调解协议的性质予以区分，以区分国际商事调解协议与一般调解协议，并赋予国际商事调解协议以直接执行效力，对于一般性调解协议，则仍应经过司法确认程序等予以确认，从而实现《公约》与国内现有制度的衔接。

（三）主张通过逐步趋同的方式，渐进地实现衔接

还有部分学者认为，考虑到《公约》背后成熟的商事习惯与我国传统文化中的大调解概念差异较大，如激进地采取“同一制”可能会导致理论与实践的脱节。对于国际商事调解的执行与衔接问题，我们可参考国内仲裁的发展经验，通过逐步趋同的方式实现衔接，在这个过程中，可以先采取一

---

① 参见张丽英：《〈新加坡调解公约〉的解读及中国商事调解制度的衔接》，载《商事仲裁与调解》2020年第2期。参见连俊雅：《经调解产生的国际商事和解协议的执行困境与突破——兼论〈新加坡调解公约〉与中国法律体系的衔接》，载《国际商务研究》2021年第1期。

② 参见赵泽慧：《〈新加坡调解公约〉的衔接困境与突围——从调解协议效力的冲突切入》，载《商事仲裁与调解》2020年第4期。

定的双轨制，再实现具有本国特色的并轨，并可趁着我国当下仲裁发展的东风，通过仲裁机构的调解，促进商事调解的进一步发展①。

五、关于构建合理衔接《公约》与现行调解制度的建议

综合当下几方学者的观点，笔者认为，我国传统的大调解概念与《公约》背后商事调解存在一定差异，且在现有有关调解的相关法律（如《人民调解法》）颁布未久的情况下，直接采用一元制或直接再行立法突破现有制度安排，恐不利于我国具有浓厚传统色彩的调解制度本身的现代化和规范化。

对于部分学者认为的在执行程序中另设执行审查程序，从而区分处理国际商事调解与一般调解的观点，笔者认为，在执行程序中另行设置审查程序，可能产生模糊执行与审判程序的后果，这与我国一直以来的立法精神与司法实践相违背；同时，在执行程序中另设审查程序，还是没有解决如何区分国际商事调解与国内调解的问题。

鉴于此，关于《公约》与国内现行制度的衔接问题，确可考虑参考当年仲裁制度的落地过程，在当下采取一定程度的双轨制，即区分域外国际调解机构作出的国际商事调解协议与国内机构作出的调解协议，对于域外机构作出的国际商事调解协议，可参考《调解示范法》中的相关规定，增设针对国际商事调解协议的司法确认程序，该司法确认程序，应着重于原调解程序在形成过程中形式上的审查，“以证明该事项已得到解决”②，而非实质性审查，则可在未突破《公约》规定的情况下实现衔接。

对于国内机构作出的调解协议，则仍基于现行调解制度，以公证文书、支付令及司法确认程序，实现其执行力。

当然，我们在参考仲裁程序落地的经验时，也应吸取当年仲裁本土化过程中的经验教训，举例而论，我国在仲裁裁决的国籍认定上，采取的是“仲裁机构所在地”标准，与国际通行的“裁决作出地”不符，由此产生诸

---

① 参见宋连彬、胥燕然：《我国商事调解协议的执行力问题研究——以〈新加坡公约〉生效为背景》，载《西北大学学报（哲学社会科学版）》2021 年第 1 期。

② 详见《新加坡公约》第 3 条第 2 款。

多争论。有鉴于此，我们在国际商事调解制度落地过程中的“两步走”策略，应尽可能在最开始就与国际标准对齐，《公约》与《调解示范法》已提供了较好的参考。

调解制度在中国有着非常悠久的历史，早在《周礼 · 地官 · 调人》中就记载了调人制度①。我国传统的无讼等理念及大调解的观念也深入人心。我国调解制度的发展，正经历着崭新的时代，2018 年 1 月 23 日《关于建立“一带一路”国际商事争端解决机制和机构的意见》（以下简称《意见》）②明确提出应依托我国现有司法、仲裁和调解机构，整合国内外资源，建立诉讼、调解、仲裁有效衔接的多元化纠纷解决机制，依法妥善化解“一带一路”商贸和投资争端。该《意见》旗帜鲜明地顺应了当下多元化解决争端的趋势，随着我国“一带一路”倡议的进一步实施，与各国的经济交往日益密切，在国际商事领域，确有必要实现更为高效、便捷的争端解决方式，国际商事调解不失为一条可行之道。有鉴于此，我国应基于本国国情，逐步、妥善实现与《公约》的合理衔接。

---

① 温先涛：《〈新加坡公约〉与中国商事调解——与〈纽约公约〉〈选择法院协议公约〉相比较》，载《中国法律评论》2019 年第 1 期。

② 《关于建立“一带一路”国际商事争端解决机制和机构的意见》，载中国政府网 2021 年 7 月 23 日，http：////www. gov. cn/zhengce/2018 –06/27/content_ 5301657. htm。

调解协议如何实现法院强制执行的对接

——以香港特别行政区为例

陈永良*

一、香港本地调解协议执行

根据香港法例《高等法院规则》第 1A 号命令和《实务指示 31　调解》规定，法律代表有责任协助法庭解决当事双方的争议，提醒争议方应先尝试以调解解决纷争。但最终是否尝试调解纯属争议方之意愿，在各方皆同意下，方可启动调解程序。然而，如争议方的任何一方拒绝尝试调解，法庭在行使酌情权决定讼费时，将考虑诉讼一方是否不合理地拒绝尝试调解。如法庭最终裁定任何一方不合理地拒绝尝试调解，将对该方作出「不利讼费令」，即惩罚性讼费命令，按弥偿基准评定讼费，以反映上述行为对法庭资源造成的浪费。

（一）调解的一般程序

一般而言，调解可在诉讼程序展开前或后任何时间提出，普遍会在争议

---

* 陈永良，司徒维新律师行合伙人律师。擅长处理刑事诉讼，特别是商业罪案及与贪污有关的案件，并且在知识产权保护、香港移民法规、遗产继承等法律事务、企业及商业事务上也有相当的经验。于 2019 年开始获委任为中国司法部委托公证人，办理大量的中国公证业务，特别擅长处理中国内地有关业务。曾于 2001—2007 年间常驻上海和北京工作，其间先后在两家著名国际企业担任法律顾问，负责知识产权保护及企业合规调查工作，对中国内地事务非常熟悉。自 2020 年初广州市南沙区的联营律师事务所成立以来，出席该所的副主任。于 2020 年被珠海市司法局选任为该市之人民监督员（全国首位香港人担任此义务工作）。2022 年被委任珠海市调解协会港籍调解员。2023 年开始，出任广州市南沙新区劳动人事争议仲裁委员会之调解员。

各方披露文件后进行调解。若争议方有委聘律师，而自愿同意调解，该代表律师会将调解证明书送交法庭传档。同时，该代表律师也会按香港法例第4A章《高等法院规则》第25号命令－案件管理传票及会议，将设定时间表的问卷（Timetabling questionnaire）送交法庭传档，以表示诉讼方愿意尝试调解。将调解证明书送交法庭传档后，同意将争议交付调解的一方（“申请人”）应尽快向另一方（“答辩人”）发送一份调解通知书，以及将该通知书副本送交法庭。当收到调解通知书后，答辩人应在14天内，或按争议方同意或法庭指示的时限，作出回覆，并将该调解回覆书送交法庭传档。

若然调解各方就他们在调解通知书和调解回应书中提出的调解建议达成任何共识，该同意内容应以书面形式记录，由申请人和答辩人或他们的代表律师签署，并于签署后3天内将该调解记录（Mediation minute）送交法庭传档。各方应按照其中所订明的规则和时间表行事，进行调解。

然而，如争议方的任何一方没有代表律师，法庭将会作出指示，提醒争议方应先尝试以调解解决纷争。争议方可在任何时间并得到争议各方同意下，与专业团体联络或委任获各方同意的调解员作调解程序。

若调解部分或全部成功，双方将签署一份由调解员准备的书面协议，并及后按照该调解协议履行责任。该调解协议无须送交法庭，但呈请人有责任向法庭提交一份调解报告（Mediation Report），将调解结果向法庭报告及存档。

（二）如出现一方违反调解协议的情况

但是，当调解任何一方违反调解后签定的调解协议，香港现时仍未有一套清晰明确的法律框架和完善的制度规管调解协议的执行。有鉴于此，经争议双方签署后的调解协议拥有等同任何一般合约的法律效力。该协议亦可按一般合同法原则执行。为了确保该协议能有效执行，争议双方需要在拟订协议时确保具有有效合同应有的基本条件，例如有意订立具法律约束力的合约（Intention to create legal relations）、要约（Offer）、接受要约/承约（Acceptance）及代价/给予对方的利益（Consideration）等。

基于调解协议是争议双方达成共识，并在专业的调解员协助下草拟及拟备，和解条件的内容比较明确。因此，经调解后的协议合同衍生的争议一般较少。即使有任何一方期后违反协议而须追究违约一方，执行一方只要引述该份协议合同，向法院针对违约一方进行追讨，大体上与执行一般合约的诉讼无异。普遍而言，追讨一方可委聘律师向违约一方先发出律师信，作最后通知，要求对方在合理时间内（一般介乎 14 天至 21 天内）履行弥补行动（Remedial actions）。若违约方在指定时限内仍未履行协议内容者，则追讨一方便可向法院进行追讨的法律程序。在法庭裁定一方获得胜诉后，胜诉一方可以以下方式执行法庭命令及：

1. 向债务人作出口头盘问（ Oral examination ）：将债务人带上法庭，并宣誓说明拥有何等资产；

2. 押记令（ Charging Order ）：以申请将债务人拥有的物业出售以偿还欠款；

3. 扣押债务人财产令状（ Writ of Fieri Facias ）：任命执达吏（bailiff）去没收该等物件或动产，并将之出售以偿还欠款；

4. 第三者债务人的法律程序（ Garnishee procedure ）：向债务人连接到第三者的资产追讨，以偿还欠款；

5. 禁止令（ Prohibition Order ）：法庭颁令禁止债务人离开香港；

6. 破产或清盘（ Bankruptcy or Winding up ）：以申请破产或清盘来向债务人施加压力。

若然在调解前，争议方已展开法律程序，他们需要先向法庭存档一份汤姆林命令（Tomlin Order），即双方同意下可同时暂缓诉讼，再进行调解。若经双方和解达成协议并签订合同后，当任何一方违反调解协议者，则另一方将保留权利恢复诉讼程序。

二、调解需时多久及费用由谁负担?

调解需时一般较短，由两三小时到一个星期内把纠纷解决。而若调解一方违反和解协议，最终以申请法庭命令以追讨索偿，执行法庭命令的需时则因情况而定，由向法庭发出传票申请起计 27 天不等。而调解费用方面，由于调解是自愿的行为，因此，任何安排或规则（Ground Rules），必须由双方协商和同意，方为有效（法院下令或双方早有合约规定，则作别论）。即大多由双方协商各占一半，或由单方面独立承担。

三、区域法院新的《民事案件和解会议指引》

值得留意的是2021年1月，区域法院新的《民事案件和解会议指引》（以下简称《指引》）正式生效，在案件管理过程引入「协助和解」概念的试验计划。《指引》容许区域法院在案件管理聆讯阶段（或在法律程序的任何阶段），由聆案官主持「案件和解会议」，无须争议各方协商安排第三方作调解员。司法机构政务处如果认为试验计划成功，可能考虑推行到高等法院某些民事案件，以进一步致力提高民事诉讼的效率。

四、国际调解协议能否在香港执行？

至于跨境执行国际调解协议，香港也同样缺乏有效监管机制。因此，本地调解所达成的协议能否于海外执行，或海外订立的调解协议能否在香港执行仍然存疑。有见及此，协议方在拟定调解协议时应谨慎列明该协议可在哪些司法管辖区执行，确保其法律效力。

五、安排下的调解机制

2017年，中国内地与香港在签订《内地与香港关于建立更紧密经贸关系的安排》（以下简称《安排》）下设立了投资争端解决机制，规管中国内地与香港的跨区（司法管辖区）调解协议。《安排》下的调解机制规定：

1. 所有争端方经调解达成合意，调解员应根据合意内容制作调解协议，由各争端方及调解员在调解协议上签字或盖章，并加盖受理调解机构印章。

2. 调解协议的争端解决方式仅以下列类型为限：

（1）金钱赔偿及任何适用利息；

（2）恢复财产原状，或以金钱赔偿及任何适用利息方式代替恢复财产原状；

（3）所有争端方同意的其他合法赔偿方式。

3. 投资者可依据投资所在地一方相关规定申请调解协议的执行。

然而，上述框架只适用在中国内地与香港的跨区调解协议，并只限于投资上的纷争。对于其他地区的国际调解协议，香港则没有与上述类似的框架规管。这绝对会阻碍香港在国际商事调解方面的进一步发展。2018 年，联合国大会通过了联合国国际贸易法委员会《国际和解协议执行公约》，为执行调解协议提供了一个有效的监管基础，实在值得香港参考或签署批准在港通行。

六、总结

总括而言，相较亚太区其他地方，香港的调解监管制度框架已算良好和稳健。然而，若要进一步推动调解普及化，一个更清晰明确的法律框架以监管调解协议的执行是必须的。

违反管理性强制规定的调解协议是否无效?

林凯川*

一、案情简介

某电机厂向某银行借款本息共计5000余万元，某银行将该债权转让给某资产管理公司，债权转让后某资产管理公司起诉某电机厂要求还本付息。

审理过程中，经法院主持调解，双方达成调解协议，在未履行资产评估、上报、备案、挂牌交易等程序的情况下即签订调解协议，将某电机厂全部资产抵偿债务。法院据此作出了民事调解书。

该调解书的内容是：(1) 某电机厂于2001年5月25日前，以其现有的全部固定资产，包括土地、房产、设备（详细以资产明细表为准）偿还所欠本息；(2) 某电机厂协助某资产管理公司办理资产过户手续；(3) 本案诉讼费156, 267. 35元由某电机厂承担。

二、法律分析

（一）争议焦点

调解协议是否因违反管理性强制规定而无效?

某电机厂是国有企业，其调解内容涉及划拨土地、房产等国有资产。根据《国有资产评估管理办法》第3条及《企业国有产权转让管理暂行办法》（现已废止）第4条的规定，国有资产转让应当履行上报、评估、备案及公开挂牌交易等程序，上述规定属于管理性强制规定，本案当事人双方达成调

---

* 林凯川，广东法制盛邦律师事务所合伙人律师。

解协议确定给付的资产，未履行上述程序。因此调解协议的内容违反了管理性强制规定。

根据《民事诉讼法》（2013）第96条（2017年、2021年已两次修订；现为2021年版第99条）规定："调解达成协议，必须双方自愿，不得强迫。调解协议的内容不得违反法律规定。"此处的"法律规定"是否同于原《合同法》第52条（现为《民法典》第153条）关于合同无效的规定，限制为"效力性强制性规定"？本案的调解协议是否因违反管理性强制规定而无效？

（二）双方主要意见

1. 某电机厂主张：调解协议的内容违反了《国有资产评估管理办法》及《企业国有产权转让管理暂行办法》的规定，应依据《合同法》关于合同无效的规定，认定调解协议无效，调解书应予撤销。

《国有资产评估管理办法》第3条（2020年已修订）规定："国有资产占有单位有下列情形之一的，应当进行资产评估：（一）资产拍卖、转让；（二）企业兼并、出售、联营、股份经营；（三）与外国公司、企业和其他经济组织或者个人开办中外合资经营企业或者中外合作经营企业；（四）企业清算；（五）依照国家有关规定需要进行资产评估的其他情形。"以及《企业国有产权转让管理暂行办法》第4条规定："企业国有产权转让应当在依法设立的产权交易机构中公开进行，不受地区、行业、出资或者隶属关系的限制。国家法律、行政法规另有规定的，从其规定。"

根据上述规定，国有资产转让应当履行上报、评估、备案及公开挂牌交易等程序，上述规定属于管理性强制性规定，本案当事人双方达成调解协议确定给付的资产，未履行上述程序。

又根据原《合同法》第52条规定："有下列情形之一的，合同无效：……（五）违反法律、行政法规的强制性规定。"因此调解协议违反了行政法规的强制性规定，应认定当事人双方达成的调解协议无效，调解书也应相应撤销。

2. 某资产管理公司主张：《国有资产评估管理办法》第3条及《企业国

有产权转让管理暂行办法》第4条之规定，均仅为管理性强制规定，而非效力性强制规定，一审判决依据《合同法》第52条认定调解协议无效属适用法律错误。

（1）调解协议不违反法律规定。本案诉讼发生在2001年，1991年《民事诉讼法》第88条规定："调解协议的内容不得违反法律规定。"《国有资产评估管理办法》及《企业国有产权转让管理暂行办法》是行政法规、部门规章，并非法律，双方2001年达成的调解协议并未违反法律规定，应属有效。

（2）调解协议不因违反管理性强制规定而无效。《国有资产评估管理办法》第3条及《企业国有产权转让管理暂行办法》第4条作为程序性规定，且未规定导致合同无效的法律后果或其他不利法律后果，其性质应属管理性强制性规定。根据《最高人民法院关于适用〈中华人民共和国合同法〉若干问题的解释（二）》（现已废止）第14条规定："合同法第五十二条第（五）项规定的'强制性规定'，是指效力性强制性规定。"

因此，一审依据《合同法》第52条认定调解协议无效属适用法律错误。而二审法院认为《民事诉讼法》第96条规定的"调解协议的内容不得违反法律规定"中的"法律"不限于法律，应包括行政法规；"强制性规定"不限于效力性强制规定，亦包括管理性强制规定，属于扩大解释，于法无据。调解协议并不会因为违反管理性强制规定而无效。

（3）即使认为二审的扩大解释于法有据，但案涉民事调解书的效力仅限于明确了债权债务以及用于抵债的资产，并未实际转移物权。某资产管理公司提供的证据足以证明某资产管理公司在案涉民事调解书作出后，对于案涉资产进行了合法评估，其价值远低于案涉民事调解书所确认的债权总额，不存在国有资产流失的情况。

三、处理结果

（一）一审：依据原《合同法》第52条认定调解协议无效

关于某资产管理公司与某电机厂2001年达成调解协议的效力问题。《民事诉讼法》第96条规定："调解达成协议，必须双方自愿，不得强迫。

调解协议的内容不得违反法律规定。”依据此规定，当事人达成的调解需遵循自愿、合法的原则。虽然本案调解协议是某资产管理公司与某电机厂自行达成，但某电机厂是国有企业，其调解内容涉及划拨土地、房产等国有资产。根据《国有资产评估管理办法》第 3 条及《企业国有产权转让管理暂行办法》第 4 条的规定，国有资产转让应当履行上报、评估、备案及公开挂牌交易等程序，上述规定属于强制性规定，本案当事人双方达成调解协议确定给付的资产，未履行上述程序，依据《合同法》第 52 条第 5 项“违反法律、行政法规的强制性规定”关于合同无效的规定，应认定当事人双方达成的调解协议无效，调解书应予撤销。

（二）二审：认为《民事诉讼法》中“调解协议的内容不得违反法律规定”不限于狭义的法律也不限于效力性强制规定，因此认定调解协议无效

《民事诉讼法》第 96 条规定：“调解达成协议，必须双方自愿，不得强迫。调解协议的内容不得违反法律规定。”某资产管理公司援引《合同法》第 52 条关于合同无效情形的规定，主张现行《民事诉讼法》第 96 条规定的无效情形应当限定为“违反法律的效力性强制规定”。但调解书作为人民法院制作的确认双方当事人协议内容的法律文书，对其内容合法性的审查标准应不同于民事合同的效力确认标准。《民事诉讼法》第 96 条规定的“调解协议的内容不得违反法律规定”中的“法律”不限于狭义的法律，应包括行政法规；“强制性规定”不限于效力性强制规定，亦包括管理性强制规定。双方在未履行资产评估、上报、备案、挂牌交易等程序的情况下即签订和解协议，将某电机厂全部资产抵偿债务，违反了国务院颁布的《国有资产评估管理办法》的规定，可能导致国有资产流失，一审法院撤销（2001）哈经初字第 283 号民事调解书正确，本院予以维持。

（三）再审：维持原判

《民法通则》（现已废止）第 4 条规定：“民事活动应当遵循自愿、公平、等价有偿、诚实信用的原则。”《民事诉讼法》第 96 条规定：“调解达

成协议，必须双方自愿，不得强迫。调解协议的内容不得违反法律规定。”《国有资产评估管理办法》第3条规定：“国有资产占有单位有下列情形之一的，应当进行资产评估：（一）资产拍卖、转让；（二）企业兼并、出售、联营、股份经营；（三）与外国公司、企业和其他经济组织或者个人开办中外合资经营企业或者中外合作经营企业；（四）企业清算；（五）依照国家有关规定需要进行资产评估的其他情形。”本案中，某电机厂作为国有企业，在处置其资产时，为了防止国有资产流失，保护企业职工的合法权益，确保在偿还所负某资产管理公司债务时能真实反映某电机厂的意思，遵循民事活动自愿、公平、等价有偿、诚实信用的原则，应对相关资产进行评估作价，履行相应的程序。但，某资产管理公司在与某电机厂签订案涉民事调解书处置国有资产之前，双方并未履行相关的上报、评估、备案等程序。且（2001）哈经初字第283号民事调解书中关于土地抵偿欠款本息的这一重要内容并未得到实际履行。综上，本院认为，二审法院撤销（2001）哈经初字第283号民事调解书并无不当，本院予以维持。

四、案例点评

（一）裁判思路剖析

本案审理的关键在于两点：一是调解协议的性质问题，调解协议是否等同于一般民事合同，从而适用一般民事合同关于效力的规定。二是法律解释问题，对《民事诉讼法》第96条规定中“调解协议的内容不得违反法律规定”应如何理解。

1. 针对调解协议的性质问题

（1）原《合同法》关于合同无效规定的理解。

原《合同法》第52条第5项规定“违反法律、行政法规的强制性规定”的合同无效。《最高人民法院关于适用〈中华人民共和国合同法〉若干问题的解释（二）》第14条规定：“合同法第五十二条第（五）项规定的‘强制性规定’，是指效力性强制性规定。”《最高人民法院关于当前形势下审理民商事合同纠纷案件若干问题的指导意见》第15条也规定：“违反效力性强制规定的，人民法院应当认定合同无效；违反管理性强制规定的，人民法院应当根据具体情形认定其效力。”

结合上述法规可知，关于“违反法律、行政法规的强制性规定”，在实践中应当注意的是：首先，认定合同无效的依据只能是法律和行政法规的强制性规定，行政规章、地方性法规的强制性规定不能否定合同的效力；其次，该强制性规定应为效力性强制规定，而非管理性强制规定。效力性强制规定是指法律及行政法规明确规定违反该类规定将导致合同无效的规定，或者虽未明确规定违反之后将导致合同无效，但若使合同继续有效将损害国家利益和社会公共利益的规定。管理性强制规定是指法律及行政法规未明确规定违反此类规定将导致合同无效的规定。前者的立法目的在于否定该行为的法律效力，后者的立法目的在于防止该类行为的发生。

（2）本案中调解协议是否应等同于一般民事合同，从而适用原《合同法》关于合同无效的规定。

一审法院虽然认定调解协议无效，却在适用法律时援引了《合同法》第52条的规定，暂且不论一审法院对于该规定的理解是否有误，就一审法院援引原《合同法》第52条规定作为裁判依据这一行为，就能反映出一审法院实际上认可调解协议等同于一般民事合同，因此才能直接适用原《合同法》关于合同无效的规定。

二审法院从调解协议的性质出发，认为在人民法院主持下达成的调解协议，不同于当事人自由达成的合同，其合法性的要求应作扩大解释，对调解协议内容合法性的审查标准应不同于民事合同的效力确认标准。

最高院未对一、二审法院关于调解协议的性质认定作直接评价，而是巧妙地适用更为宽泛的原则性法规，以“民事活动自愿、公平、等价有偿、诚实信用的原则”为由，认定调解协议违反该原则而无效，实际上回避了本案中调解协议的性质认定。

2. 针对《民事诉讼法》第96条的法律解释问题

《民事诉讼法》第96条规定：“调解达成协议，必须双方自愿，不得强迫。调解协议的内容不得违反法律规定。”这是民事调解所应遵循的合法性原则规定，违反该条规定，调解协议无效。

但问题在于，《民事诉讼法》第96条规定中的“法律规定”应如何理解？这个问题可具体细分为两点：其一，“法律规定”是否属于狭义上的法律，即仅限于全国人大及其常委会制定的法律？其二，“法律规定”应限定于是效力性强制规定还是管理性强制规定？

（1）一、二审法院及最高院均认为《民事诉讼法》第96条规定的“法律规定”不限于全国人大及其常委会制定的法律，因此都援引了《国有资产评估管理办法》的规定，该办法由国务院制定，属于行政法规。对于这一点理论上争议不大，从立法目的来看，《民事诉讼法》第96条规定的“法律规定”也应包括行政法规，否则就有可能导致“行政法规”被人民法院的调解书“架空”的危险。

（2）一审法院在审理时，并未区分效力性强制规定与管理性强制规定，因此导致一审法院实际上存在法律适用的前后矛盾，一审法院既适用作为管理性强制规定的《国有资产评估管理办法》及《企业国有产权转让管理暂行办法》，又适用原《合同法》第52条第5项规定，显然不能达到论证调解协议无效的目的。而某资产管理公司的代理人也非常敏锐地发现了这一错误，在二审、再审中着重针对这一点展开辩论，这也引发了本文的讨论。

而二审法院则明确指出，《民事诉讼法》第96条可以理解为是《民事诉讼法》对于民事调解协议效力的特别规定，不论是违反了效力性强制规定还是管理性强制规定，都会导致调解协议无效，这是民事调解协议与一般民商事合同的区别之处。最高院虽然没有直接对此问题作出说理、认定，但最终还是维持了二审的判决，认为其并无不当，这至少可以说明最高院对于二审法院的观点不持反对意见。

（二）启示及建议

通常来说，大部分观点都会理所当然地认为，民事调解协议是当事人之间合意的体现，也属于合同，属于原《合同法》（或按规定适用民法典相对应的条款）规范的范畴。甚至在一审中，无论是双方代理人还是法院，均没有针对这个问题作过多探讨。本案中最高院虽然维持原判、不反对二审法院的裁判观点，却也没有直接对本案的争议焦点进行论述，似乎有意在回避这一问题。从公开的案例来看，也未检索到类似的案例，可见对于调解协议的性质问题、法律适用问题还存在很大的讨论空间。

在一审判决作出后，代理律师从判决中捕捉到了这一突破点，暂不论最后的判决结果，其从判决中开辟新的办案思路的经验就非常值得学习、借鉴。当原《合同法》关于合同无效的规定被广为理解、接受之后，我们在援引适用该规定之前，非常有必要考虑一个问题，那就是诸如调解协议的非常规合同、协议是否当然地适用原《合同法》（或按规定适用民法典相对应的条款）的规定。

另外，还需要特别注意的是，尽管本案判例具有一定指导、参考意义，但适用范围还存在一定限制，如：本案的调解协议是在人民法院的主持下双方达成的，类比对于仲裁委员会主持下达成的调解协议，参考意义较大，但如果是在仲裁调解组织、商事调解组织、行业调解组织或者其他具有调解职能的组织调解后达成的调解协议，是否还能参考本案判例呢？

根据最高人民法院《关于建立健全诉讼与非诉讼相衔接的矛盾纠纷解决机制的若干意见》的相关规定：

“9. 没有仲裁协议的当事人申请仲裁委员会对民事纠纷进行调解的，由该仲裁委员会专门设立的调解组织按照公平中立的调解规则进行调解后达成的有民事权利义务内容的调解协议，经双方当事人签字或者盖章后，具有民事合同性质。

10. 人民法院鼓励和支持行业协会、社会组织、企事业单位等建立健全调解相关纠纷的职能和机制。经商事调解组织、行业调解组织或者其他具有调解职能的组织调解后达成的具有民事权利义务内容的调解协议，经双方当事人签字或者盖章后，具有民事合同性质。

11. 经《中华人民共和国劳动争议调解仲裁法》规定的调解组织调解达成的劳动争议调解协议，由双方当事人签名或者盖章，经调解员签名并加盖调解组织印章后生效，对双方当事人具有合同约束力，当事人应当履行。双方当事人可以不经仲裁程序，根据本意见关于司法确认的规定直接向人民法院申请确认调解协议效力。人民法院不予确认的，当事人可以向劳动争议仲裁委员会申请仲裁。”

上述规定均明确指出，相关调解协议“具有民事合同性质”，那么，是否对于上述调解组织调解达成的调解协议，就应适用原《合同法》（或按规定适用民法典相对应的条款）的规定？这显然还有待进一步研究、论证。因此，律师在办理同类案件时，本案判例可作参考，但还需要特别注意结合案件的实际情况，具体问题具体分析。

调解类·实体篇

关于劳动仲裁前实现纠纷和解调解的方法实践

梁铸安*

劳资纠纷一般指劳动争议，是指劳动关系的当事人之间因执行劳动法律、法规和履行劳动合同而发生的纠纷，即劳动者与所在单位之间因劳动关系中的权利义务而发生的纠纷。作为法律工作者，事前，我们要求企业应当主动对可能发生劳动纠纷的事项进行全面排查，最大限度避免纠纷的发生；事中，在纠纷发生之初，力争把问题解决在初期，把争议解决在基层，让矛盾纠纷通过协商、和解、调解方式得以化解，最大限度避免矛盾纠纷进入仲裁程序，以期能够有效筑牢社会风险前端预防和化解防线。

一、劳资纠纷案件特点

劳动争议案件不仅常见多发，而且事关民生与经济发展。近年来，新冠肺炎疫情和经济下行压力导致劳动争议案件呈现出数量逐年增长、类型多样化、群体性纠纷多发、矛盾纠纷繁杂调处难度大等特点。以下通过个案总结的方式，分享笔者日常办案过程中积累的一点实践经验。

二、案件的基本情况

2019 年，笔者以劳动人事争议调解员的身份，经办了“谢某、叶某、沈某与广州市越秀区某医院劳动争议纠纷案”。本案中，三名申请人为被申

---

* 梁铸安，广东沁森律师事务所律师。

请人广州市越秀区某医院的员工，职务均为护士。其中，谢某主张其于2018年6月15日入职被申请人单位，入职时签订了一份为期3个月的试用合同；叶某主张其于2017年5月8日入职被申请人单位，入职时签订了一份为期1年的劳动合同；沈某主张其于2017年1月15日入职被申请人单位，入职时签订了一份为期1年的劳动合同。三人均主张，各自签订的劳动合同期限届满后，被申请人仍然继续聘用三人，但没有签订新的劳动合同。2018年12月25日，被申请人口头向三名申请人等宣布医院破产，工作只能到月底，并让各申请人写了辞职书，而后没有任何补偿。

为此，三名申请人于2019年1月7日分别向广州市越秀区劳动人事争议仲裁委员会提起仲裁，请求被申请人向其支付各自劳动合同到期后至离职之日期间未签订劳动合同双倍工资差额。为了证明其事实主张，申请人分别提交了各自的工牌、劳动合同、社保记录、银行转账记录（表示工资部分转账，部分为现金发放）以及被申请人张贴的落款日期为2018年12月31日的“医院升级改造”通知。

被申请人回应称：医院确实是因经营不善在倒闭清算，升级改造是医院已整体转让他人，因而需要装修。医院一直有与员工签订劳动合同并全程购买社保，目前因为合同管理人员已离职、医院正在整体交接内部比较混乱，所以劳动合同尚未找到。

三、主要的争议焦点

该案处于劳动仲裁前的调解过程中，尚未正式进入仲裁庭审阶段，双方当事人对劳动关系存续期间起止、各申请人的在职工资金额等事实均不持异议，案件事实和法律适用的主要争议焦点在于：

1. 原劳动合同到期后，被申请人继续聘用各申请人时，有否再次签订书面的劳动合同，被申请人是否应当向申请人支付未签订合同的二倍工资差额；

2. 申请人于2018年12月25日签订的辞职书是否其真实意思表示，被申请人是否应当向申请人支付经济补偿或赔偿。

对于争议焦点一，申请人与被申请人之间是否有依法续签劳动合同的问题，三申请人表示：根据《劳动合同法》的相关规定，被申请人作为用人单位，负有与劳动者签订劳动合同的法定义务，申请人已经就存在劳动关系的事实进行举证，被申请人认为双方存在续签劳动合同的，应当就续签的事实主张进行举证；被申请人表示：员工入职后一直有给员工购买社保，其单位也是一直有签订劳动合同的，但是具体的合同由于工作交接仓促，不能排除合同丢失的可能性，就此事实需举证时，目前暂未能提供。

对于争议焦点二，辞职书是否申请人的真实意思表示的问题，三申请人表示：辞职书是根据被申请人的要求书写的，是基于被申请人所称医院倒闭破产的说法，想着签了能拿到补偿而配合被申请人签订的，医院马上倒闭了其完全没有必要辞职，所以辞职书并非其真实意思表示，被申请人起码要向申请人支付工资补偿；被申请人表示：让申请人签订辞职书是医院的受让人要求的，目的是平稳交接，当时医院的经营状况已经比较艰难，故未能向离职的员工发放补偿。

四、仲裁请求以外的调解方案

本案中，笔者作为中立的调解员，根据当事双方关于案件事实的陈述，在调解期间已经基本了解到本案存在几个比较客观可信的事实：（1）申被双方很可能曾有续签劳动合同，但该等合同目前显然并非由被申请人所持有；（2）被申请人曾通过口头承诺的方式，诱导申请人签订了辞职书，拟通过劳动者以个人原因单方提出离职的方式，逃避其支付经济补偿金的法定义务；（3）双方都想尽快了结本案，申请人可以把时间精力投入到生活及新的工作中，而被申请人也需要结案以推进转让交接工作。

基于以上情况，不难推断出：申请人本身已经接受被申请人经营不善，难以继续经营的现实，希望获取离职应有的法定经济补偿金，但其也自知遭“忽悠”签订了辞职书，经济补偿金很可能缺乏事实依据无法获得仲裁支持，故退而求其次，利用被申请人方无法举证书面劳动合同的现状，主张二倍工资差额。而被申请人则是有点小“聪明”但不多，诱导员工签订辞职书的同时又没有保管好签订的劳动合同，躲得过初一躲不过十五，依法还是面临支付二倍工资差额的责任。

鉴于经济补偿金和二倍工资差额之间数额差距不是特别大且被申请人方调解中的态度良好，获得了申请人方的认可，故本案可以在脱离证据，在仲裁请求的范围外，基于“客观可信事实”，结合《劳动合同法》的规定进行调解，即：被申请人依法向申请人支付经济补偿金。最终，双方经协商达成一致调解方案：根据各申请人离职前 12 个月的月平均工资乘以各人的在职年限计算得出金额，由被申请人在调解书出具当天内一次性分别向各申请人支付补偿款，双方承诺以此结案，同意放弃就双方劳动关系所产生的权利义务向对方提起仲裁或诉讼的权利。

本案的调解，是典型的、跳出“不告不理”限制的调解方式。

诚然，被申请人方良好的态度在本案中直接影响了申请人方对调解方案的认可，但归根结底，双方接受调解方案，还是存在其特定理由。其中，申请人接受调解方案的理由主要有三点：（1）本案中，不能排除被申请人能取得其他劳动合同等相关的证据，可能会导致本案全面落败；（2）提起仲裁，本身就是为了取得应得的补偿，起源于被用人单位欺骗而感到不服，另案提起或本案增加经济补偿金的仲裁请求，也因为客观上存在签订了以个人原因离职的辞职书而面临遭驳回的风险；（3）本案程序继续走下去，不仅徒添讼累，而且就被申请人当前的经营状况来说，或真的存在裁判文书生效而执行不能的最坏结果。至于被申请人接受调解方案的理由则主要有两点：（1）本案中，被申请人不能确保能在举证期限内取得劳动合同相关的证据，若二倍工资差额获得支持，损失相对较大；（2）被申请人自知劝说员工签订辞职书的行为，在社会道德层面上是理亏的，其也自知依法本应向申请人支付经济补偿金。前述调解的理由，笔者归纳后以调解员的角色，分别向双方提供独立的、有理据的意见，供双方参考，促使双方对各自立场的优劣势有更充分的判断，从而合理地调整自己的心理预期，综合考虑案件的不确定性，继而适当退让，并且借助了调解制度相对仲裁、诉讼中不告不理原则更为弹性灵活的先天优势，在 A 请求的案件中，得出 B 请求的调解结果。

五、本案以调解方式解决劳资纠纷的实践总结

由于调解员与仲裁员分由两个不同的经办人担任，劳动仲裁的调解阶

段，当事人的反驳、自认等相关陈述内容均不会进入仲裁或诉讼中，即使调解不成，也不会因为调解中的陈述而影响了后续仲裁员对案件事实的认定。因此，在调解员这个带有可信中立的官方职务，而又独立于仲裁员的经办人面前，双方当事人会比庭审更加无所顾忌、畅所欲言。于是，调解员穿梭于申被之间，往往能够更轻易地从当事人中获取案件事实相关信息，从而归纳、分析得出更符合客观事实的案情，然后由此出发，判断双方对己方权利义务的期待，并在双方意见重合的范围内，找出对当事人来说相对公道、合理的法律适用方案，供双方寻求共识，达成和解。

对于社会上常见的劳动纠纷案件，广大法律工作者并不陌生，不少人都积有处理过此类纠纷的经历。以本文案例为例，调解实践中，我们也可以窥探到，与仲裁或诉讼相比，调解存在可以脱离请求范围进行的特征，在劳动者普遍相对弱势、对法律规定理解比较参差的劳资纠纷里，显得尤为重要。

笔者结合自身有限的实践经验，就劳资纠纷领域的调解问题进行粗浅探讨，希望能够借此机会抛砖引玉。成文仓促，难免存在一些疏误，还请各位同行、专家不吝赐教。感恩。

运用公司股权架构设计
助力调解离婚后财产纠纷

张薛岚*

一、案情简介

陈先生（以下简称“男方”）因与李女士（以下简称“女方”）离婚后财产纠纷一案，委托广东成说律师事务所张薛岚律师作为其委托代理人，代理本案的一审阶段（含调解）。

男方和女方自学生时代起相识相恋，2004年大学毕业后登记结婚，组成家庭。婚后育有两个女儿陈大和陈小。

2010年5月，男女双方共同成立了一家A教育培训有限公司（以下简称“A公司”），男方持股60%，女方持股40%。女方为A公司的法定代表人。

2019年1月，为扩展商业版图，男女双方决定再成立一家的新培训公司——B教育培训有限公司（以下简称“B公司”）。男方基于对女方的信任，由女方直接持有100%的股权。男方为B公司的法定代表人。

2019年6月，B公司所在地址的大楼单方提前终止租赁合同，B公司被要求搬迁。男方花了大量时间和精力与原址业主谈判，最终B公司因搬迁获得补偿款人民币200万元。

2019年10月，双方因工作原因无法有效沟通，经常吵架，女方怀疑男方出轨，双方决定协议离婚。《离婚协议》约定如下：

---

* 张薛岚，广东成说律师事务所主任。

1. 婚内两套房产均归女方所有，男方负责偿还剩余房贷。

2. 两个孩子抚养权归女方所有，由女方直接携带抚养。男方每月须向女方支付两个孩子的抚养费共计 4 万元。抚养费按上年标准每年递增 3%。

3. A 公司的股权，由女方分配取得 70% 股权，男方分配取得 30% 股权，由于女方前期对设立 A 公司投入较多，男方还应向女方支付人民币 60 万元补偿款。双方应于离婚之日起一个月内办理相应的工商变更登记手续。

4. B 公司由双方各分配取得 50% 股权，女方应自离婚之日起一个月内，将 B 公司的 50% 股权（以下简称“标的股权”）转让至男方名下，并办理相应的工商变更登记手续。

双方办理离婚登记后，依旧共同运营两个培训公司，原因是男方在教育领域小有名气，是公司客户拓展的主要来源，而女方一直负责公司运营管理的具体事务，因此，两人计划继续合作事业。也因为双方还有合作，男方未按离婚协议的约定给付女方抚养费和股权补偿款，女方在办理了 A 公司的股权变更手续后成为 A 公司大股东，但并未依约办理 B 公司的股权变更手续，依然拥有 B 公司 100% 股权。

随着公司运营中双方矛盾持续升级，男方感到合作难以为继，于是向女方提出：对两家公司股权重新安排，分开独立经营。A 公司运营已久，客户基础不错，可以归女方，B 公司归男方，因为刚成立，一穷二白，男方愿意从零开始运营。但女方一口回绝，告知男方要么维持现状，要么两家公司都归女方，男方另起炉灶。由于男方只负责业务，女方掌控了两家公司所有章证和管理大权，男方多次协商谈判无果，反而激怒女方要撤换其 B 公司法定代表人的职务，将男方彻底清理出公司。无奈之下，男方只好起诉女方，要求女方将持有的标的股权变更至男方名下，并同步向法院申请诉讼保全措施，冻结了标的股权。

男方的打算是：采用“诉讼 + 保全”的方式向女方施压，促使女方同意男方的方案。

然而事与愿违，起诉再次激怒了女方，女方情绪激动要求男方撤诉，否则将反诉到底，绝不和谈！

2020 年 5 月，男方在是否撤诉的犹豫不决中找到成说所，希望张薛岚律师可以作为本案调解员，协助双方以协商方式解决争议。

二、法律分析

（一）案件难点

双方信任度完全破裂，对话处于僵局。张律师接到案件时，男方与女方已发生多次激烈争吵，女方对男方出轨破坏家庭心存怨恨无法释怀，在男方起诉后，女方情绪被彻底激怒，坚称“不撤诉不谈”，双方处于彼此敌视、信任度完全破裂、无法沟通的僵局。调解难度极大。

（二）案件争议焦点

1. 公司股权重组安排。男方希望将双方在A、B公司各自持有的股权进行置换，最终实现女方独立持有A公司，男方独立持有B公司，各自独立运营公司的目标。女方因为掌握两家公司的章证、财务权与控制权，不同意进行调整，理由是两家公司均为婚内两人一起建立的，基于情感，不愿意让渡给男方。但同意补偿一定金额给男方，收购男方名下股权，对此男方坚决拒绝。

2. 离婚协议的履行。男方认为离婚协议显失公平，不同意履行，要求直接处理A、B两家公司股权安排，实现各自独立拥有和运营公司。女方认为男方出轨破坏家庭，离婚协议已经生效，如果要协商处理股权，男方必须先履行离婚协议的约定。

（三）双方主要意见

1. 男方提出的调解方案

在与男方沟通的过程中，我们了解到，男方多年在教育领域累积了一定的名气和资源，很多客户慕名而来。男方认为，自己对公司勤勉付出多年，为培训公司贡献了大量的客源和利润，基于贡献度，自己应当取得其中一家公司的控制权，并按股权比例享有A、B两家公司的股东利益。但基于双方无法共同合作，作为让步，他愿意接受的方案是：

（1）双方置换股权，最终实现女方拥有100% A公司股权，男方拥有

100% B 公司股权，各自独立运营。

（2）B 公司因搬迁获得的 200 万元补偿金，男方应分得一半。

（3）女方应向男方支付 A、B 两家公司欠付男方 2019 年、2020 两年的劳动报酬和提成。

（4）不同意履行离婚协议。男方坚持认为当时签署离婚协议为了安抚女方，根本不是真离婚，所以自己才同意几乎是净身出户的条款，认为离婚协议显失公平，不同意履行，并认为女方欺骗其签署 A 公司变更股权的文件，一切都是有预谋要抢夺资产。

2. 女方主张的调解方案

女方提出，是男方出轨破坏家庭，尽管自己曾想挽回婚姻，但男方出轨恶习不改，净身出户是自食其果！离婚协议是男方亲自签字，已经生效，如果协商，坚持如下方案：

（1）男方如约履行离婚协议中所有条款，包括欠付的抚养费、房屋剩余贷款、股权补偿金等所有费用。

（2）男方履行上述约定的条款后，女方可以将 B 公司 50% 股权转让给男方，也可以结算男方的劳动报酬。但女方为 B 公司千辛万苦几经周折才通过审批得到的经营地址将置换给女方新成立的公司使用，女方强调，男方虽有一定贡献，但两家公司都是女方自己辛辛苦苦筹建起来的，因为女方事无巨细地负责两家公司各种大小管理和运营事务，才换来公司顺利运营发展，女方又要管理公司，又要看顾两个年幼女儿，十分辛苦，不同意将 B 公司让给男方运营独立。

（3）B 公司筹备设立投入不少，目前仍在亏损，200 万元搬迁补偿金仅够支付之前的投入，不同意男方的分割要求。

三、处理结果

1. 打破女方“不撤诉不谈”，男方“想谈又不甘撤诉”的僵局，启动对话。

本案中，张律师和女方取得联系后，女方表示可以协商，但前提是男方必须先撤诉，否则坚决不谈。而男方希望通过诉讼保障自己的权益，既想协商又不甘放弃诉讼，担心解除股权保全措施后女方不过借协商之机操控公司转移资产架空一切，最终自己即使获得 B 公司股权也不能实现其价值目标。男方表示，自己一定要争取 B 公司的独立控制权，为此甚至可以放弃其他条件，目前 B 公司刚获批的经营地址是男方最看重的价值之一，因为教育行业的特殊要求，重新办理办学许可证行政程序耗时长，其中办学消防许可证需要专门办理，且标准高于常规的场地消防要求，办理难度极大。目前男方已找到合作方洽谈合作事宜，如果花时间重新办理审批，一是耗时耗力，二是会错失合作机会。因此寄望于调解协商，希望可以尽快解决双方的争议。

张律师表示理解男方的顾虑，同时请男方和代理律师讨论，谨慎评估继续推进诉讼和撤诉的利弊，再作决定。男方经过反复评估，最终决定撤诉协商，以争取短时间内解决争议，如果撤诉后判断女方只是拖延战术并没有谈的诚意，就立即恢复诉讼。

2. 耐心聆听双方争议背后的真实需求，找到双方的共同利益点，传递沟通的善意，让对话持续。

撤诉开启了对话的机会，张律师和男女双方就争议的解决方案分别进行深入的讨论。通过耐心的聆听，了解各自方案背后的真实需求。

女方坦言 20 年的感情很难放下，至今无法走出男方背叛婚姻的心理痛苦，但婚姻已经无法挽回，女方更看重是两个孩子的健康成长，因此希望男方能承担起父亲的责任，多花时间陪伴两个孩子，但离婚后男方在抚养孩子上的淡漠和缺席，令她失望又愤怒，因此不愿让出公司，希望能用公司和利益捆绑男方。只要男方肯担当起为人父的责任，让她看到他愿意花时间精力陪伴孩子的真心实意，她可以考虑股权调整的方案。

另一边，男方则表示自己一直有探视关心孩子，也认可女方对事业家庭的付出，但女方多疑和无理取闹的争吵令他心烦不已，任何合作的方案都不能接受，只希望尽快切割，各自独立运营，让自己的生活事业也尽快回到正常轨道。如果女方同意两家公司股权分离独立，他认为双方也不是情断义绝，他愿意将来在事业上用自己的资源给予女方支持。

在了解双方的真实想法后，张律师向双方传达了各自想法中的善意，缓解了双方紧张的情绪对峙，与此同时，张律师开始尝试将讨论制定共同抚养孩子的可行方案作为解决争议的切入点。

3. 整理话题清单，厘清各自的目标，各取所需。

在调解的过程中，张律师发现，双方之前的沟通常被情绪带走，因此在许多细节的讨论上常含混不清，导致沟通无效。因此，张律师协助双方应用话题表格，将各自想达成的目标转化为具体议题，以文字和数字具象化，再列明议题逐个进行讨论。

在大部分的议题达成一致后，告知双方进展，逐步建立双方对于协商的信心。对于分歧较大的议题，则通过持续的沟通，再逐个缩小差距以达成共识。

最终双方对于B公司的股权安排依然争执不下，张律师从重新设计股权框架的思路出发，突破了双方的思维困局，协助男方实现了掌握B公司独立经营权与控制权的目标。

4. 五份关联协议，促进调解方案落地执行。

最终，双方就六个主要争议点达成一致，包括：

（1）离婚协议的履行。

（2）共同抚养孩子的计划。

（3）抚养费的金额与支付方式。

（4）搬迁补偿款的分割。

（5）男方劳动报酬的结算。

（6）股权置换的程序安排。

由于方案涉及公司作为履约主体的实际情况，张律师协助双方针对上述调解方案草拟了5份关联协议，以此解决了双方对于履行调解方案中具体义务的顾虑。至此，本案历经3个月的艰难调解，双方从最初的敌意对峙，终于将争议一步步化解，正式签署了调解协议。

四、案例点评

（一）婚姻家事案件调解技巧与商事案件思维的结合应用

本案表面上是普通的离婚后财产纠纷案件，但由于纠纷双方处于情绪高峰状态、争议焦点众多，且其中涉及两家公司股权的复杂情形，整个案件的调解过程除了需要婚姻家事案件的调解方法，还需要熟悉公司的股权架构设计，在调解中启发争议双方跳出思维框架，创造新的解决方案，才能打破对峙僵局，协助双方实现各自的目标，最终促成调解达成。

（二）撤诉涉及当事人的诉讼权益，需谨慎评估

本案最初卡在女方坚持“撤诉才谈”的困境中，对于提起诉讼的男方是两难的抉择，由于撤诉关乎当事人的重要利益，调解员一定要请当事人在专业律师的协助下谨慎评估撤诉决定可能带来的风险。

本案中的特殊点在于：（1）当事人经过审慎评估，初步判断即使诉讼赢了，也未必能实现自己最终的目标——获得公司的独立掌控权；（2）诉讼的过程过于漫长，所需投入的经济成本也很高，当事人正面临新的合作机会，节约时间就是最大的经济效益。基于以上两点考量，当事人最终选择撤诉以启动调解。

要求当事人经过谨慎评估再作出决定，也是对调解员自己的执业风险防范与保护。

（三）通过耐心聆听建立与争议双方的信任，缓解双方的情绪冲突促进对话

争议双方的情绪高冲突是婚姻家事案件的特点，本案中尤为突出，也是该案调解的难点之一。调解员要通过耐心的聆听，了解争议双方的真实想法，逐步建立和双方一起工作的信任度，促进沟通。对于互有敌意相互指责的争议双方，还要应用重构对话的调解方法，缓解双方的情绪冲突，只要双方愿意持续对话，就有机会找到调解的切入点。

本案中，孩子的抚养是一个双方有共同情感的联结点，借助这一个共同点，调解员引导双方从争议中抽离出来，将调解的目标积极导向如何减少争议以降低父母冲突对孩子的影响，引导争议中的父母亲看向孩子，关注孩子的健康成长，意识到自己身为父母亲的重要养育责任，同样是调解员应尽的重要职责。

（四）应用话题清单技巧，让争议聚焦且具象，推进对话有效进行

本案中的双方当事人已经是相处近20年的配偶，在婚姻中的沟通模式逐渐固化，双方最熟悉对方的弱点和情绪爆点，往往一讨论具体事情就容易被情绪带偏，最后变成冲突剧烈的指责抱怨。此时应用调解中的话题清单技巧非常有帮助，一份清晰的议题清单，可以不断将双方从情绪中拉回到现实的、有意义的讨论，沟通变得有效用、有效率，也让原本对协商感到不确信的双方逐步看到问题一个一个被解决，建立起更多信心，从而共同推进调解方案的达成。

（五）调解协议务必要考虑执行的可行性，解除双方的顾虑，促成调解

在达成调解方案的基础上，争议双方难免会对另一方能否信守约定履行调解方案心存顾虑，本案中由于争议焦点众多，双方的信任度也几乎为零，因此调解员需通过每一个议题具体的执行步骤进行清晰的讨论，并写入调解协议中，解除争议双方因不了解自己的权益如何得到保障而产生的疑虑，最终促成调解协议的签署。

本案可谓是婚姻家事案件和公司股权架构设计的综合难题，面对争议双方激烈冲突和调解员介入时的僵局困境，最终在短短3个月的时间内，成功协助双方就多个争议焦点逐步达成一致，最终签署调解协议，实属难得。不仅是时间上的高效率，帮助争议双方当事人避免了漫长的诉讼纠缠，更重要是最终实现了多个诉讼都无法达成的双赢目标，让争议双方从痛苦的敌对纠缠中解脱出来，重启各自新的事业生活，这也是调解最独特的积极意义。

张律师作为本案的调解员，在整个调解过程中所展示出来的耐心、稳定、对调解技巧自如的应用、对孩子们的关心、积极引导当事人意识到自己身为父母应尽的职责、为当事人权益考量的严谨周到等，融合了张律师运用“法律+心理”综合思维的独到见解，体现了调解员所应有的素养与社会责任感。

尽管本案中获得了令人满意的调解结果，但需要提醒调解员们的是，不

是所有的调解案件都能顺利达成协商结果，调解员需要有更多耐心、更熟练应用调解技巧的同时，也需要更弹性的思维灵活度，不仅有助于协助争议双方跳出固定思维，也有助于调解员面临高难度案件时，对于自己的身心状态及时照护与调整，对于未达成调解的案件拥有正向积极的理解，为下一个调解案件做好准备。

多元化调解在家事纠纷中的运用

——以一宗村居赡养案件为例

吕雪梅*

一、案情简介

冼某一与冼某二系兄弟关系，冼某三系冼某一与冼某二的侄子（冼某三的父亲已过世)。郭某系冼氏兄弟的母亲，冼氏兄弟的父亲过世多年。冼氏兄弟原本口头协商轮流赡养郭某，某次冼氏兄弟及其他家庭成员对赡养郭某的方式及费用分摊等问题产生争议，兄弟之间争执不下、积怨多年，冼氏兄弟曾向多个部门反映，未能有效解决此事。后郭某年老体弱入院治疗，急需子女照顾并支付相关费用。为此，冼某一向某村调解委申请调解，随后该村村居律师参与调解。

二、法律分析

（一）赡养人之间自行约定轮流赡养老人是否可行?

《老年人权益保障法》第20条规定：经老年人同意，赡养人之间可以就履行赡养义务签订协议。

子女有赡养父母的责任。两个以上的赡养人之间不得推诿、逃避赡养义务。各赡养人可以签订赡养义务协议，但须经父母同意、约定的赡养协议的内容不得违反法律的规定、公序良俗和违背父母的意愿。本案中，冼氏兄弟约定轮流赡养郭某多年，郭某一直没有反对并接受各子女的照顾，可见郭某

* 吕雪梅，广东诚挚（广州）律师事务所律师。

认同子女的轮流赡养方案，该轮流赡养的约定对郭某和各子女具有约束力。若郭某的个别子女擅自变更赡养方式，损害郭某的合法权益，其他子女可以通过协商、调解、起诉等方式维护郭某的权益。

（二）赡养人能否处分老年人的相关财物？

《老年人权益保障法》第22条规定：老年人对个人的财产，依法享有占有、使用、收益和处分的权利，子女或者其他亲属不得干涉，不得以窃取、骗取、强行索取等方式侵犯老年人的财产权益。

根据法律规定，子女不得干涉、侵犯老人的财产权益，子女若要动用、处置老人的财产，需要征得其老人的同意，若在紧急情况为了维护老人的合法权益，可以在合法合理范围内使用老人的财产，但事后要取得老人的同意，否则要承担相应的法律责任。本案中，郭某的银行存款、证件分别由不同的子女保管，郭某的养老金、集体分红、存款等使用情况不明，冼氏兄弟之间因此相互猜测、指责对方擅自使用母亲的款项，损害母亲的权益。若郭某的子女擅自使用郭某的财产，郭某及其他子女可以向有关部门寻求帮助，或通过法律途径维权，要求该子女承担返还财物、赔偿损失的责任。

三、处理结果

1. 关于如何妥善赡养郭某的问题。某村调解委及村居律师通过“面对面、背靠背”的调解方式，冼氏兄弟及其他家庭成员最终达成一致意见，同意按原约定的轮流赡养的方式照顾郭某，并结合郭某的身体情况，明确各人的照顾方式、照顾时间、照料内容、交接时间、交接方式等，以便更精准、细致照顾郭某，让郭某安心度过晚年。

2. 关于如何合理使用郭某的财物及保管证件问题。经过调解，冼氏兄弟及其他家庭成员一致确认截止到调解当日郭某的存款余额以及其他财产情况，并共同推选冼某三保管存折、身份证等资料，由冼某三根据各赡养人的申请结合郭某的生活需求支出费用，并接受众人的监督。冼氏兄弟及其他家庭成员同意合理使用该存折内的款项至郭某终老，不足部分由各人分摊，其他财物根据郭某的身体情况另行处理。

3. 达成书面调解协议。经过多方努力，冼氏兄弟及其他家庭成员一致同意签订书面调解协议，承诺按调解内容履行赡养郭某的义务，该案顺利调解结案。

四、案例点评

赡养父母是我国的传统美德，也是法律规定子女应履行的基本义务。当父母年老体弱，生活无法自理，精神世界孤独时，需要子女对父母进行经济上供养、生活上照料和精神上慰藉，才能让父母体面地、有尊严地安享晚年。但是，子女之间往往以父母分配财产不均、父母曾经未尽抚养义务、子女放弃继承父母的财产等为由，推卸甚至拒绝赡养父母，由此引发大量的家庭纠纷。因此，在家事纠纷中，需要中立调解机构或专业调解员介入调解家事纠纷，通过情、理、法多方面协调家事案件，促使当事人达成和解或调解意见，减少诉累。

当下，各级政府不断创新调解机制，搭建“多元化”调解服务平台，引入专业人员参与各类调解案件，将公共法律服务送到老百姓的家门，引导老百姓将调解作为解决矛盾纠纷的主要途径。本次的村居律师积极参与调解村民之间的纠纷，充分发挥乡村人民调解员的作用，通过专业知识促成村民化解多年的矛盾，共同承担起赡养老人的责任，将一村居（社区）一法律顾问法律服务落实至“最后一公里”，让老百姓真正享受到便捷、专业、高效的公共法律服务，为协助农村完善基层治理，构建和谐、文明、美丽的乡村而不懈努力。

调解在建设工程施工合同纠纷中的优势分析

——以一起调解案例为例

张旭锋*

多元化纠纷解决机制改革是近年来国家一直贯彻的一项制度改革要求和顶层设计，调解则是当中的重要一环。对于专业性较强的建设工程施工合同纠纷，如充分发挥调解在其中的作用，不仅有利于纠纷的高效化解，也有利于节约司法资源和争议解决成本。

一、建设工程施工合同纠纷的特点

建设工程施工合同纠纷是实践中一种常见的商事合同纠纷类型。与其他商事合同纠纷相比，建设工程施工合同纠纷有一个显著特点是，往往需要启动司法鉴定程序。从施工合同纠纷的内部具体类型来看，无论是工程质量纠纷、工程造价纠纷，还是工期纠纷，均会涉及专业技术问题，如《最高人民法院关于审理建设工程施工合同纠纷案件适用法律问题的解释（一）》则规定，当事人对工程造价、质量、修复费用等专门性问题有争议的，需要申请鉴定，否则将承担举证不能的法律后果。可见，此类纠纷往往与司法鉴定程序密切相关，需要通过鉴定人就相关专业技术问题出具鉴定意见，供法庭或仲裁庭认定相关法律事实。

而建设工程施工合同纠纷中的司法鉴定程序与其他案件的司法鉴定程序相比，又有一个显著特点，那就是鉴定材料繁多，鉴定周期更长。毫无疑

---

* 张旭锋，广东格林律师事务所律师。

问，案涉工程的复杂程度越高，可能涉及的鉴定问题所占用的审理时间也必然越长。鉴定机构的鉴定周期过长，就往往导致建设工程施工合同纠纷案件的审理久拖不决，降低审理效率，不利于裁判的权威性。

二、调解在建设工程施工合同纠纷中的优势

众所周知，在各种争议解决手段中，仲裁具有高效解决争议的特点，在商事活动中深受当事人欢迎。但面对冗长的鉴定周期，仲裁的这一优势在建设工程施工合同纠纷中并不能得到体现。大多数当事人在采取诉讼、仲裁等法律手段前必然已经经过一段较长时间的协商，尽快地让纠纷得以解决也是当事人的一大愿望。在这种情形下，调解便体现出其独特的优势。相比起以效率著称的仲裁，调解更为灵活，通过调解员发挥主观能动性，主动地了解、协调双方诉求，而非仅仅静止地居中裁断，甚至能比仲裁更高效地解决纠纷。

当然，调解这种优势得以发挥的重要前提是，调解员采取得当的调解方式，缓和双方的利益冲突，最终使当事人达成一致。笔者曾亲自办理过一起成功以调解结案的纠纷，使得该案避免由于冗长的鉴定周期而无法尽快审结的不利后果。故此，以该案为例，我们可以归纳出调解成功的经验。

三、建设工程施工合同纠纷调解成功案例

该案属于装饰装修工程合同纠纷。不同于一般标的额不高的毛坯房、自住用房的装修合同纠纷，本案涉及商场物业装修，标的额比较大。申请人（乙方）林老板系装修公司负责人，被申请人（甲方）王总系涉案物业承租人。申请人向被申请人请求支付剩余款项 1300 万元，被申请人接到仲裁通知后，不同意支付剩余款项，并且提出反请求，主张申请人赔付 1500 万元价款，原因在于一是工程延期，二是装修质量不合格，延期造成租金的损失，装修不合格造成返工，共计 1500 万元。该案于 2019 年 4 月向仲裁机构提起仲裁，于 2019 年 5 月开了第一次庭，后来因为装修质量问题申请鉴定。正是由于鉴定程序，第二次开庭时间一再拖延，至调解之日已有 14 个月。

（一）调解过程

原定第二次开庭是要解决鉴定推进问题，让案件通过裁决的方式尽快解决。开庭前无论是双方当事人还是其他仲裁员，都认为争议太大，不太可能进行调解，因此都做好了开庭的准备。但笔者本着从速解决纠纷的精神，还是希望努力一下尝试调解，于是在征得当事人同意的情况下转入调解程序。

1. 第一轮调解

在第一轮调解中，笔者让双方面对面提出各自的解决方案。申请人先表示，自己主张的款项可以降至1200万元左右，且不接受被申请人主张的1500万元索赔。

被申请人则表示对于本请求可接受支付1000万元，但申请人也要接受被申请人的反请求，数额则可以让步，降至900万元。

第一次调解双方争议比较大，差距虽然有所减少，但很难调解。但笔者注意到，一般调解都是律师发言，该案则主要是双方当事人发言，而且比较坦诚，调解意愿较为积极。

2. 第二轮调解（背靠背调解）

所谓背靠背调解即分别对一方当事人单独调解。笔者首先对被申请人调解。从已有证据上看，被申请人是理亏一方，理应支付款项，却提出了反请求。这可谓是一种谈判技巧，先提高要价，取得更多的谈判筹码或曰让步空间。

第一步，笔者先对当事人简单寒暄，并向他申明利弊。对被申请人而言，案件已经持续了14个月，被申请人需要支付不菲的律师费；而且申请人提出了4份鉴定，有可能得出对被申请人不利的鉴定意见，调解成功对双方都有好处。

被申请人于是表示，要求对方支付的金额可以从900万元降到600万元，但由于承租人一方不止被申请人一人，还有其他合伙人，因此必须坚持600万元的款额。但这并不算太大的让步，被申请人的方案变成了支付对方1000万元，对方赔付600万元，实际付给申请人400万元。后来经积极调解，被申请人同意又退一步，增加至500万元。

第二步是对申请人进行调解。在上轮谈话中，申请人表态，既然已经进入法律程序，就不能再让步，坚持被申请人必须支付1200万元。笔者这时开始协调，表示在调解员的努力下对方（被申请人）已经让了一大步，申请人也应有所表示。申请人王总同意降低要价至800万元，但就让调解员在接下来协商时先不要披露，而是先表示要价高一点，要求给付1000万元。

接下来的面对面调解又过去一个小时，其他调解员开始想要开庭处理，但笔者担心开庭会夜长梦多，仍希望继续调解。当时各方精力心力可谓到了强弩之末，考虑到再以调解员身份劝说效果不好，笔者于是召集双方律师开会，发挥双方律师的作用。

3. 第三轮调解

笔者首先征询双方律师是否愿意继续调解，双方律师都表示愿意。于是请双方律师各自做自己委托人的工作，表面上两边存在500万元的差距，实际上申请人留有底线，其实差距只有300万元。双方只需各退一步，到被申请人支付650万元即可。笔者要求申请人律师从调解完成可以立马拿到钱的角度劝说申请人，从800万元降到600万元；对被申请人律师，则要求他从很难控制风险、索赔证据不足的角度劝说被申请人从给付500万元增加到700万元。

十几分钟后，被申请人律师首先进来，同意给付700万元，希望先说650万元；申请人律师则表示可以接受给付700万元，但不给发票。发票大约相差240万元的税差，收钱不开发票不合理。笔者再次给双方当事人单独做工作，争取一下。

首先给被申请人做工作，笔者表示调解进行到这已经很不容易，在询问被申请人履行期限时提示开发票的问题。被申请人坚持要开发票，若不开发票则只会给付500万元。为了避免越调越远，笔者说服被申请人再退一小步，增加给付至750万元，自己则答应被申请人尽力说服申请人开发票。

随后与申请人一方交谈，笔者表示大家调解的前提肯定是开发票，并询问要价多少可以开发票；申请人表示至少800万元。可见此时双方的要价将要达到一致，于是笔者同样要求申请人再退一小步，即被申请人给付750万元，申请人则为被申请人开发票。最终申请人表示接受，调解圆满成功。

调解结束时已是晚上八点半，当然订立和解协议还花了不少时间，但无论如何在一天内双方的争议便通过调解结束了。

用表格的形式归纳以上争议双方主张给付金额的数额，我们可较为直观地看到双方在不同阶段主张的变化：

时间	申请人	被申请人	差距
开庭前主张	对方给付1300万元	对方赔付1500万元	2800万元
第一次调解（面对面调解，当事人提出各自方案）	要：1300万→1200万元 给：0	给：1000万元（3430－2450＝980万元） 要：1500万→900万元	1100万元
第二次调解（分别对当事人调解）	要：1200万→1100万→1000万元 心理可接受800万元	给：1000万元 要：900万→600万→500万元 共给申请人500万元	500万元（实际差距300万元）
第三次调解（对双方诉讼代理人调解，由代理人做当事人工作）	要：1000万→700万元，但不开发票	共给：700万元	发票（实际价值约200多万元）
第四次调解	750万元，带发票	750万元，带发票	0

（二）评析

本案可谓充分地体现出调解在建设工程施工合同纠纷中的优势。在本案中申请人提交了4份鉴定意见，可以预见的是若鉴定得出对被申请人不利的意见，被申请人必然不会轻易认可，并对鉴定意见千方百计地质证，客观上阻碍程序的推进。可见，若是不进行调解，审理结束将遥遥无期。依笔者的办案经验，审理期限很可能还要再持续6至8个月，而从程序转为调解开始至调解结束，仅仅经历了半天，调解之高效可见一斑。

（三）调解成功经验总结

其一，了解案情，紧紧把握住当事人实际需求，看似不可能调解成功的案件，也是有可能成功的。仲裁庭一般会提示当事人可以进行调解，询问当事人是否有调解意愿。但碍于面子或其他原因，并非所有当事人一开始就愿意接受调解的。这时调解员可以适当引导，从调解的综合效益出发，引导当事人接受调解。例如，在经济活动中金钱利益为王，调解能使当事人更快地得到款项，便于周转；同时调解更强调以和为贵，可以保全双方当事人的合作可能，也能为当事人赢得较好的声誉。

其二，调解员不仅要具备相应的专业知识，更要具有高超的谈判技巧。调解本质上就是调解员主持的三方谈判，所以调解员在调解过程中要抓住双方心理，懂得心理战。

本案调解成功的一个重要原因是，双方当事人都在场，各自态度较为坦诚，这大大降低了调解难度，为调解员从中斡旋协调提供了条件。在背靠背调解时调解员既要尽可能站在中立的角度，又要让对方觉得自己对他们稍稍偏袒，这时候懂得换位思考便显得很重要。

同时，要有气势，先声夺人，必要时适当地给当事人施加压力。调解一开始可以先明示双方都要作出重大让步，从而争取较大的调解空间。若到调解的最后阶段双方出现分歧，如本案到最后双方几乎就要达成一致时，却在发票问题上有不同意见，在这样的关键时刻调解员可以向当事人施压，避免分歧扩大。一方面从调解失败带来的时间、经济成本说服当事人降低要价；另一方面可以实事求是说明，如果在细枝末节问题上固执己见，则会导致整个案件的调解工作失败，导致仲裁资源出现不必要的浪费，仲裁庭在最终裁决的时候会结合全案的实际情况综合考虑。当事人两相权衡，往往会选择继续调解并作出让步。

其三，要注重发挥代理人的作用。代理人通常是律师，律师有两重身份，一是作为专业的法律服务人员，二是当事人的代理人。双重身份意味着律师可以作为调解员与当事人之间的桥梁，发挥其独特的作用。作为专业法律人士的一面，调解员可以与律师交心，得到更好的沟通效果；作为当事人代理人的一面，律师代表当事人的利益，比起调解员更受到当事人的信任，一些意见由当事人的律师说出更容易说服当事人。当然，让双方律师做工作是一种“杀手锏”，不能经常使用，否则调解员会失去在当事人心目中的威信，反而不利于调解。

四、在建设工程施工合同纠纷中推广调解的建议

让调解在建设工程施工合同纠纷中成功实践，既需要调解员自身的努力，也离不开司法机关与仲裁机构的支持。目前，法院系统和各仲裁机构都建立起诉调对接和仲调对接制度，笔者认为可以以此为契机在建设工程施工合同纠纷中推广调解。法院系统或仲裁机构可设立建设工程方面的调解人才数据库，在立案之初就对案情进行研判，对于适宜调解的纠纷，在立案前委派特邀调解组织或者特邀调解员进行调解，实现应调尽调。调解组织或调解员依照法律或者工程实务经验对双方的争议进行专业的分析，提供专业的处理意见供当事人考虑，在这个基础上主持（或促使）双方达成和解，并协助其订立和解协议。由于是司法或仲裁程序一开始就有调解的介入，即便调解不成，也不会过多地耽误审理。如此，在诉前或仲裁前对纠纷进行分流，有利于矛盾纠纷多渠道化解，实现高效、公正解决争议的统一。

关于多元化调解在“三旧”改造中的应用分析

李万秋*

一、案情简介

2009年4月13日，广州市某市场建设管理服务中心（以下简称“某市场服务中心”）与刘某某签订《某某市场整体租赁合同》（以下简称《租赁合同》），约定以下内容：（1）刘某某承租某某市场；（2）租赁期限15年；（3）刘某某应于解除或终止合同之日起5天内交还租赁标的物，每逾期1天向某市场服务中心支付本合同约定15年总租赁费万分之三的滞纳金，逾期5天或以上的，刘某某须每天向某市场服务中心支付双倍滞纳金；（4）政府原因需要拆除某某市场致使本合同无法继续履行的，双方互不承担违约责任。

后因某市场服务中心经广州市白云区编委会研究决定撤销，广州市白云区人民政府将其名下资产、债权债务无偿划拨给广州市白云某市场建设管理有限公司（以下简称白云某市场公司），故白云某市场公司、某市场服务中心、刘某某三方于2011年10月17日签订《协议书》确定案涉租赁合同中某市场服务中心的权利义务由白云某市场公司自2011年10月1日起承接。2014年6月10日，白云某市场公司与刘某某、广州市某物业管理有限公司（以下简称某物业公司）签订《补充协议》，约定由刘某某、某物业公司共

---

* 李万秋，广州市白云区人大代表，华商林李黎（前海·广州）联营律师事务所主任，广东省律师协会粤港澳大湾区工作委员会委员，广东省律师协会未成年人保护法律专业委员会委员，广州市律师协会多元化争议解决法律专业委员会副主任，广州市律师协会港澳台和外事工作委员会委员，广州市律师协会白云区工作委员会副主任。

同管理租赁物业及由某物业公司向原告支付租赁费用。

2019 年 1 月 21 日，广州市黄埔区人民政府发布《广州市黄埔区人民政府关于黄陂社区长安片区旧村项目改造的通告》（穗埔府规〔2019〕1 号），正式通知案涉租赁物业被纳入政府收储改造范围并于此日起进入动迁和建设阶段，要求改造范围内的各类经营业主及时办理地址变更或注销手续。案涉物业被政府征收导致案涉租赁合同无法继续履行，白云某市场公司于 2019 年 11 月 5 日向刘某某及某物业公司发送“关于解除《某某市场整体租赁合同》及其补充协议的通知”，通知中明确告知租赁合同于 2019 年 12 月 1 日正式解除，并要求刘某某及某物业公司于 2020 年 1 月 15 日前交还租赁场地，但经多次催告，刘某某及某物业公司至今仍未交还租赁场地。

二、法律分析

（一）本案的争议焦点

1. 黄埔区人民政府的拆除行为是土地收储行为还是市场行为。
2. 赔偿标准的确定。
3. 赔偿数额的计算依据是重置成本价还是评估价。

（二）双方主要意见

1. 原告方主要意见

根据某市场服务中心与刘某某签订的《租赁合同》第 4 条第 1 项第 1 款约定，某市场服务中心对租赁标的物（包括升级改造后的建筑物）享有所有权，经广州市白云区人民政府决定，白云某市场公司承接某市场服务中心名下资产及合同权利义务，故租赁标的物（某市场）所有权自 2011 年 10 月 1 日起归白云某市场公司享有。

白云某市场公司作为某某市场的所有权人，将某某市场出租给刘某某、某物业公司，二者即享有合法使用权。现由于广州市黄埔区人民政府决定对租赁物业进行收储改造，导致《租赁合同》无法继续履行，根据原《合同法》第 94 条第 1 款规定“因不可抗力致使不能实现合同目的，当事人可以解除合同”及《租赁合同》第 7 条第 9 项约定“由于自然灾害、战争等不可抗力或政府需要拆除某某市场，致使本合同无法继续履行的，甲乙双方互不承担违约责任”，白云某市场公司有权单方解除合同。鉴于白云某市场公司于 2019 年 11 月 5 日向刘某某、某物业公司发送合同解除通知书，根据原《合同法》第 96 条规定“当事人一方依照本法第九十三条第二款、第九十四条的规定主张解除合同的，应当通知对方，合同自通知到达对方时解除”，《租赁合同》于 2019 年 12 月 1 日正式解除，自此日起刘某某、某物业公司对租赁标的物丧失使用权。

根据原《物权法》第 39 条规定“所有权人对自己的不动产或者动产，依法享有占有、使用、收益和处分的权利”，白云某市场公司作为租赁标的物所有权人，依法享有处分权，可自行决定拆除。

因此，案涉租赁合同已于 2019 年 12 月 1 日解除，且双方互不承担违约责任，被告理应交还租赁场地。从目前的补偿协议看，政府的补偿标准符合规定，“工改居”的场地容积 2.0 以内部分按评估价的 60%，2.0 以上部分按评估价的 10%，总共 90,677,517.48 元。补偿标准应当按照房屋折旧后的使用残值进行赔偿，次承租人主张的补偿可能包括装修损失、停产停业损失、搬迁损失、临时安置损失等。

2. 被告方主要意见

纵观某某市场的收储行为，不是政府的征收行为。因为政府没有作出任何征收的决定，也未提出过基于公共利益征收的观点，更没有公开发布过任何补偿方案。因此，某某市场的收储行为是基于非公共利益的市场化收回行为，该收回行为的交易主体为黄埔区土地开发中心与白云某市场公司。

基于某某市场的收储系市场化收回行为的判断。因此，《租赁合同》第 7 条（违约责任）第 9 项约定（由于自然灾害、战争等不可抗力或政府需要拆除某某市场），不能适用于出租人与承租人的解除合同补偿。理由如下：此处约定的不可抗力与政府原因并列，其法律含义应当指政府原因起到类似不可抗力的效果才与之并列，作为出租人免责和免责情形下补偿款分配解决机制的理由。只有法律和行政法规规定的征收因公共利益而起，才是典型的行政行为，被补偿人无权拒绝征收之决定。因此，基于征收决定，可将之归入政府原因序列。但某某市场的收储行为并非基于征收，而是基于收回、收购或其他，这种市场化交易行为不能因为交易一方是黄埔区土地开发中心这个事业单位而无限制扩大理解为政府原因。

事实上，黄埔区土地开发中心在收储某某市场的过程中，还存在通过出让土地使用权而获得收益的空间。这相当于黄埔区土地开发中心通过低买高卖的方式实现了相当可观的收益，这种实现可观收益的过程不能当然视为类似于不可抗力的政府原因。某某市场作为非住宅类房屋，参照住宅类公房的规定确定的30%标准确定补偿款，共计2000万元。除此之外，需要对建筑物按重置价进行评估，应视情况将房屋补偿区分为土地补偿和房屋补偿，并补偿停业造成的损失、公司管理人员遣散费及对200多户商户的补偿。

三、处理结果

处理结果：双方就黄埔区某某市场拆迁事宜达成调解。（1）双方共同确认，《租赁合同》于2019年12月1日终止，双方互不承担违约责任；（2）白云某市场公司于租赁物业拆除且双方办理场地移交手续后30日内向刘某某及某物业公司一次性支付8, 660, 567元，作为对于刘某某及某物业公司租赁物业使用权的补偿，该补偿包括但不限于建筑物补偿、预期收益、停产停业损失、与下游租户解除合同的补偿、公司管理人员遣散补偿等费用；（3）刘某某及某物业公司确认自行处理与终端租户之间的租赁合同解除事宜，并承担所有费用；（4）刘某某及某物业公司应在调解后3日内将租赁场地交还白云某市场公司，且对租赁物业拆除事宜提供必要的协助，与白云某市场公司共同保证案涉物业顺利拆除，并将场地移交广州开发区土地开发储备交易中心。通过多方参与调解的方式，由第三方开发商支付近1000万元补偿款，我方只需支付860万元（甚至低于我方初次提出的补偿数额），符合当事人预期。最终，各方达成和解并迅速拆除案涉市场。

理由：2020年，黄埔区人民政府大力开展旧村改造工作，城市更新实施速度位居广州第一。本案中，原告白云某市场公司与被告一刘某某及被告二某物业公司的争议实际上是四方之间的争议。白云某市场公司作为国有企业，在旧改补偿时不能超额补偿，并希望能合法合规地尽快完成清偿；对方当事人希望得到满足预期的补偿款数额；街道基于行政压力，希望尽快开展城市更新工作；开发商由于资金等成本希望能尽快入场。正是由于其中三方对于尽快拆除黄埔区某某市场一事有共同目标且存在共同利益，涉及四方的调解势在必行并存在可以最大限度地满足各方利益的调解方案。

办案小结：本案中，各方当事人对于黄埔区人民政府拆除行为的性质及赔偿标准意见不一，针对合同中约定的条款亦有不同看法。作为本案的争议焦点，黄埔区人民政府拆除行为的性质直接决定了双方权利义务的大小，因而对于该行为究竟是土地收储行为还是市场行为的认定就显得极为重要。通过检索类似案例及分析证据材料，可以认定黄埔区人民政府的拆除行为属于土地收储行为。对于该关键争议焦点的认定，使我方在四方调解中占据了极大优势。

我方的代理思路为：向广州市规划和自然资源局黄埔区分局调取某某市场报建材料，确认违建情况，促使黄埔区人民政府对违法建筑进行依法拆除，后白云某市场公司针对剩余建筑物进行拆除；本拆除事宜自决定实施起应与街道办事处协商实施事宜，每一步工作（张贴公告、委托施工等）的进度应向街道办事处、城市管理和综合执法局等相关部门进行报备。通过联合本案各方主体，促成最终调解的达成。

若本案进入诉讼程序，胜诉概率极大，且鉴于该案件标的额较大，律师费将接近200万元。但在处理本案的过程中发现，若进入诉讼程序不仅费时费力，而且不利于配合黄埔区人民政府开展旧改工作。办案需要站在委托人的立场，从最有利于维护委托人利益的角度考虑。通过调查研究，根据已有的证据材料，对全案深入分析后选择调解的方式解决该争议。最终，在我方、对方、街道及开发商的共同努力下，四方达成调解。可以说调解方案满足了四方的心理预期，我们也顺利地完成了应尽的代理义务。

通过本案，可以深刻地感受到法律并不是冰冷的条文，而是处理纠纷中极具温度的调整器。律师在处理类似案件时，不仅需要严格地运用法律法规以维护当事人的合法权益，更需要懂得灵活运用法律法规以化解尖锐的社会矛盾。我们在运用集体智慧为委托人实现诉讼目标时，还能够为积极化解社会矛盾作出重要贡献，实现人生价值和社会价值的统一。一言以蔽之，调解的理想状态就是努力在维护当事人的最大利益和追求法律的公平正义之间，争取最高的契合度。

四、案例点评

2021年，广州市深入推进城市更新工作，在加快“三旧”改造的进程中，难免出现拆迁利益主体与拆迁单位等主体的纠纷。采取起诉的手段应对“三旧”改造项目中出现的矛盾，不但无法实际执行，还可能会引发社会矛盾、影响社区和谐。通过调解等非诉讼争端解决机制，以本案为例：以白云某市场公司和律所结合的工作队伍为谈判主体，依靠政府、街道等组织及开发商等主体的大力支持，以调解人民内部矛盾的方式，合理解决相关人员的实际困难，并实现顺利拆除黄埔区某某市场这一最终目标。

在本案中，存在社会稳定风险及诉累风险。鉴于在双方的协商过程中，承租方已明确表示坚守场地阻碍拆除，若我方强行拆除容易引发双方争执、现场混乱，从而造成社会性的不稳定因素；因承租方阻碍拆除，双方已协商无果，拆除建筑物后，建筑物原使用人可能会以合同纠纷、财产损害等理由提请诉讼。因此，选择运用调解的方式解决争议是代理本案的最优选择。

“三旧”改造工作涉及多方利益诉求，在改造项目中，发生各类矛盾、纠纷、法律争议是难以避免的，建立多元化纠纷解决机制，促进矛盾多元化解是推进“三旧”改造工作的重要手段。纠纷矛盾较多，调解和仲裁需求也较大。让《人民调解法》在“三旧”改造行业得以贯彻实施，有助于快速化解矛盾纠纷，快速推进项目落地实施，落实“三旧”改造取得重大突破性进展。

“三旧”改造中面临的最大矛盾是城市建设发展、开发商的经营活动和被拆迁主体利益补偿等多重利益需要之间的冲突，为此需要协调来自党委政府、利益集团和拆迁户的多重压力。只有做到“和谐拆迁”，最大限度地避免群体性事件或信访，才能得到政府的肯定评价。在这种格局下，有效解决问题成为行动的第一原则。在具体工作中，直接体现就是将调解作为最重要的纠纷解决方式，诉讼反而只是作为促成调解的一种手段而存在。

论“刑民交叉”对股东侵占公司财产举证的作用

李万秋*

一、案情简介

原告李某认为被告张某利用其在公司的领导、管理地位侵占公司财产，向广东省东莞市第二人民法院提起诉讼，并委托我所律师代为处理本案。被告认为原告随意罢免公司高管、解聘员工且无故停产整顿，被告作为公司股东自行垫付部分工资款，该款项应由原告承担，提起反诉。本案代理律师立足于法律法规，运用调解技巧，通过调解的方式解决股东争议，从当事人立场出发，为当事人争取最佳利益。

李某作为原告（反诉被告）东莞市某木业有限公司（以下简称“某木业公司”）的法定代表人及总经理，多年来仅对公司的运营及经营作出判断并提供决策，但不经手公司的生产、销售等具体事宜。被告（反诉原告）张某是某木业公司占股 35.5% 的股东，其基于股东身份在某木业公司负责销售业务，领导公司生产、行政、财务、运输等工作。久而久之，张某开始利用股东与管理者的身份，以个人账户截留公司货款，造成公司失控、账目错乱、经营管理混乱等严重后果。

张某在未经公司股东会同意且未告知其他股东的情况下，私刻公司公章

---

* 李万秋，广州市白云区人大代表，华商林李黎（前海·广州）联营律师事务所主任，广东省律师协会粤港澳大湾区工作委员会委员，广东省律师协会未成年人保护法律专业委员会委员，广州市律师协会多元化争议解决法律专业委员会副主任，广州市律师协会港澳台和外事工作委员会委员，广州市律师协会白云区工作委员会副主任。

与深圳某家居设计有限公司、攀枝花市某建材经营部、长治市某设计公司等多家公司签订家具加工定制合同，并约定个人账户为收款账户，合计私收账款人民币597,000元。由于张某长期利用其领导、管理地位经营公司事务，即使在某木业公司知道张某侵占公司财产事实的情况下，也没有充分的证据材料证明张某截留货款的事实，在取证的过程中仍然难以收集到张某损害公司利益的证据，只能搜集到残余且不完整的证据材料以提起诉讼。在证据准备不充分的情况下，代理律师在立案后申请调查令申请调取银行流水等相关证据并配合公司员工及派出所民警收集证据材料。

张某提出因某木业公司经营管理混乱，李某作为法定代表人及总经理在未经股东会决议的情况下，随意罢免公司高管及解聘员工，且无故停产整顿，在已收取客户款项的情况下仍然无故阻止向客户出货，导致公司经营不善，出现资金缺口，无法向员工正常发放工资。为避免公司无法正常运转，张某作为公司的股东，为安抚工人情绪，自行从银行取款并以现金形式向某木业公司员工先行垫付工资款及离职人员工资共计698,092元。该款项应由某木业公司承担，但某木业公司一直拒绝向张某返还以上代垫款项。因此，张某反诉某木业公司偿还张某代垫付工人工资款人民币698,092元及利息，并由其承担诉讼费用。

原告（反诉被告）方认为：被告张某滥用股东权利，严重损害了原告及其他股东的合法权益，应赔偿原告全部经济损失。根据《公司法》第20条规定：公司股东应当遵守法律、行政法规和公司章程，依法行使股东权利，不得滥用股东权利损害公司或者其他股东的利益；不得滥用公司法人独立地位和股东有限责任损害公司债权人的利益；公司股东滥用股东权利给公司或者其他股东造成损失的，应当依法承担赔偿责任；公司股东滥用公司法人独立地位和股东有限责任，逃避债务，严重损害公司债权人利益的，应当对公司债务承担连带责任。被告张某在2020年3月1日至2020年6月30日期间截留公司货款共计1,947,672元，计算公式为：张某2020年3月1日至2020年6月30日的银行流水收款记录，加上2020年3月1日至6月30日合同签订收款记录，再减去张某与财务对账记录中，张某2020年3月4日之后为公司垫付的款项（1277885+3164564-2494777=1947672）。

被告（反诉原告）方认为：原告某木业公司主张被告截留公司货款并非事实。第一，某木业公司统计的张某 2020 年 3 月 1 日至 2020 年 6 月 30 的银行流水收款记录 1, 277, 885 元，加上某木业公司单方制作的 3 月 1 日至 6 月 30 日的合同签订及收款的记录为 3, 164, 564 元，再减去张某与财务对账中 2020 年 3 月 4 日之后为公司垫付的款项 2, 494, 777 元，得出款项共计 1, 947, 672 元。从以上分析可以明确以下事实，某木业公司仅主张 2020 年 3 月 1 日之后的款项，即对 2020 年 3 月 1 日之前的账目是没有异议的。对于张某与财务的对账，某木业公司是认可的。第二，某木业公司提交的第一张表格，统计的银行流水收款记录实际上包含在第二张表格中，如第一张表格的第一、二行，记录了王某向张某转款 91, 000 元，第二张表格也有该记录。说明某木业公司将两个表格加在一起，重复计算了 1, 277, 885 元，某木业公司已认可公司与财务的对账，但仅计算 2020 年 3 月 4 日之后的记录，未计算 2020 年 3 月 4 日前的结余款。即使抛开第二张表格，应当是 3, 164, 564 元减去结余款 612, 669 元，再减去垫付的 2, 494, 777 元，共计 57, 118 元。第三，张某从来没有私自收取公司的款项，在关联案件中，某木业公司总经理李某认可公司对张某收取款项是知情且认可的，是要求张某收取了部分公司的款项，故不涉及股东滥用职权损害公司利益。本案实际上是股东之间产生矛盾引发的纠纷。张某根据某木业公司的指示收取了部分款项，但是所有的款项都有公司财务进行对账，所有的生产在产品加工后也由财务签字放行，才能将家具交付给客户。并且，某木业公司的合同是进行编号的，每个月的第一单是 0301 号，第二单是 0302 号，所有合同均是到财务领取单号，合同是否有这一单，有无生产，公司都是清楚的。因此，被告认为某木业公司的诉请是虚假诉讼。

二、法律分析

在代理本案的过程中，由于对方当事人长期管理公司生产经营事务，在调查取证的过程中难以收集对方截留公司货款的证据，只能搜集到不完整的证据材料提起诉讼。在证据准备不充分的情况下，我方在立案后申请调查令及时申请调取到银行流水等相关证据。同时，在公司员工的协助下，我方在对方当事人的办公室收集到有利证据，并配合保安、派出所民警的工作搜索到关键性合同等证据材料。在准备民事诉讼的过程中，通过检索类似案例、分析已有的证据材料等方式发现张某截留公司货款的行为涉嫌构成职务侵占罪。原告方代理案件的思路从争取民事赔偿转变为借助刑事手段打击，迫使对方参与调解以解决争议纠纷。通过诉讼的方式，本案产生了一定强制力。迫于被追究刑事责任的压力及我方后续收集到的有力证据材料，张某最终同意与我方开展调解以解决争议。

总结本案的调解工作，为维护当事人的权益，应当做到：（1）在调解前需树立底线思维。在作出让步的同时，也要附带一定条件，否则不仅会使当事人利益受损，甚至使案件难以顺利调解。（2）调解时需树立全局观念。以本案为例，我方在准备民事起诉材料的过程中另辟蹊径，以提出对方构成职务侵占罪的方式促使对方参与调解。在全面评估后，通盘考虑并选择了最佳调解策略及方式。总之，要在调解案件中，结合当事人证据材料的充分程度及优劣势地位，最大化地维护其合法权益。

三、处理结果

（一）争议焦点

1. 在获取张某的侵占事实前，争议焦点为张某在垫资后是否仍欠某木业公司款项。

2. 在获取张某的侵占事实后，争议焦点为某木业公司主张张某赔偿的1, 947, 672 元数额是否准确，张某主张退回的698, 092 元数额是否准确。张某是否因截留公司货款涉嫌构成职务侵占罪。

（二）法院认为

广东省东莞市第二人民法院经审理认为：被告张某作为某木业公司占股35. 5%的股东，在某木业公司负责销售业务，且张某在交易中使用个人银行账户收取公司的货款。原告主张被告张某利用职务便利，以个人银行账户收取公司的货款后截留公司货款，主观上具有侵占公司财产的故意，涉嫌职务侵占罪，故请求将本案移送公安机关处理。现原告主张被告在2020年3月1日至2020年6月30日期间截留公司的货款1,947,672元是基于被告非法侵占原告财产，而非基于原、被告之间的经济纠纷。但被告是否构成职务侵占罪，需要经过法定程序才能确定。根据最高人民法院《关于在审理经济纠纷案件中涉及经济犯罪嫌疑若干问题的规定》第11条关于“人民法院作为经济纠纷受理的案件，经审理认为不属于经济纠纷案件而有经济犯罪嫌疑的，应当裁定驳回起诉，将有关材料移送公安机关或检察机关”的规定，本案不属于经济纠纷而有经济犯罪嫌疑，应当裁定驳回起诉，并将有关材料移送公安机关或检察机关处理。

代理结果：本案最终以调解的形式结案。通过调解，张某同意向某木业公司返还180万元账款。

四、案例点评

在办案的过程中，往往会出现证据材料不充分的情况。利用已有的材料提起民事诉讼，并在民事诉讼的程序中“边打边谈”“以打促谈”，最终的调解结果往往会出现超出预期的效果。

针对股东争议，公司应当在设立之初就做好股权设计并签署股东合作协议，明确各个股东的权利和义务，切忌过早分配、一次分配，不设置退出、调整机制等情况的出现。同时，需要通过签署严谨规范的法律文件以避免纠纷的出现。为维护公司利益，一旦发生股东争议应及时通过协商谈判促成和解，化解危机，在出现无法调和的矛盾时应利用诉讼甚至刑事控告等手段维护自身权益。在公司运营的过程中，应当严格按照公司法及公司章程的规定通知、召开公司股东会，且决议程序及内容均要符合规定。

股东不得滥用公司法人独立地位和股东有限责任损害公司债权人的利益。《公司法》为保护和鼓励投资，同时也保证公司经营的灵活性和高效性，创制了股东有限责任和公司独立法人地位的制度。公司独立地运用股东投入公司中的财产从事经营，创造利润。公司在经营活动中，与债权人独立地发生债权、债务关系，承担由此产生的民事责任。

但是，在实践中，有的公司股东通过各种途径控制着公司，为赚取高额利润或逃避债务，常常擅自挪用公司的财产，或者与自己的财产混同、账目混同、业务混同。在这些情况下，公司在实际上已失去了独立地位，该独立法人地位被股东滥用了。同时，股东利用上述方式逃避其应承担的责任，也滥用了其有限责任的待遇；而公司的债权人将面临着极大的交易风险。面对这一现实问题，一些国家在维护公司股东有限责任基本原则的同时，本着权利和义务相一致的原则，为切实保护债权人的利益、维护正常的交易秩序，创制了公司法人人格否认（在普通法系国家称为“揭开公司面纱”）的制度。即当符合法定条件，认定股东滥用公司法人独立地位和有限责任时，可以“揭开公司的面纱”，将公司股东和公司视为一体，追究股东和公司共同的法律责任。

公司僵局的持续不仅直接危害公司本身和股东的利益，而且也间接危害外部与公司利益存在利害关系的权利人的利益。公司僵局将产生公司债务的大量堆积，引发关联企业的连锁反应，甚至激发公司员工的群体性矛盾，从而对市场乃至社会稳定产生震荡。

对于该类问题，司法救济应当从公司负有社会责任的角度出发，积极回应《公司法》从尊重私人秩序到注重公共利益、从强调合同自由到主张适度干预的发展趋势，对公司僵局及股东争议进行迅速干预，以便将其带来的不利影响降至最小。处理股东间纠纷时，不仅要给予股东维护自身利益最大化的多元诉讼途径，还要考量公司组织体整体的稳定与和谐。

参考文献

[1] 程伟：《一人公司财产混同能否认定职务侵占》，载《黑龙江省政法管理干部学院学报》2020 年第 4 期，第 50 – 54 页。

[2] 郑云容：《论有限责任公司股东损害公司利益的认定》，载《金融经济》2019 年第 8 期，第 132 – 133 页。

[3] 聂昭伟：《个人与公司财产混同时职务侵占罪的认定》，载《人民司法（案例）》2018 年第 14 期，第 32 – 35 页。

[4] 刘燕：《重构“禁止抽逃出资”规则的公司法理基础》，载《中国法学》2015 年第 4 期，第 181 – 205 页。

[5] 潘素梅：《“一人”公司股东侵占公司财产行为的法律分析》，载《法制与社会》

2015 年第 8 期，第 107 - 108 页。

[6] 樊云慧：《从“抽逃出资”到“侵占公司财产”：一个概念的厘清——以公司注册资本登记制度改革为切入点》，载《法商研究》2014 年第 1 期，第 104 - 111 页。

[7] 葛朋飞：《公司股东侵害公司财产权的可以构成抽逃出资罪》，载《中国检察官》2013 年第 16 期，第 12 - 14 页。